聴くということ

精神分析に関する最後のセミナー講義録

Erich Fromm
エーリッヒ・フロム［著］

堀江宗正・松宮克昌［訳］

The Art of Listening

第三文明社

編者序文

セラピストとしてのフロム

エーリッヒ・フロムは、セラピストとして多くの人にその名を知られた。実際、フロムは五十年以上も精神分析を実践していたのである。そのうち四十年以上、ニューヨークやメキシコの精神分析家養成機関においては、教師として、スーパーヴァイザーとして、また大学講師として活躍した。フロムと精神分析の作業に関わった人は誰しも、その並外れた共感能力、親密さ、そして他者とのストレートな関わり方に触れることができたが、それだけでなく、その真理探究者としての厳しさ、忌憚《きたん》なき批評を浴びせる同僚としての一面をも垣間《かいま》見ることができた。

フロムはたびたび、彼独自のセラピーの方法について、著書を出版しようと計画したが、計画はついに実現しなかった。それゆえ、彼が目の前に座っている患者とどのようなやり取りをしたのか、また訓練中の分析者や同僚とどのようなやり取りをしたかについての報告は、歴史的な資料として価値がある。真っ先に挙げられるのは次の文献である。R. U. Akeret (1975), G.

Chrzanowski（1977, 1993）, R. M. Crowly（1981）, D. Elkin（1981）, L. Epstein（1975）, A. H. Feiner（1975）, A. Gourevitch（1981）, A. Grey（1992, 1993）, M. Horney Eckhardt（1975, 1982, 1983, 1992）, J. S. Kwawer（1975, 1991）, B. Landis（1975, 1981, 1981a）, R. M. Lesser（1992）, B. Luban-Plozza and U. Egles（1982）, M. Norell（1975, 1981）, D. E. Schecter（1971, 1981, 1981a, 1981b）, J. Silva Garcia（1984, 1990）, R. Spiegel（1981, 1983）, E. S. Tauber（1959, 1979, 1980, 1981, 1981a, 1982, 1988）, E. S. Tauber and B. Landis（1971）, E. G. Witenberg（1981）, B. Wolstein（1981）.

　また、フロムがメキシコで教えた学生が書いた論文が、一九六五年から一九七五年までの *Revista de Psicoanálisis, Psiquiatría y Psicología* に、それ以後はフロムの創設したメキシコ精神分析研究所の出版物（*Memoria, Anuario*）に掲載されている。上記の業績をもとに、そして一部フロムの未刊行の草稿をもとにして、以下のような論文が書かれている。M. Bacciagaluppi（1989, 1991, 1991a, 1993, 1993a）, M. Bacciagaluppi and R. Biancoli（1993）, R. Biancoli（1987, 1992）, D. Burston（1991）, M. Cortina（1992）, R. Funk（1993）, L. von Werder（1990）.

　フロム自身が出版したもののなかで、精神分析的セラピーに関して論じているものと言えば、即座に思い浮かぶのは、夢の理解に関する一章（E. Fromm, 1951a 所収）、フロイトの「少年ハンスの症例」に関する小文（E. Fromm, 1966k）、セラピー的・技法的問題に関する省察（E. Fromm, 1979a に散見されるし、E. Fromm, 1990a, pp. 70-80 の「精神分析的セラピーの修正」のなかにもある）などであろう。リチャード・エヴァンズ（Richard I. Evans, 1963）のフロムとのインタビューは、フロムのセラピー観に関わる問題に触れており、英語、イタリア語、その他の言語でも出版されているが、これはフロムの意に反してエヴァンズが出版を進めたものである。それは「私〔フロム〕の判断するところでは、私の著作を深く理解するのにはまったく役に立たない」し、「著作への入門にもならなければ『概観』にもならない」。そのようなわけで、エヴァンズのインタビュー記録は、資料としては役に立たない。セラピーの方法に関してフロムがこのインタビューのなかで述べたことの一部は、〔エヴァンズによる修正を避けるために〕一語ずつテープから起こされて、本書のなかに収められている。

精神分析に技法《テクニック》は存在しない

本書に収められることになった死後出版のテクストは、精神分析的セラピーに関する教科書《テキストブック》とはならない。また、いわゆる精神分析の技法《テクニック》のフロム流の解説書などというありもしない本の代用品でもない。フロムが精神分析的セラピーに関する教科書を書かなかったということと、そしてセラピーの流派を彼自身は打ち立てなかったということは、偶然の一致ではない。フロムのセラピーの方法に個性ある部分があったとしても、それは「精神分析的技法《テクニック》」としてひとくくりにされるようなものではない。精神分析家は、セラピーを提供するための「ノウハウ」

の後ろに隠れることはできないのである。

本書は、精神分析的技法に関する情報を提供するようなものではない。フロムは実際、精神分析的技法について書かれた教科書の主張に反して、そもそも技法《テクニック》などというものは存在しえないと考えていた。にもかかわらず、本書に収められたテクストから、セラピストとしてのフロムについて、また現代人の心の悩みへのフロムの対処法について情報を得ることはできる。フロムのセラピーの方法の特徴は、冗長な理論や抽象概念にあるのではないし、鑑別診断によって「患者の人格」を「陵辱《レイプ》」するところにあるのでもない。そうではなく人間の基本的問題を、個別に、それぞれ独自のものとして見て取るその能力こそが、フロムの特徴なのである。患者に対する考え方や処置の仕方には、フロムの人間主義《ヒューマニズム》的精神がしみ込んでいる。患者は敵対者とは見なされない。患者だからといって、根本的に異質な人間だと思ってはならない。よく見れば、分析者と被分析者の間には、深い連帯が存在するのである。分析者というものは、当然のことながら、自分自身をどう扱うかを学んできた人間であり、これからも進んで学ぼうとしなければならない。「精神分析的技法《テクニック》」の陰に隠れることがあってはならない。分析者とは自分自身の第二の患者であり、そのような分析者を分析するのは、むしろその患者なのである。フロムが自分自身を真剣に受け止めているからこそ、患者をも真剣に受け止めることができる。患者によって自らのうちに引き起こされる逆転移反応を通じて自己分析しているからこそ、フロムは患者を分析することができるのである。

本書の構成

本書に収められたテクストは、手書き原稿の形で残されたものではなく、講義、講演、インタビュー、セミナーの録音を文字に起こしたものとして英語で残されていた。それらのテクストは通常、原稿なしに話されたものであり、出版は今回がはじめてである。そこで、私はその語り口調をそのまま残すようにした。最後の一章を除けば、テクストを分割して並べ、見出しを選択したのは、つまり付け加えたのは私である。それ以外の重要な補足は、テクストのなかでは［　］でくくっておいた。英文のテープ起こし原稿は、エーリッヒ・フロム文庫で閲覧することができる（Erich Fromm Archives : Ursrainer Ring 24, D-72076, Tübingen, Germany）。

本書の第一部のタイトルは、「分析的治療において患者に変化をもたらす要因」と題されている。そのもとになったテクストは、フロムが一九六四年九月二十五日にニューヨークのウィリアム・アランソン・ホワイト研究所*の新しい建物の落成式の折に、ハリー・スタック・サリヴ

＊　ウィリアム・アランソン・ホワイト研究所 The William Alanson White Institute は、フロムやハリー・スタック・サリヴァンらによって一九四六年にニューヨークに設立された精神分析家養成のための教育研究機関。特に、それまでの精神分析に対して、社会や文化との関連を重視することをうたっている。

ァン協会で行った、「分析的治療において患者に変化をもたらす原因」という講演である。この講演はとりわけ重要である。というのも、フロムはそこで神経症の良性と悪性とを区別し、精神分析的治療の限界を極めて明快に示したからだ（E. Fromm, 1991c も参照。この講演の一部はすでにそのなかで公表されている）。

第二部（「精神分析のセラピーとしての側面」）に収められているのは、一九七四年にロカルノで、フロムがバーナード・ランディスとともに、アメリカの心理学の学生のために三週間にわたって行ったセミナーの抄録である。その後の数年間にわたって、フロムの秘書であるジョーン・ヒューズは、録音に基づいたセミナーの記録原稿を作成した。それは四百ページにまでふくらみ、その後フロムによっても部分的に手直しされていた。フロムは当初、この記録原稿を使って、精神分析的セラピーに関する一冊の本をまとめあげようと思っていた。その本の第一部は、フロイト派の理解の限界を扱うものとして構想されていた。そのための原稿を、フロムは『生きるということ』〔*To Have or To Be?*〕を書き終えた後、一九七六年と一九七七年に書いている。第二部は、セラピーの方法に関する諸問題を扱うものとして、フロムが一九七四年のセミナーの記録原稿を修正し、あたためていたものであった。ところが、フロムは一九七七年の秋にひどい心臓発作に見舞われ、この作業を続行することが困難になってしまった。そのため、フロイトの精神分析を論じた第一部は、結局、第二部として予定されていた部分とは切り離されて、一九七九年に出版された（E. Fromm, 1979a を参照）。

一九七四年のセミナーの記録原稿の、本書に収められた抄録は、セラピストとしてのフロムに関する一次資料を提供してくれる（とりわけ情報を豊かなものとしているのは、バーナード・ランディスがセミナーで取り上げた症例報告に対してフロムが示した所見である）。さらにそれだけでなく、近代の性格神経症をフロムがどう見ていたか、またその処置にあたってどのような事柄が特別に要請されると考えていたかの一次資料にもなっている。一九七四年のセミナーの章のいくつかは、前述の一九六三年のインタビューでのフロムの発言によって拡充されている。最後の章は、一九八〇年の死の直前に書かれたものであり、フロム自身の手によって「精神分析的『技法《テクニック》』――あるいは耳を傾けるという技《アート》」と題されている。これは、一九七四年のセミナーの一部を公刊する際の導入部分として書かれたものである。

一九九四年一月　テュービンゲンにて　　ライナー・フンク

エーリッヒ・フロム

聴くということ

精神分析に関する最後のセミナー講義録

【目次】

第六章　セラピー的効果をもたらす諸要因

凡例

★原文イタリック部分には傍点を付した。ただし、英語以外の言語で書かれているためにイタリック字体となっているものは除く。また、ルビが必要になったものに関しては、傍点を付す代わりに〃〃の記号でくくっておいた。

★大文字で始まっている単語は、〈 〉でくくった。ただし、大文字で書き始めるのが慣例となっている単語は除く。

★［ ］でくくったものは、原文にもある記号で、編者による補足である。

★〔 〕でくくったものは、訳者による補足である。

★〃〃の記号は、読者の理解のために訳者が補ったものである。

★注の冒頭に〔原注〕とあるものは原書にある注で、何もないものは訳者による訳注である。

装幀／熊澤正人
本文レイアウト／安藤　聡

第一部

分析的治療において患者に変化をもたらす要因

堀江宗正　訳

第一章　ジグムント・フロイトの考える治療をもたらす要因と私の批判

終わりある分析と終わりなき分析

〝精神分析において治療をもたらす要因は何か〟についてお話しするわけですが、このテーマに関して、私が最重要だと思うフロイトの著作は、「終わりある分析と終わりなき分析」(1937c)です。これはフロイトの書いたなかでも、最もすばらしい論文だと思います。差し支えなければ、最も勇敢な論文の一つだと言いたいところです。もちろん、どの著作においてもフロイトは常に勇敢であったわけですが。これは死の直前に書かれたもので、ある意味で分析的治療の効果に関するフロイト自身の最後のまとめの言葉となっています。私はまず、この論文の中心にある考えを簡単に要約しておこうと思います。そのあとでこの講演の本論として、それにコメントを加え、場合によっては、関連するいくつかの提案を述べさせていただきたいと思います。

自我の強化

第一に、何よりもこの論文で面白いのは、フロイトの示している精神分析理論が、初期の頃と比べて本質的に何も変わっていないということです。フロイトの神経症概念によれば、神経症とは、本能的欲動と自我との間に生じる葛藤《かっとう》を意味します。自我が十分に強くないのか、それとも本能的欲動が強すぎるのか、いずれにせよ、自我はダムであり、本能的諸力の奔流《ほんりゅう》に抵抗し切れないために神経症が発生するというのです。このような考えは、初期の理論と連続性があるし、また、その論理的帰結とも言えるでしょう。そしてフロイトはまた、それを粉飾することなく、修正することもなく、その本質のまま提示しているのです。そこから次のような考えが導かれます。分析的治療の本質は、幼少期において弱すぎた自我を強化し、自我が十分に強くなったと思われる段階に来たら、今度は、本能的諸力をコーピング〔能動的に対処〕できるようにすることにある、という考えです。

本能的欲動の飼いならし

第二に、フロイトの考える治療とはどのようなことでしょう。この点が非常に明瞭に示されておりますので、「終わりある分析と終わりなき分析」から引用させていただきます。治療のことを論じている箇所だということを念頭に置いてください。〔治療とは〕「まず、患者がもはや［かつての］症状に苦しんでいない状態、そして不安や制止を克服している状態にするということ」(Freud 1937c: S. E., vol. 23, p. 219) です。もう一つとても重要な条件があります。フロイトは、症状の治療、すなわち症状の消滅だけで治療が成立したことになるととらえていたわけではありませんでした。分析者は、無意識的な素材がもう十分に表面化しており、それによって症状が消えた理由が［当然、理論に基づいて］説明されると確信できてはじめて、患者が治療され、おそらくもうこれまでの症状を繰り返すこともないだろう、と確信できるのです。実はここで、フロイトは「本能的欲動を飼いならすこと」(同書 p. 220 参照) について語っているのです。フロイトも言うように、分析のプロセスとは、本能的欲動を飼いならすプロセス、つまり本能的欲動が「自我のなかの他の傾向性の影響を全面的に受け入れる」(同書 p. 225) 状態にすることです。まず本能的欲動が自覚されなければなりません。だって、そうしなければ飼いならしようがないですからね。そのうえで、分析のプロセスを通して自我が強化されます。幼児期には得ることのできなかった力強さを勝ち取るのです。

体質的要因の重要性

第三に、分析の結果、つまり治療の成否を決める要因として、フロイトはこの論文でどのようなことを挙げているでしょうか。フロイトは三つの要因を挙げています。一番目に「心的外傷《トラウマ》の影響」、二番目に「本能的欲動の体質的強さ」、そして三番目に、本能的欲動の奔流に対する防衛を通じて起こる「自我の変容」です（同書 p. 225 参照）。

予後不良の要因は、フロイトによると、本能的欲動の体質的強さであり、それに変異が加わったり、組み合わさったりします。つまり、自我が防衛的葛藤のなかで好ましくない方向に変異するということです。ご存じのとおり、フロイトにとって、病んでいる患者の治療の予後を最も大きく左右する要因とは、本能的欲動の強さという体質的要因だったのです。奇妙なことに、初期の著作からこのような最晩年の著作にいたるまで、フロイトはその仕事を通してずっと体質的要因の重要性を強調したわけですが、このフロイトにとって最も重要だった考えに対して、フロイト派の人もフロイト派でない人も、よくて口先でしか同意しないのです。

そういうわけでフロイトによれば、治療にとって望ましくない要因の一つは、本能的欲動の強さであるということになります。たとえ自我が正常の強さであっても、とフロイトは付け加えています。さらに、自我の変異すら体質的なものでありうる、とも述べています。言い換えると、体質的要因は、本能的欲動と自我の二方面に見出されるということになります。他にも好ましくない要素はあります。それは死の本能的欲動から派生するタイプの抵抗です。もちろんこれは後期の理論に由来する補足です。一九三七年当時なら、それが治療にとって望ましくない要因の一つだとフロイトが考えたのは当然のことでしょう。

それでは、フロイトにとって治療に好ましい条件とは何でしょう。これはフロイト理論について考察する人の多くが見落としている点ですが、フロイトのこの論文によれば、トラウマが強ければ強いほど治療のチャンスにも恵まれる、というのです。フロイト自身はこれについてそう多くを語っていません。どうしてそうなのか、またどうしてフロイトが当時そう考えていたと私は思うのか、という問題はこれから論じます。

精神分析家の人格も、治療に好ましいと期待されるもう一つの要因となります。フロイトは、ここで、つまりこの最後の論文において、分析的状況に関して極めて興味深い発言を残しています。是非とも引用しておきたいと思います。フロイトによれば、分析者は「ある種の優越性を持っていなければならない。そうすれば、分析場面において、患者にとって模範として、またあるときは先生として振る舞うことができるからである。そして最後に、次のことを忘れてはならない。分析的関係の根底には真理への愛、すなわち現実認識がなければならない。そしてそれは、いかなる類《たぐい》のまやかしやごまかしとも無縁でなければならない」（S. Freud, 1937c: S.E., vol. 23, p. 248）。ここでフロイトは非常に重要な発言を、極めて明瞭に述べている、と私は考えます。

フロイトの機械論的モデル

フロイトがこの箇所で念頭に置いていたことについて、最後にもう一言申し上げます。フロイトはそれをはっきりと述べておりませんが、私の理解が正しければ潜在的にはフロイトの著作全体を一貫して流れている考えだと思います。つまり、フロイトは治療のプロセスについて、常にどこか機械論的な見解を持っていたということなのです。もともとその見解は次のような形をとっていました。抑圧された情動を暴露ないし発見すれば、その情動は、意識化されることによって、いわばシステムの外に放り出される、と。これは解除反応＊〔abreacting〕と呼ばれていました。モデルは極めて機械論的なもので、まるで、炎症を起こしている場所から膿《うみ》を取り除けば患部はよくなるという具合でした。それは極めて自然なことだし、極めて自動的に起こるとされていたのです。

フロイトも他の多くの分析者も、この見解が正しくないということが分かりました。という

＊ 過去のトラウマ的な体験によって無意識的に抑圧されていた記憶や感情が意識化されることによって、心の緊張が解放されること。

のも、これがもし正しければ、自分の非合理な部分を最も多く行動化*している人間は、それだけシステムの外にがらくたを放出しているのだから、最も健康な人間だということになってしまいます。でも、そんなことはないですよね。そういうわけで、フロイトとその他の分析者たちは、この理論を放棄しました。ところが、それは、より控えめな見解に取って代わられただけなのです。患者が洞察を持てば、言い換えると患者がその無意識的な現実に気づくようになれば、症状はあっさりと消えてしまう、と。特別な努力などまったく必要ない、ただやって来て自由連想をして、その過程で必然的に生じる不安をやり過ごせば、それでいい。患者個人の努力や意志は問題ではない。抵抗を克服して、抑圧された素材が前面に押し出されてくれば、患者はよくなるだろう、というのです。これは決してフロイトのもともとの解除反応理論ほど機械論的ではありません。でも、今見たように、まだどことなく機械論的な感じがします。プロセスはすんなりとうまくゆくという意味合いが含まれている、つまり素材が暴露されれば、患者はすんなりとよくなるだろうという意味合いが含まれているように思われます。

無意識的現実の暴露

さて、治療の成果を左右する原因に関するフロイトのこれらの見解について、さらにコメントをし、また付け加えや修正をしてゆきたいと思います。まず何よりも次のことを言っておきたいと思います。分析的治療とは何かと問われたら、私の考える答えはこうです。精神分析とは、ある人物の無意識的現実を暴露しようとする方法として定義される、そして暴露する過程でその人物は回復のチャンスが得られると見込まれる、と。このフロイトの基本コンセプトが、すべての精神分析家を結びつけており、全員の共通認識となっているのです。この目的を銘記していれば、さまざまな学派の間で繰り広げられているおびただしい数の闘争は、さほど重要と思われなくなるでしょう。このことを真に肝に銘じている分析家は、人間の心のなかにひそむ無意識的現実を見つけ出すことが、どんなに困難で、またどんなに不確実なことであるかを思い知らされます。そういう人は、無意識的現実の発見法が〔流派によって〕いくつもあるということに、あまり大騒ぎするようなことはないでしょう。むしろ、この目的、つまり精神分析と呼ばれるものすべてが目指しているこの目的に到達するのに、より有利なやり方はどれか、より有利な方法はどれか、より有利なアプローチはどれかということを問題とするでしょう。この目的を持たないセラピーの方法のなかには、セラピーとしてすばらしいものもあるかもしれませんが、それは精神分析とは無縁のものであり、この点で一線を画しておきたいところです。

＊　行動化 acting out とは、分析場面において、無意識的なものを言語化する代わりに、行動として表すこと。厳密には症状とは区別されるものの、ものを投げつける、抱きつくなどの問題行動としてとらえられる。

分析の仕事とは、本能的欲動の奔流に対抗するダムを強化する仕事のようなものだというフロイトの考えに対して、私は反対しようとは思いません。なぜなら、多くのことがこの考えに沿って説明されうるからです。とりわけ、神経症とは対照的な精神病の問題を取り扱っているとき、私たちが本当に扱っているのは、自我の壊れやすさという事実であり、同じ衝動の強さでも、ある人は壊れてしまうのに別の人は壊れないという奇妙な事実であるということを、私は確信しています。そういうわけで、自我の強さが分析のプロセスを左右するという考えの正しさを、私は否定するものではありません。にもかかわらず、このことを留保しつつも、非合理的な情念があちらからやって来て、そこに自我が待ちかまえていて、病気を防いでくれるなどということが、神経症と治療の中心問題かというと、どうも正確にはそうではないように思われるのです。

古代的情念との戦い——固着・破壊性・ナルシシズム

もう一つ矛盾の焦点があります。それは、二種類の情念の戦いです。すなわち、古代的*で非合理的で退行的な情念が、パーソナリティ内部の他の情念に立ち向かうのです。誤解がないよう、もう少しはっきりと言いましょう。古代的情念〔archaic passions〕という言葉で私が言いたいのは、強烈な破壊性、母に対する強烈な固着**、極端なナルシシズムのことです。

強烈な固着という言葉で言いたいのは、私の用語で言えば共棲《きょうせい》的固着、フロイトの用語で言えば母親に対する前性器期的な固着のことです。つまり、母の子宮に帰ること、場合によっては死に帰ることを本当に目指すような深い固着のことです。ここで思い出していただきたいのは、フロイト自身、後期の著作のなかで、自分は前性器期的な固着を過小評価していたと述べていることです。著作全体を通して、フロイトは性器期的な固着をあまりにも強調していました。そのため、女の子の問題を軽視することになりました。母親へのエロス的な性器期的な固着にそもそもの問題の始まりがあるというのも、男の子にとっては当てはまるかもしれませんが、女の子にとってはまったく意味をなしません。フロイトは、母親への前性器期的な（つまり狭義の性的固着に限られない）固着が多分にあるということに気づきました。それは、男の子にも女の子にもあるものなのですが、フロイトはその著作においては、概して十分な注意を払ってきていなかったのです。しかし、フロイトのこの発言も、精神分析関係の文献ではどういうわけか見落とされています。そして、分析家たちがエディプス期や、エディプス的な葛藤や、

＊「古代的 archaic」は、「太古的」とも訳されるが、この後のフロムの表現にもあるように前性器期または前エディプス期、つまり二歳くらいまでの、自我が十分に発達していない時期を指す。

＊＊固着とは、ある発達段階に固有のリビドー（心的・性的なエネルギー）の体制や充足様式に過大なリビドーが注がれた結果、それがその後も存続し、条件が整うと発現することを指す。

あれやこれやについて語るとき、たいていの場合、彼らは性器期の観点から考えており、母親への前性器期的な固着や愛着の観点から考えているのではありません。

破壊性という言葉で私が言いたいのは、もともと防衛を目的としているような破壊性ではありません。防衛のための破壊性は、生命に資するものです。たとえそこまでいかなくても生命を防衛するものであります。羨望《せんぼう》のようなものが、この種の破壊性に当たるでしょう。そのようなものではなく、破壊願望そのものが目的であるような破壊性を、私は念頭に置いているのです。これを私はネクロフィリアと呼んでいます。*

エロスとバイオフィリアへの依拠

［強力な母親固着、ネクロフィリア的な破壊性、そして極端にひどいナルシシズム、これらは悪性の情念です。］悪性のものです、というのも、これらは重い疾患と連動したり、またそのような疾患を引き起こしたりすることがあるからです。これら悪性の情念と対立する正反対の情念も、人間のなかにはあります。すなわち愛を求める情念、世界に関心を持とうとする情念で、それは、〈エロス〉と呼ばれるもののいっさいです。これは人に対する関心だけではありません。自然に対する関心でもあり、現実《リアリティ》に対する関心であり、思考する喜び、いっさいの芸術的関心を意味します。

フロイト派が言うところの自我機能について論じることが、今日では流行《はや》っています。私にとって、それはお粗末な撤退であり、とっくに見つかっているアメリカを発見したと主張するようなものです。だって、性的な意味での本能的欲動の所産におさまらない精神的機能がいくつもあるなどということは、フロイト正統派の外に出れば、疑いようのない事実なのですから。自我を強調するこの新しい傾向に触れて私が思うのは、フロイト思想のなかでも最も価値あるものからの撤退、つまり、情念を強調するような思考からの撤退が起こっているということです。自我の強さは確かに重要な概念ですが、自我は本質的には情念の執行者なのです。悪性の情念であれ、良性の情念であれ、そうした情念を実行に移しているのが自我なのです。人間にとって問題となること、その行為を決定するもの、そのパーソナリティを形成するもの、それは、その人を突き動かす情念がいかなる種類のものであるかということなのです。一例を挙げましょう。ある人が、死や破壊や無生物に情熱的な関心を抱いているのか（その場合、私はその人をネクロフィリアと呼びます）、生き生きとしているもののいっさいに情熱的な関心を抱いているのか（バイオフィリアと呼びます）、このどちらであるかによって、その人を突き動かす情念がど

＊［原注］Fromm 1964a を参照せよ。まさしくこの問題を扱っており、その深刻な病理のもとになるものは何か、その実態がどのようなものかなどを論じている。

のようなものであるかが大きく変わります。いずれも情念であります。いずれも論理によって作られたものではなく、自我のなかにあるものでもありません。それらが、パーソナリティ全体の一部となっています。これらは自我の機能ではありません。これらは二種類の情念です。

　これこそ私が提案したいと思う、フロイト理論への修正です。自我対情念の闘いが中心問題なのではなく、あるタイプの情念が別のタイプの情念に闘いを挑むということが、中心問題なのだ、と。

第二章　良性神経症と悪性神経症――良性神経症の症例

分析的治療とはどのようなものか、またそれを可能にする要因は何かという問題に進むわけですが、その前に、どのような種類の神経症があるのかという問いを、当然のことながら考察し、検討しておかなければなりません。神経症の分類はたくさんありますし、その分類法も大きな変遷を遂げてきました。最近、メニンガー博士は、次のように主張しています。こうした分類のほとんどは、それ自体には特別な価値などない、と。博士自身、特別な価値を持った新しい分類を提示したり、これが本質的な分類概念だとして推薦したりするようなことはまったくしておりません。そこで私は次のような分類を提案したいと思います。ある意味とてもシンプルな分類法です。つまり、良性の神経症と悪性の神経症という区別です。

良性神経症――トラウマによる発症

良性のあるいは軽度の神経症を患っている人は、こんな人です。例の〔前章で述べた〕悪性の情念のどれかに根本的には取り憑《つ》かれていない人、たまたまひどいトラウマ〔心的外傷〕のせいで神経症になったような人です。ここで私はフロイトの言うことに全面的に賛成します。治療の最大のチャンスは、まさに神経症のなかにある。それも患者が極めてひどいトラウマで苦しんでいるような神経症にこそチャンスがある、と。その理屈はこうです。ひどいトラウマを患者は生き抜いている、精神病にもならず、極度に危険な病態も示さずに。ということは、その人は体質上、大変な抵抗力を有していると見なされる。性格構造の核とでも言えるものが、重度の損傷を被《こうむ》っていない。すなわち、例の重度の退行、さまざまな形の悪性情念が表面化していない。その程度の神経症なら、分析が成功する見込みは大いにあると思われます。もちろん、それなりの作業はしなければなりません。患者の抑圧していることはいかなるものでも明らかにならなければならないし、意識化されなければなりません。トラウマとなるような要因の性質と、それに対する患者の反応――よくあるのはトラウマ的要因の本当の性格の否認という反応――を意識化しなければなりません。

メキシコ人女性の良性神経症の症例

良性の神経症がどのようなものか、短い症例記録によって示してみたいと思います。これは私がスーパーヴィジョン〔監督〕をしたセラピーです。患者は二十五歳くらいの未婚のメキシコ人女性で、自分の症状は同性愛とのことでした。十八歳のときから、彼女は性的関係としてはもっぱら女性をパートナーとしてきました。分析者のところにやって来た時点では、ナイトクラブの歌手と同性愛関係にありました。毎晩その友人の歌を聴きにゆき、酒に酔っては、抑うつ状態になるのでした。彼女は、この悪循環から抜け出そうとしていました。にもかかわらず、その友人に屈服しているような状態にありました。そして友人のほうは、彼女を毛嫌いするような態度をとっていたのです。それなのに、彼女は、その友人から離れることをひどく恐れていました。その女性が自分のもとから離れるのではないかとびくびくして、関係にしがみついていたのです。

さて、いささか悲惨な状況が浮かんできました。同性愛の一例にすぎないとも言えます。しかしながら、以上のような不安を常に抱えており、軽い抑うつがあり、人生の目的が見失われているなどといった大変目立った特徴があります。この女性の来歴はどのようなものでしょうか。彼女の母親は、長い間お金持ちの男性の愛人でした。母親は常に一人の同じ男性の愛人であり、その関係から女の子が生まれました。それが彼女です。男性は、ある意味極めて誠実で、その女性と幼い娘への援助を絶やすことがありませんでした。しかし、彼は父親とはっきり分かる存在ではありませんでした。まったく父親不在の家庭だったのです。一方、母親のほうは計算ずくで動いていて、父親から金をとるために、幼い娘をだしに使ったのでした。彼女は、少女を父親のところにやって、金をもらってこさせました。ゆすりのために少女を利用したのです。そうして、あらゆる手段で少女を徐々に傷つけてゆきました。この母親の姉妹には、売春宿のオーナーがいました。彼女は幼い少女に売春をするようすすめておりました。そして、実際に少女はそれをしたのです。二度ほど――その当時はもうそれほど幼くはありませんでした――男たちの前に裸で現れ、それによって金を受け取りました。それ以上のことをしないために、おそらく相当のスタミナが必要だったでしょう。しかし、彼女は非常に困った状況になったわけです。というのも、皆さんも察しがつくでしょう、その界隈《かいわい》の子どもたちが彼女のことをどんなふうに呼びはやしたか、父親のいない娘ということだけでなく、売春宿のオーナーの姪ということも、まったくおおっぴらになってしまったのです。

そういうわけで、彼女は十五歳までは、びくびくした引っ込み思案の少女として成長してきました。人生のありとあらゆる事柄にまったく自信が持てなかったのです。そんなときに父親が、いつもの気まぐれで、彼女を学校に、それもアメリカの大学に送り込みました。少女にとってこの突然の光景の変化がどれほど大きなものだったか、皆さんも想像がつくでしょう。いきなり、アメリカのそれも相当に上品な大学にやって来たのですから。そしてそこに、彼女を憎からず思っている少女がいて、やがて思いを寄せてきます。二人は同性愛の情事にふけるようになりました。さて、これは驚くべきことではないでしょう。あのような過去を持っていて、もうおびえ切った状態にある少女が、自分に真の愛情を示してくれる誰かと出会った。そしてその人物と性的関係に入った。これはいたってノーマルなことではないでしょうか。たとえ、それが誰であろうと、男性であろうと女性であろうと、はたまた動物であろうと。それによって、はじめて地獄を抜け出すことができたのですから。その後、彼女は他の女性とも同性愛的交渉を持つようになり、そしてまたメキシコに引き戻されます。かつてと同じみじめな状況に引き戻され、常に不安定な状態にあり、常に恥ずかしさでいっぱいでした。そこに先にお話ししたあの女性が登場するのです。彼女を屈服させたままにしておくあの女性です。彼女が分析家のもとにやって来たのは、その頃です。

分析の途中でどんなことが起こったでしょうか。分析は二年間だと思いますが、まず彼女はこの同性愛の友人と別れました。それからしばらくの間は一人でいました。その後、男性とデートするようにもなり、そのうち、ある男性と恋に落ちます。そして、彼と結婚しました。別に不感症でもありません。明らかに、これは本当の意味での同性愛の症例ではありません。「明らかに」と私は言いました。私に同意しない人もいるかもしれませんが、私の考えでは、これは、おそらくたいていの人が潜在的に持っているのと同程度の同性愛なのです。

この女性は実際のところどういう状態だったのか、それは彼女の夢から分かることですが、生きることに、ただひたすら死ぬほどおびえていた、そんな状態だったのです。まるで、強制収容所から出てきたばかりの状態です。その経験が、彼女の期待や恐怖を完全に左右していました。そして、通常の分析に必要な時間を考えると比較的短期間で、この患者は完全に正常な女性へと発達しました。正常な反応を示すようになったのです。

トラウマの影響力

私がこの実例を挙げたのは、次のような主張を明示するためです――それはフロイトも言わんとしていたことだと思うのです。つまり、神経症が発症する際には、体質的要因よりもトラウマのほうが強い影響力を持つということです。ただ、フロイトがトラウマを持ち出すことで意図していたことは、私の考えとはずれており、このことは私も承知しています。つまり、フロイトが探し求めていたトラウマとは、本質的に性的なものであり、特に幼少期に起こるようなものだったということです。でも私が思うに、極めて多くの場合、トラウマとは長期間にわたるプロセスです。体験と体験がどんどんつながってゆき、最終的には文字通り体験の合計、いや合計というのは生易しいでしょう、積み重なった体験の山が目の前に現れてきます。そのような長期のプロセスなのです。ときとして、戦争神経症とさほど変わらないのではないかと思われるような場合もあります。つまり、ある破壊点*〔breaking point〕において、患者が病的になるという具合にです。

それでも、トラウマとは環境のなかで生じるものであり、生の体験、現実を生きているからこそしてしまう体験なのです。このことは、くだんの少女にも当てはまりますし、トラウマを抱えた同種の患者にも当てはまります。彼らの性格構造の核は、基本的には破壊されていません。外見上は、極めて重症に見えることもありますが、比較的短い期間に反動神経症**を克服してよくなるチャンスが十分にあります。というのも、彼らは体質的には健康だからです。

トラウマを過大視することの誤り

このことと関連して強調しておきたいことがあります。良性神経症ないし反動神経症の場合、トラウマ体験が相当大きなものでなければ、症状が発生したことを説明する要因としては不十分だということです。父親が弱かったからといって、母親が強かったからといって、それがトラウマになるでしょうか。弱い父親や強い母親を持っていても神経症にならない人はいくらでもいます。したがって、このような「トラウマ」は、神経症を病む理由になりません。言い方を換えてみましょう。今、私がある神経症をトラウマ的な出来事で説明したいと思っています。そのためにはどのような要件が必要となるでしょうか。〝こんなトラウマを抱えていたら、おか

＊　物体に加えられる外力とそれに抗する応力との釣り合いが破れ、物体が大きく変化して破壊されるその極限の点。

＊＊反動（反動形成）とは、抑圧された無意識的なものと正反対のものが意識や行動の面で表出されることを指す。

しくならない人なんていないよ〟、そう思えるほど異常なトラウマでなければならないということです。そうしてはじめて私は、その神経症をトラウマによって説明することができるのです。ですから、弱い父親と強い母親くらいしか見つからないようなケースでは、体質的要因がからんでいるかもしれないと考える必要があります。つまり、こういうことです。その人を神経症にかかりやすくするような要因が何か他にある。そのせいで、弱い父親や強い母親ごときが、トラウマの役目を果たすことができたのだ、と。ただ単に、神経症になりやすい体質であったというだけで、そうなったのだと。理想的な家庭環境だったら、そんな人でも病気にならなかったかもしれないのです。

あるひどく病的な人に対する私の説明がそのまま、他のさほど病的でない人たちにも広く一般的に当てはまるなどという仮定は、私には受け入れがたいということです。八人の子どもがいる家族のなかで、一人が病気になり、他の子どもは病気になっていないとします。よく持ち出されるのは次のような理屈です。「なるほど。でもその子は最初の患者だったんだ。次に発症するのは誰か、その次は誰か、それは神のみぞ知る……」。そういうわけで、その子の体験したことが、他の子どもとたまたま違っていたということになります。トラウマが見つかったと、満足した気持ちに浸《ひた》っていたい人たちにとって、このような理屈はとても心地よく響くことでしょう。しかし私にとって、それはあまりにも、ずさんな考え方のように思えます。

もちろん、私たちの知らないトラウマ体験、つまりまだ分析中に浮かんできていないトラウマ体験がある可能性も否定はできないでしょう。そして、もし分析者が、その本当の、異常なまでに強烈なトラウマ体験とやらを見つけ出し、これが神経症形成の根本にあったのだと証明するだけの技能を兼ね備えていたとしたら、それは大変結構なことだと思います。とはいえ、他の人だったらトラウマにもならない程度の体験をトラウマだと呼ぶことは、私にはどうしてもできません。本当に例外的と言えるようなトラウマ体験というものは、いくらでもあります。先の例を挙げたのは、このことを言いたかったからです。

近代社会の病理

それともう一つ取り上げたいことがあります。それは、極めて近代的な現象であり、かつ答えるのがとても難しい問題です。すなわち、近代の組織人間〔organization man〕が、実際のところ、どれだけ病的であるか、どれだけ疎外されており、ナルシシズム的であるか、どれほど関わりを欠いており、生きるということに対するリアルな関心に乏しいか、という問題です。目新しい機械ばかり追いかけ、女性よりもスポーツカーに熱をあげるような始末なのですが、さて、こういう人はいかなる意味で病的なのでしょうか。

ある意味、そういう人はひどく病んでいると言うことができるでしょう。実際、いくつかの症状があるかもしれません。たとえば、おびえており、不安定な状態にあり、自らのナルシシズムを絶えず確認していなければならないなどという症状がです。しかしながら同時に、社会全体がこのような意味で〔症状があるという意味で〕病んでいるわけではないと言うこともできるかもしれません。だって、みんな、うまくやっているのだから、と。そういう、うまくやっている人たちにとっては、この全体の病――いわば「普通であることの病理〔pathology of normalcy〕」――にうまく適応できればよい、それができるかどうかが問題だ、ということになるでしょう。このような場合、治療側も、非常に厄介《やっかい》な問題を抱えることになります。こういう人は、実は「核」の部分で葛藤を抱えているわけです。そのパーソナリティの核の部分に深い障害、すなわちひどいナルシシズムと生に対する愛の欠如《けつじょ》とがあって、それに苦しんでいるのです。そして、このような人を治療するためには、何よりもまず、こうしたパーソナリティを丸ごと変えなければなりません。でも、そうしたら、今度は社会をほぼ丸ごと敵にまわすことになります。だって、社会全体がそのような神経症の味方なのですから。これはパラドクスです。理論的には、病人であると見られるのに、でも角度を変えて見れば、正常だというのです。このようなケースでどのような分析をしたらよいか決断することは、まったく容易ではありません。まことに厄介な問題だと思います。

私が良性神経症と呼ぶものは、話がもっと簡単です。というのも、核となるようなエネルギー構造、すなわち性格構造が、無傷のまま残っているからです。どこか病理的な歪曲《わいきょく》が見つかったら、それを説明するようなトラウマ的事件を見てゆけばよいのです。分析の雰囲気のなかで、つまり、分析者とのセラピー的関係に助けられて無意識的なものを明らかにしようという雰囲気のなかで、この種の人たちはきっと回復してゆくことでしょう。

悪性神経症——パーソナリティの核の損傷

私が悪性神経症という概念で何を指しているかは、すでに述べたとおりです。性格構造の核が損傷を受けているような神経症を、悪性神経症と呼んでいます。悪性神経症には、極端なネクロフィリアや、ナルシシズム、母親固着などの傾向が見られるでしょう。極端な場合、これら三つがいっぺんに進行し、合流してゆくこともよくあります。治療のために必要なのは、中核構造内のエネルギー充塡《じゅうてん》の仕方を変えることです。ナルシシズム、ネクロフィリア、そしてあらゆるタイプの近親相姦的固着、これらに変化が生じなければ治療はできないでしょう。完全に変化しなくてもいいのです。これらさまざまな形態の備給*——フロイト派の用語——に、エネルギーがわずかしか充塡されなくなるというだけでもかまわないのです。これが、その人

＊ 特定の対象（人物、観念）にリビドー（心的エネルギー）を結びつけること。

にとっては、とても大きな違いなのです。この人がうまいこと、ナルシシズムを軽減させ、バイオフィリアを高めさせ、生きることへの関心を強めることができたとしたら、そのようなことによって、いくらかでも回復の糸口をつかんだことになります。

分析的治療について論じる際に注意しておかなければならないのは、良性か悪性かによって、治療の見込みが変わってくるということです。それは結局のところ、精神病か神経症かの違いでしょう、と言う方がいらっしゃるかもしれません。でも、そうではないのです、まったく。というのも、ここで私が悪性の神経症と呼んでいるものの多くは、精神病ではないからです。私がお話ししているのは次のような現象です。症状の有無はともかく神経症の患者さんがいたとします。その人は精神病ではありません。精神病に近い状態ですらありません。おそらく、これからも精神病にはならないでしょう。それなのに、治療の難しさは、神経症とはまったく別物である、そのようなケースを念頭に置いているのです。

抵抗の質も違います。良性神経症の抵抗は、ためらいや恐れなどから出てくるわけですが、実際にはパーソナリティの核が健常なのですから、それらの抵抗がすべて出そろったところで、比較的たやすく克服されてしまうのです。ところが私の言う悪性の重度の神経症の場合、抵抗は深く根を張っています。問題となっているのは、完全にナルシシズム的な人物で、まったく誰のことも意に介さないような人物です。まずはこのことを、自分に対しても、また他の人間に対しても、認めなければならないのです。このような人物は、つまるところ、洞察に対しても、ものすごい力で抵抗して、闘いを挑んでくるに違いありません。そして、その抵抗力たるや、良性神経症の患者とは比べ物にならないようなものすごい力なのです。

悪性神経症の治療——健康への希求の活性化

重い神経症を治療するための方法とはどのようなものでしょうか。自我を強化すればそれで問題が解決するなどとは、私は思いません。治療の本質とは次のようなものです。患者は、そのパーソナリティの非合理的で古代的な部分に、自分自身の持っている健全で成熟した正常な部分を対抗させます。そして、この衝突が葛藤を引き起こします。この葛藤によって、ある仮説上の力が活性化されます。健康への希求*〔striving for health〕、世界と自己のよりよいバランスへの希求が、人のなかに実存するという理論を支持するならば仮定せざるをえないような力、

＊「striving」という言葉は「努力すること」「闘うこと」「せめぎ合うこと」などの意味があるが、この文脈でそれらの訳語は意味をなさない。アドラーは、性を重視するフロイトの本能論に対して、「優越性の追求 striving for superiority」を重視した。フロムは、「striving」という言葉を使うときに、当然アドラーを意識しているだろう。したがって、この文脈では、人間は生まれながらに健康になろうとするものだということを示唆したいのだと思われる。それは生得的であるが、本能とは違い、未来志向である。そのような含意にふさわしく、また「striving」の辞書的意味である「努力」ともつながる「希求」という言葉を、ここでは訳語として採用する。

それらが葛藤によって活性化されるのです。ただ、活性化と言っても、またもや、体質的な要因により力の大小はあるでしょう。いずれにせよ、パーソナリティの非合理的な部分と合理的な部分との出会いによって生じる葛藤のなかにこそ、分析的治療の本質が潜んでいるというのが私の考えです。

分析技法の結果、患者は二つの行路をたどらなければならなくなります。まずは自分自身を、たとえば二、三歳児として体験しなければなりません。もちろんその頃のことは無意識的な状態にあります。それと同時に患者は、成人の、責任ある人物でいなければなりません。大人の人間として、自分のなかの子どもの部分と直面するのです。まさにこの対面を通して、衝撃と葛藤と動揺の感覚――分析的治療に欠かせない――を得られるからです。

フロイトの方法の限界――幼児化と「心理学的な会話」

このような観点から見ると、フロイトの方法は役に立たないように思われます。そこには二つの極端な形態が見出されるように思います。まず、寝椅子に横にされ、その背後に分析者が座るなどといった状況のすべてが一つの儀礼的なお膳立てとなって、患者は人工的に幼児の状態にさせられます。この幼児化こそが分析的状況の真の目的です。人工的に幼児化することによって、より多くの無意識的素材が表面化するというのです。フロイトはそのように期待していましたし、ルネ・スピッツ*もある論文でそのように説明しています。私の考えでは、この方法には次のような欠点があります。患者は、そうしたやり方では古代的ないし幼児的な素材に直面することは決してないだろう、というのも、患者が自らの無意識になってしまい、一人の子どもになってしまうだけだからです。ここで起こっていることは、ある意味で夢です。ただ覚醒《かくせい》状態の夢ではありますが。こんなことまで浮かんできた、こんなことまで現れてきた、でも患者はそこにはいない。

しかしながら、患者を小さな子どもにしてしまうのは正しいことではありません。患者は（ここでは重症の精神病者ではないものとします）、同時に正常で成長した存在であり、分別があり、知性があり、正常な大人として適切な反応を一通り返してくる存在なのです。だからこそ、自分自身のなかにある幼児的存在に対しても反応できるわけです。そのような対面が起こらなかったら――フロイトの方法ではまず起こらないのですが――実際、葛藤も生じないでしょう。出会わなければ対立しようがありません。私の考えに引き寄せれば、分析的治療の重要な条件が一つ欠けることになります。

＊ スピッツ René Spitz（一八八七～一九七四） 早期乳幼児の精神的発達の実証的な観察、猿などの動物との比較研究を行い、脳の成熟と、自我および対象関係の発達との相関関係を検証した精神分析家。

フロイトから引き出されるもう一つの極端な形態は、その心理療法の〝分析〟とも称されることのある方法です。そこではすべてが、分析者と成人した患者の〝心理学的な会話〟に転落してゆきます。子どもはどこにも現れません。まるで患者のなかに古代的な力がまったく存在しないかのように、患者は扱われます。そこでは、ある種の説得がなされます。患者は丁重に扱われ、次のように話しかけられるのです。「あなたのお母さんはひどかったんですね。お父さんもひどい。でももう大丈夫、私があなたを助けてあげますからね」。こうすれば患者は治るだろうと見込まれています。ごく軽症の神経症なら、このようなやり方でも治療可能でしょう。でもそれなら五年もかからない方法が、他にもっとあると思いますよ。フロイトも言っていることですが、重症の神経症を治そうと思ったら、十分な量の無意識的な素材、それもずばり核心を突いているような素材が発掘され、白日のもとにさらされなければならないのではないでしょうか。

子どもであり、かつ大人であること

私がここで提示しているのは、単純なことです。分析的状況は、患者にとっても分析者にとっても、逆説的なものであるということです。患者は子どもであり、狂った空想に満たされた非合理的な人間に他ならないと決めつけることはできませんし、その症状について知的に会話をすることのできる一人前の大人だと決めつけることもできません。患者はまさしく、同じ時間、同じ瞬間に、子どもでもあり、大人でもあるという具合に、自分自身を感じることができます。それゆえ、この両者が直面し合うのを体験することもできるのです。そしてこの直面こそが、物事を進めてゆくのです。

この直面によって、患者のなかに引き起こされるリアルな葛藤、これこそ、こと治療に関して言うならば肝心要のポイントであると私は思います。これは、理論のなかで生じることではありませんし、言葉だけで起こることでもありません。「私は母が怖かったんです」と患者が言うようなときに、ただそれだけを取り上げて、いったい何の意味があるというのでしょう。それだけではどこにでも転がっている恐怖と変わりません。私たちは、学校の先生が怖いこともあるだろうし、警察官が怖いこともあるでしょう。誰かに怪我させられるかもしれません。別に世界を揺るがすことじゃありません。でももしかしたら、母親が怖かったという発言で患者が意味するところの恐怖は、たとえば、次のような言葉で説明されるかもしれません。「私は檻《おり》に押し込められています。その檻のなかにはライオンがいます。誰かが私をそのなかに入れ、ドアを閉めたら、私はどう感じると思いますか〔それが私の恐怖です〕」。夢のなかでは、このようなことがそのまま現れます。ワニやライオンやトラなどが夢主を襲ってくるということです。しかし、「私は母が怖かったんです」という言葉を使ってしまうと、患者のこの真の恐怖をコーピング〔対処〕する必要性はなくなってしまうのです。

第三章　治療にいたる体質的要因と他の要因

体質的要因の重要性

次に他の要因に移ります。好ましい要因もあれば好ましくない要因もあります。まず何よりも、体質的要因です。すでに述べたとおり体質的要因はものすごく重要だと、私は考えています。正直なところ、三十年前に体質的要因について聞かれたら、そして今私が話しているようなことを耳にしたら、当時の私は憤慨するでしょうね。それは反動的あるいはファシズム的なペシミズムだ、などと。でも、分析的実践をほんの数年こなしただけで、私は確信するようになりました。これは別に理論的根拠に基づいていることではありません。遺伝に関する理論についてもまったく知りません。でも経験上、神経症の程度は、トラウマや環境の状況だけで決まるなどという説明にはまったく同意できなくなりました。

たとえば、同性愛の患者がいるとします。そして、母親がとても強く、父親がとても弱いということが分かったとします。これなら同性愛を説明するお手持ちの理論で対応できるでしょうね。でも、そこに同じように弱い父親と強い母親を持つ患者が十人やって来て、彼らが同性愛者ではなかったとしたらどうでしょう。似たような環境要因であっても、まったく異なる結果をもたらすことはあります。そういうわけで、私は次のような確信を持っております。先ほど〔前章で〕お話ししたような例外的なトラウマ的要因を扱っているというのなら話は別ですが、そうでなければ、体質的要因を考えずに神経症の形成を本当に理解することはできません。というのも、他の要因と異なり、ある種の体質的要因は非常に強力であるため、それだけで、または少なくとも特定の条件が重なれば、環境的要因をトラウマ性の高いものに変えてしまうからです。

生のなかで形成される体質的要因

フロイトと私とでは、もちろん見解の食い違うところがあります。フロイトが体質的要因について話すときに彼が念頭に置いているのは、本質的には本能的要因のことで、それはリビドー理論に表現されています。私は、体質的要因とはそれよりもっと広い範囲にわたるものだと考えています。今すぐにここで、それ以上説明することはできません。思うに体質的要因とは、通常、気質（ギリシア人のいう気質であれシェルドン*のいう気質であれ）として定義されるような要因だけではなく、生命力《ヴァイタリティ》、生への愛、勇気などなど――他にもありますがあえて言及することはないでしょう――そういった事柄をも含むものです。別の言い方をします。人間が染色体の巡り合わせでできているとしても、人格としての人間は、すでに極めてはっきりとした形を持った存在としてとらえられるものだと思います。ある人が生きるうえで出くわす問題とは、〔生まれる前に決まっている事柄ではなく〕すでに何らかの形をとって生まれている特定の人格にとって、生きるということがどのように作用するかという問題に他ならないのです。実際、次のような問いを考えることは分析者にとってとてもよいエクササイズになるでしょう。この人に、もし過去のある時点において好都合な生活条件が与えられていたとしたら、今頃はどんなふうになっていたであろうか。そして、この特定の人物に、その人生と環境がもたらした特定のゆがみやダメージとはどのようなものなのか。

ルーズヴェルトとヒトラーの違い――生への愛か、死への愛か

好ましい体質的要因のなかには、生命力、とりわけ生への愛があります。これがどの程度あるかが問題を左右します。個人的には、相当量のナルシシズム、さらには相当量の近親相姦的

＊ ウィリアム・H・シェルドン William Herbert Sheldon（一八九八～一九七七）アメリカ人医学者・心理学者。体質研究に尽力し、内胚型（内臓緊張型）、中胚葉型（身体緊張型）、外胚葉（脳緊張型）の三類型論を提唱したことで有名。

固着などがあれば、かなり重度の神経症を発症すると思います。しかし、生への愛があれば、まったく違う様相を呈します。二つの例を挙げましょう。一つは、ルーズヴェルトの例、もう一つはヒトラーの例です。二人とも相当なナルシシストです。ルーズヴェルトはヒトラーほどではなかったかもしれませんが、それでも十分にナルシシストでした。二人とも相当の母親固着が見られました。おそらくルーズヴェルトよりもヒトラーのほうが、より悪性で、より根の深いものではありませんでしたが。決定的な違いは、ルーズヴェルトが生への愛に満たされた男であったのに対し、ヒトラーは死への愛に取り憑かれた男であったということです。ヒトラーが目指していたのは破壊です。このことは意識すらされませんでした。というのも、自分が目指しているのは救済だと、ヒトラーは長年にわたって信じ込んできたからです。でも、彼が目指していたのは実は破壊だったのです。そして、破壊をもたらすあらゆるものに、魅力を感じていたのです。お分かりかと思いますが、二つのパーソナリティがあって、そのどちらにも、ナルシシズムの要素と母親固着の要素とでも呼べるものが、違いがあるとはいえ顕著に現れているということです。しかし、バイオフィリアとネクロフィリアの相対的な量がまったく異なるわけです。仮にものすごく病的な患者がいたとしても、そこに多量のバイオフィリアが見受けられれば、私はかなり楽観的にかまえます。もし、いろいろなことをすべて見たうえで、バイオフィリアがほとんど見受けられず、代わりに大量のネクロフィリアが見られたとしたら、私は予後については極めて悲観的になります。

他にも成否を左右する要因がいくつかありますが、これらについては簡単に言及するにとどめましょう。それらは体質的要因ではなく、また分析の最初の五つか十のセッションで相当量が検出されるものです。

(a)苦しみのどん底に立つこと

第一に、患者が本当にその苦しみのどん底に達しているかどうかということが挙げられます。私の知っているサイコセラピストにはこんな人がいます。その人は、アメリカで受けられるあらゆる種類のセラピーを試してきた患者だけを診るようにします。他のどんな方法も効かなかった、そういう患者だけを引き受けるのです。まあ、それは自分が失敗したときの大変うまい言い訳にもなるわけですが、ここで私が引き合いに出したのは、それがある意味テストになっているからです。つまり、患者が苦しみの底に達したかどうかのテストになっているということです。それが分かるのと分からないのとでは、大違いです。かつてサリヴァン*は、同じよう

* サリヴァン Harry Stack Sullivan（一八九二〜一九四八）フロムと同様、社会的・文化的関係を重視する新フロイト派と目された精神医学者・精神分析学者。人間のパーソナリティ、精神的・感情的体験は、その人間の対人関係の観点からのみ理解しうるとした。

なことを、若干違った言い方ですが、よく強調していました。〃患者はなぜ治療が必要なのかを証明しなければならない〃と。彼が言いたかったのは、患者が自分の疾患についての理論やそれに類したものを提示しなければならないということではありません。そんな意味ではないのは明白でしょう。サリヴァンの言いたいことは、患者は次のような気持ちで来てはいけないということです。「えー、私は病気なんです。そして、あなたは病人を治療するとうたっている専門家ですよね。だから私はここにいるんです」。仮に私だったら、オフィスにこんな標語を掲げるでしょう。〈ただ座っているだけでは治りません〉。

そういうわけで、患者を励ますのではなく、むしろ不幸になれるよう手を貸すという作業が、分析の初期においては非常に大切なのです。実のところ、苦悩を和らげソフトにするための励ましを処方することはまずありません。それは、さらなる分析の進展にとっては明らかに有害です。分析——真の意味の分析——には莫大な努力が必要とされます。その努力に、自ら進んで取り組む人は、よほどのことでもなければいません。自分のなかに潜む苦しみが極限に達していると自覚してはじめて、分析への取り組みが始まるのです。苦しみの極に達しているのだと自覚している状態は、決して悪い状態ではありません。苦しいのか幸せなのか分からないで、朦朧《もうろう》とした足取りで暗いところを歩くよりは、どん底に立っていると明らかに分かっているほうがはるかによい状態です。苦しむということは、少なくとも非常にリアルな感情です。それは生の一部です。苦しみから目をそらし、テレビでも見ている、そんなのは生きていないのも同然です。

(b)人生のヴィジョン

第二の条件は、患者が、自分の人生がどうなるべきか（またはどうなりうるか）についての確かな考えを身につけるか、すでに持っているということです。それは、自分に必要なことについての確かなヴィジョンということです。詩が書けないからといって分析者のもとを訪れた患者もいたそうです。ちょっとした例外ではありますが、思うほど珍しいことではありません。多くの患者の来談理由は、自分が不幸だからというものなのです。ですけど、幸せではないということだけでは、ちょっと不十分じゃないでしょうか。もし私のところに、〝自分は不幸だから分析してもらいたい〟と言ってくる患者がいたとしたら、私はこう言うでしょう。「いや、幸せな人なんてめったにいませんよ」と。極めて多くのエネルギーを要する、トラブルと困難に満ちた仕事を、一人の人間に対して何年も行うというのに、このような理由ではまったく不十分です。

人生において自分にとって必要なものとは何か、これは、学歴があれば分かるという問題でもないし、要領がよければ分かるという問題でもありません。人生についての見通しを患者が持ったことがなくても、それは無理のないことです。確かに私たちは、巨大な教育システムを築き上げたかもしれません。しかしそのなかには、人生において何が必要かについての見解が、あまり含まれていないのです。とはいえ、分析を始める際にでも、分析者は次のことを調べなければならないと思います。〝もっとハッピーになろうとすること以外にも人生の目的はありうる〟という考えに、はたしてこの患者は到達できるかどうか、ということです。アメリカの大都会に住んでいるような患者たちが、自分を表現しようとして用いる無数の言葉、それはまさに言葉の遊びにすぎません。たとえば、誰かが音楽に手を出してみて、ハイファイが好きだとか、あれが好き、これが好きだとか言ってみたとしても、それはしょせん言葉の遊びです。分析者はこうした言葉に満足できないし、また満足してもなりません。もっとリアリティに突っ込んでいかなければなりません。つまり、この人の本当の意図は何なのだろう、と。理論的なことではありません。そうではなく、現にその人にとって必要なもの、その人が来た目的とは何なのかを見定めなければなりません。

(c)患者の真剣さ

もう一つの重要な要因は患者の真剣さです。分析にやって来る患者のなかには、自分のことを話したがっているだけのナルシシズム的な人間が結構いるものです。実際、そんな話ができる場所は他にありませんからね。妻であれ〔夫であれ〕、友人であれ、子どもであれ、〝昨日私はこんなことをしました、それはどうしてかというと、こういう理由で云々《うんぬん》〟などという話を時間ぎめで聴いてくれる人はいないでしょう。バーテンダーだって、他の客がいるから、そんなに長い時間は聴いてくれません。そういうわけで、三十五ドルを払う、いやいくらだって払うかもしれませんが、そうやって決められた時間の間ずっと自分の話を聴いてくれる人を一人雇うことになります。もちろん患者として、心理学的に意味のある話題について話さなければならないということは、踏まえておく必要があります。映画や絵画や音楽について話すべきではありません。自分自身のことについて話さなければなりません。どうして夫ないし妻が嫌いなのかとか、あるいは好きなのかとか、そんなことを話さなければなりません。でもそれすらも、除外すべきかもしれません。分析者を一人調達するのに十分な理由でしょうか。まあ分析者にとっては、お金を稼ぐのに都合がいいかもしれませんが。

(d)リアルな事柄を話すということ

このことと密接に関連する要因として挙げられるのは、つまるところ空疎な話なのかリアルな話なのかを識別する能力が、患者にあるかどうかという点です。たいていの会話は空疎な話に分類されると思います。差し支えなければ、『ニューヨーク・タイムズ』の社説を空疎な話の最適な例として挙げさせていただきたいと思います。私がここでbanal〔空疎な、くだらない、陳腐な〕という言葉で意味したいのは、知的でないということではありません。ここではリアルかどうかということが問題なので、空疎だというのはリアルではないということなのです。たとえばヴェトナムの状況についての記事などを読んでいると、とても空疎なものに思えてしまうのです。端的に言って本当の《リアルな》ことではなくフィクションを取り上げているのですから。もちろん、これは政治的見解を含んだ記事です。突然アメリカの船が見えない標的に発砲した、それなのにそこに何があったか誰も分かっていなかった、などという始末です。そして、こうしたことすべては共産主義からの救済に関わっており、その標的が何だったのかは神のみぞ知るというのです。これはもう空疎な話です。同様に、人々が自分自身の身の上話をする有様は空疎です。だいたいは、リアルではない事柄に関する話だからです。夫がこうしたとかああしたとか、昇進したとかしないとか、彼氏に電話をすべきだったかすべきではなかったかとか……。こうしたことはどれも空疎です。というのも、それはリアルな事柄ではなく、合理化を経た事柄にしか触れていないからです。

(e)神経症が患者の生活環境に適したものとなっていないか

もう一つの要因は、患者の生活環境です。神経症をどの程度やり過ごすことができるか、それは、まったくのところ状況に左右されるものです。大学教授には耐えられない類の神経症でも、セールスマンであればやり過ごすことができるかもしれません。文化的レベルの差が問題だと言っているのではありません。ただ、ある種の高度にナルシシズム的で攻撃的な行動が、小さな大学では波風を立たせて、追放の原因になることもあるのに、セールスマンであれば、大成功の原因にだってなりうるということです。ときおり患者はこんなふうに言います。「先生、もうこれじゃやってけませんよ」。私の定石どおりの答えは、こんなふうです。「いやあ、やってけないなんて、どういうことですか。三十年間もやってこられたわけでしょう。そういうことを抱えながら、人生の終わりを迎えるまでやっていける人なんて、たくさん、それこそ何百万人といるんですよ。だったら、あなたがそれをできないわけはないでしょう。あなたがそれを望んでいないというのなら別ですがね。仮に望んでいないとして、その理由は私には何となく分かりますよ。でも、証拠が必要です。なぜ望んでいないのですか、というか望んでいないのですか。その証拠を見せてください」。「やってけない」という言葉は端的にいって真実ではありません。これも言葉の遊びです。

(f) 患者の能動的参加

私が最も強調したいポイントは、患者の能動的参加です。すでに述べたことの繰り返しになりますが、私はしゃべったからといってよくなるとは思わないし、たとえ無意識が明らかになったとしてもそれだけでよくなるとは思いません。多大な努力を払わずに、犠牲も払わず危険も冒さず――夢によく出てくる象徴言語を用いるなら――生きる過程で通り抜けなければならない無数のトンネルをくぐり抜けようともせずに、何か重要なことを達成するなどということはまず不可能だということです。このトンネルとは、自分自身が暗闇にいると感じられるような時期、何かの脅威にさらされている時期、それでいてトンネルの向こう側に何かがある、光があると信じているような時期のことを指します。このような過程にあるときに分析者のパーソナリティがどのようなものであるかは、大変重要です。つまり、分析者がよき同行者であるかどうか、よき山岳ガイドと同じような働きをすることができるかどうかということです。よき山岳ガイドは、お客をかついで登ったりしません。ときどき「こっちの道のほうがいいですよ」と言ったり、ちょっと押してあげたりするだけです。

(g)分析者のパーソナリティ――真理探究の姿勢と共感能力

このことから最後のポイント、分析者のパーソナリティというポイントに進むことができます。これについて述べようと思ったらきっと講演一つ分くらいにはなるでしょうが、ここではほんの少しのポイントを述べるにとどめます。フロイトはすでに重要なポイントを一つ明らかにしています。それは、まやかしやごまかしをしないということです。分析者の態度や分析の雰囲気のなかに、最初の瞬間から〝これは自分の経験している日常世界とは違うぞ〟と患者に思わせるような何かがなければなりません。〝これはリアリティの世界で、まやかしのない真理と真実の世界だ――これこそがリアリティの何たるかだ〟と思わせるような何かです。第二に、空疎な事柄を語る場ではないと患者は思わされなければなりません。分析者にそのように注意され、分析者自身もまた空疎な事柄を話そうとしていないということが、患者に分かるようでなければなりません。そのためには当然のことながら、分析者が、空疎な事柄とそうでない事柄との違いを知っておかなければなりません。このことはかなり難しいことです。特に私たちが生きているこの世界においては。

もう一つ分析者にとって重要な条件は、感傷的にならないということです。医学の世界であろうと心理療法の世界であろうと、患者に優しくしたところで病気は治りません。それはきつい言い方ではないか、と感じる方もいらっしゃるでしょう。きっと患者に対する完全な無慈悲とか、共感の欠如とか、権威主義だとか何だとかいって、この言葉を引用する人が出てくるでしょう。まあそうかもしれませんが、ともかく私自身の実践経験、患者とともに経験したことはそれとは別物です。そこには感傷とはまったく異なる何かがあるからです。そして、その何かこそが、分析の本質的条件なのです。つまり、患者が話していることの意味を、自分自身のなかで体験するということです。統合失調症的であるとか、抑うつ状態であるとか、サディズム的であるとか、ナルシシズム的であるとか、死ぬほどおびえているとか、そういうことが何を意味するのかを自分のなかで体験しなければなりません。さもなければ、たとえ、患者と同様の体験をちょっとだけ持っていたとしても、患者の語っていることの意味を知ったことにはならないのです。このような〔追体験の〕試みなしでは、患者と触れ合っていることにはならないと思います。

ある種の事柄に対する特異体質のようなものを持っている人もいるでしょう。サリヴァンがよく言っていたのを思い出します。不安におびえた患者は、彼の診察室を二度と訪れないのだそうです。理由は簡単で、サリヴァンは不安に関することには共感も、追体験もしなかったからです。そのようなやり方なら、万事うまくゆくと思います。この種の患者は診ないと決めてしまえば、あとは感情を共有できる患者だけを相手にすることができます。そして、そのような患者にとっては、大変すばらしいセラピストになることでしょう。

患者の感情を感じるということは、分析の基本的要件です。その意味でも、分析家にとっては他人を分析するのが一番です。なぜなら他人を分析する場合、分析者は自分のなかにあるものを総動員しなければならず、取り上げられもせず、触れられもせぬまま放っておかれるようなものがほとんどなくなるからです。もちろん、これは、分析者が患者の体験を自分も体験しようと努力していると仮定した場合の話です。もし分析者が「こいつはあわれな病人だ、こんな犠牲を払って〔お金まで払って pay〕」と思うのならば、きっと知的なたたずまいを崩さずにいられるでしょう。でも、その知性で患者を納得させることは到底できないでしょう。

これまで述べてきたような態度をとれば、患者といっしょに感傷的にならなくても、慈悲〔compassion〕を維持することができます。患者の身に起こることで自分のなかに起こらないことなど何もないという、深い感情が得られるからです。いったん、患者の身に起きていることを我がことのように体験することができるようになれば、患者を前にして善悪にこだわったり、道徳を振りかざしたり、憤慨してみせたりする余裕はなくなります。そして、我がことのように体験するということがないのなら、理解するということもない、と私は思います。素材をテーブルの上に置く、するとそこにはそれがある、そうすればそれを眺《なが》めることもできるし、測ることもできる。こんなのは自然科学の世界でしか通用しません。精神分析という状況においては、患者が素材をテーブルの上に置いてみせるだけでは不十分です。それを私自身のなかで、リアルなものとして眺めることができないかぎり、私にとって、それは事実となりえないからです。

最終的にとても重要になるのは、患者をコンプレックスの集合体と診るのではなく、ドラマの英雄として見るということです。そして、実際のところ、人間は誰もがドラマの英雄なのです。私は何もセンチメンタルになってこんなことを言っているのではありません。ここに一人の人物がいます。この人は何らかの天賦《てんぷ》の才能を持って生まれていますが、いつも失敗します。その人生は、自分が持って生まれたものを生かして何かをなそうとするすさまじい戦いとなり、おびただしい障害を克服しなければならないものです。ある意味どうしようもないくらい空疎でつまらない人物であっても、その人生を別の視点から眺めたら、とてつもなく面白い人生に見えてくるものです。この世界に投げ込まれ、望んでもいなければ、なじんでいたわけでもない場所に置かれ、自分の道を切り開くために四苦八苦している、そうやって生きている実体として見ることができたなら、その人生は大変興味深く思えてくるでしょう。実際、偉大な作家を見極める特徴として、ある見方では空疎でつまらない人物が作家の目を通すと英雄に見えてくるということが挙げられます。ちょっと一例を挙げるならバルザック*の登場人物です。そのほとんどは取るに足りない人物ですが、芸術家の力を借りると驚くほど面白い人物に変わるのです。私たちはバルザックではありませんから、こうした小説を書くことはできませんが、患者のなかに人間ドラマを見る能力は獲得するべきです。もっと言えば、興味を持った人ならどんな人でも人間ドラマの役者のように見るべきです。単なる症状A、B、C、Dを持ってやって来る人間ではなく。

予後を見極めて対処をする

結論を述べるにあたって、予後についてお話ししておきたいと思います。私が良性神経症と呼ぶものでは、治療の見通しはとてもよいのですが、悪性神経症ではあまりよくありません。ここでパーセンテージがどれほどかという話には踏み込みません。一つは職業上の秘密とか企業秘密だからですが、もう一つは説明の必要が大いにある事柄だからです。ですが、悪性の重い神経症が治る見込みがあまりないというのは、もう共通の経験ではないかと思います。この点を認めるのは、少しも恥ずかしいことではありません。医学の世界にだって重い病気はあります。たとえば、ある方法を用いたときの治療の見込みが五パーセントで、それ以外によい治療法がないとしましょう。精神分析における治療の確率はもうちょっとはよいと思いますが、医者にできることといえば、この五パーセントにかけるだけ、という状況だったとします。すべての人、医者から、患者、友人、親族まで、あらゆる関係者が、患者の健康を回復するために最大限の努力をすることでしょう。たとえ、五パーセントのチャンスしかないとしてもで

＊ バルザック Honoré de Balzac（一七九九～一八五〇） フランスの作家。近代化したフランス社会を写実的に表現。作品に『ゴリオ爺さん』『谷間のゆり』など。

す。良性の神経症と悪性の神経症の違いを認めようとせず、一種のハネムーン・ムードで「精神分析なら何でも治るさ」と考えながら、分析に入るのは間違っています。あるいは、分析者が、ひどい状況の患者を前にしながら、どうにかして自分をごまかして、〝そんなにひどくはないだろう〟とか〝望みがまったくないわけでもないな〟などと思い込むのも間違っています。患者がよくならないようなケースであっても、分析の時間が生に満ちた〔alive〕ものであって意義深いものであったならば、よい分析の条件を、少なくとも一つは満たしていることになるし、それはとりもなおさず分析の時間が、患者の人生にとって最も重要で最もすばらしい時間だったということを意味しているでしょう。そんな時間が訪れることは、セラピーの数を重ねてもあまりないとは思いますが、本当に治る見込みの低い患者とともに戦っている分析者にとって、このような時間が起こるのは、少なくとも一つの慰《なぐさ》めにはなります。

悪性ではない神経症の場合、治る確率ははるかに高くなります。こう考えてみてはどうでしょうか。軽いタイプの神経症の多くは、二年間の分析よりもはるかに短い期間で治療されるかもしれません。すなわち、勇気を持って、分析的洞察を用いて、非常に直接的なやり方で問題に接近してみる、たとえば分析者ならば二百時間を要するであろうと感じられることを二十時間でやってしまうという方法です。直接的方法が使えるのに、それを使うのを恥じるという愚を犯すことはありません。

第二部　精神分析のセラピーとしての側面

第四章〜第五章　堀江宗正 訳
第六章〜第十一章　松宮克昌 訳

第四章　精神分析とは何か

精神分析の目的——自己を知るということ

私がこれから取り上げるのは、精神分析の目的とは何か、という問いです。これはその後に取り上げる事柄すべての基礎となる問いかけでもあります。これはとてもシンプルな問いかけです。そして、答えも実にシンプルだと思います。すなわち、自分自身を知るということです。この「自分自身を知るということ」は、非常に古くからある人間的欲求です。ギリシア時代から、中世、近代に至るまで、自分を知ることが世界を知ることとの基礎だという思想が展開されてきました。マイスター・エックハルト*は思い切った言い方をしています。「神を知る唯一の道は、自分を知るということだ」と。これは人間の最も古い渇望の一つです。そして、実はこの渇望ないし目的は、非常に客観的な要因に根ざしているのです。

行動や決定の道具である自分自身を知らない状態で、人はどのようにして世界を知ることができるのでしょうか。どのようにして、正しく生活したり、変化に対応したりすることができるでしょうか。私たちは、世界のなかでどうにかして生きてゆき、決断を下し、優先順位をつけて、価値観を打ち立ててゆこうとするこの「私」の、ガイドにならなくてはなりませんし、導き手にならなくてはなりません。もしこの、決断したり行為したりする重要な主体である「私」が正しく知られていなかったら、すべての決断と行為は、半ば目が見えない状態で、あるいは半ば眠った状態でなされることになってしまうでしょう。

人間には動物が持っているような本能が与えられていません。この事実について、よく考えなければなりません。動物の本能は、何をすればよいのかを命令してくれるので、動物はそれ以外のことは何も知らなくてすみます。これには留保が必要です。なぜなら、動物界においても、動物は、非常に低い進化のレベルのものでさえ、何かを学習する必要はあるからです。本能は、少なくとも最小限の学習なしには作動しません。しかし、これはたいしたことではありません。おおむね動物は、さほど多くのことを知る必要がありません。もちろん、経験をするということは必要です。実際、時間が経過しても記憶によって何かが残るわけですから、その

＊ エックハルト Meister Eckhart（一二六〇頃～一三二八頃） フロムに大きな影響を与えた中世ドイツのスコラ学者、神秘主義思想家。神の子たるキリストと霊魂との神秘的合一、さらにそれにならって生きることの重要性を説いた。

もとになる経験は必要です。

しかし、人間は、決断を下すためにはあらゆることを知らなければなりません。どのようにして決断を下すかなんて、人間の本能は教えてくれません。例外は、食べたり、飲んだり、自分の身を守ったり、睡眠をとったり、そしてたぶん子どもを作ったりすることです。自然のいたずらとでも申しましょうか、性的満足に向かわせるための快楽とか抑え難い欲望などが、人間には備わっています。でも、他の欲動や衝動ほど強い本能的要求ではありません。そうなると、自分自身を知るということは、単にスピリチュアルな観点——あるいは宗教的、道徳的、人間的な観点と言ってもよいでしょうが——だけから発生する要件ではなくなります。それは生物学的な観点から発する要求なのです。

なぜなら、生存上の効率を最適化するためには、自分というものが、世界のなかでの方向づけや決断をなすべき道具であるということを、よく知っていなければならないからです。自分というものをよく知れば知るほど、適切な決断を下すことができるようになるというのは明らかです。自分というものがよく分からなければ、それだけ、私たちの下す決断は混乱したものとなるでしょう。

精神分析は単なるセラピーではなく、自己理解のための道具でもあるのです。あるいは、自己解放のための道具、生きる技のための道具と言ってもよいでしょう。私は個人的には、これこそが精神分析の最も重要な機能であると考えます。

精神分析の主要な価値は、症状を治療することにあるのではありません。パーソナリティにスピリチュアルな変化をもたらすことにこそ、真の価値があるのです。症状を治療するためにあるというのなら、他によりよい、即効性のある治療法が見つかれば、それに取って代わられることになるでしょう。しかし、真の歴史的意義という点に注目すると、精神分析は、仏教的思想に見られるような知を目指していると言えるのです。このような自己への気づき〔self-awareness〕——念処《マインドフルネス》*〔mindfulness〕——は、仏教の修行においても、凡夫を超えた存在様態に到達するうえで中心的な働きをしています。

精神分析は、自分自身を知ることが治療につながると主張します。まあ、これは「真理はあなたたちを自由にする」（ヨハネによる福音書第八章三十二節）という言い方で、福音書でもすでに主張されていることですね。それではなぜ、自分自身の無意識を知ること、すなわち十全たる自己知が、症状からの解放のみならず幸福の達成にとっても役立つのでしょうか。

＊　今の現実ありのままに意識や注意をめぐらせること。フロムは『よりよく生きるということ』（第三文明社）の第十章において、ニヤナポニカ・マハテラに依拠しながら上座部仏教の瞑想の核心として紹介している。本書の第十章においても後述。

ジグムント・フロイトの治療目標と、それに対する私の批判

社会的機能の回復を目指す治療

まず、古典的なフロイト派の精神分析の治療目標について、一言申し上げておきたいと思います。かつてフロイトが記したところによりますと、その治療目標とは、働くことができるようになることと、性的に機能できるようになること、だそうです。よりよい、客観的な言い方に換えますと、精神分析の目標とは、個人が仕事し生殖できるようにすることとなります。確かに、これら二つは社会の二大要求物です。社会は仕事と生殖を、すべての人間から引き出すのです。社会は、人々に、なぜ働くべきなのか、なぜ子どもを作るべきなのかを、暗示し、教化しようとします。かくして、我々は、とにもかくにもさまざまな理由から働き、子どもを作ります。国家は人々にそうするよう誘導するのに、今は大きな困難を感じていませんが、子どもがもっと必要だとなればいつでも、ありとあらゆる手段を使って、目標数を達成しようと奮闘することでしょう。

フロイトのメンタル・ヘルスの定義は、本質的には社会の側に立った定義です。つまり、社会的な意味での正常を指すものです。人間は社会によって作られた規範に沿って機能させられ

る、というのです。同様に、症状も社会的に規定されます。すなわち、症状が症状になるのは、そのせいで社会的に適切な機能を果たすことができなくなる場合だ、とされます。たとえば、ドラッグにおぼれることは、重篤《じゅうとく》な症状だと考えられます。でも、強迫的な喫煙は、そう考えられません。どうしてでしょうか。心理学的に言えば同じことです。でも、社会から見れば大違いです。ある種のドラッグを摂取してしまうと、さまざまな場面で社会的に適切に機能することができなくなります。でも、あなたが死ぬほどたばこを吸ったところで、誰が気に留めるでしょうか。たとえ肺がんで死んだって、社会にとっては問題ではありません。どっちみち人は死にます。あなたが五十歳になって肺がんで死んだからといって、どうでしょう。そうですね、五十歳なら、もう社会的には重要ではありませんよ。とにかく、もう十分な数の子どもは作ったし、社会のなかで働き、やるだけのことはやりました。あなたの死は興味もひきません。その死が、あなたの社会的機能を揺るがすことは、もうないのです。

私たちが何かを症状だと宣言するのは、それが社会的機能を妨げる場合です。そういうわけで、主体的な体験をこれっぽちも持たず、物事をまったく現実主義的にしか見ることができないような人間が健康だとされるのです。しかしながら、このような人間は精神病患者とまったく同じくらい病んでいるのです。精神病患者は、現実を、処理できるものとして見ることができないし、操作すべきものとして見ることもできませんが、今ここにあるもの、感情、それも最も精妙な感情や、内的な体験を認識することはできます。そして、これらは、いわゆる正常な人間には認識できないものなのです。

フロイトの定義は、本質的に社会の定義であり、そこには狭い意味での批判〔critique〕というものが欠けています。なぜなら、フロイトはその時代の申し子であり、決して自分の社会を疑うことがなかったからです。フロイトが自分の社会に対して批判的になったことはありませんでした。例外といえば、性に関するタブーが強すぎると感じていたことです。いくらか弱めるべきだ、と。フロイト自身は、とても慎み深い人でした。厳格すぎると言ってもいいかもしれません。もしフロイトが現代人の性行動を見たら、きっとひどいショックを受けるでしょう。それはフロイトの教えの成果だと喧伝《けんでん》されているのですが、もちろんそんなはずありません。現代人の性行動はフロイトとほとんど無関係に生じたものです。それは、社会全体の消費主義の一環として生じたものなのです。

トラウマの過大視

フロイトは、どのような理屈でもって、精神分析の目標〔仕事と生殖〕を設定したのでしょうか。簡単に言うと、フロイトによれば、治療の鍵は初期幼児期の出来事と関係づけられます。この出来事は抑圧されています。抑圧されているからこそ、現在も作用し続けているのです。

いわゆる反復強迫によって、患者はこの初期の出来事に縛りつけられています。それは、惰性で、そこにあるから、影響が続いているから、という理由だけで作用しているのではありません。反復強迫があるからこそ、患者は同じパターンを何度も何度も繰り返さずにいられないのです。このパターンが意識化されると、いわばそのエネルギーが完全に体験され、想起されます。それはフロイトもすぐさま了解したように、単に知的なものではなく情動あふれるものです。さらに、彼の言う徹底操作が起これば、このトラウマの力は破られ、患者は、この抑圧された影響から自由になるのです。

私はこの理論の妥当性を大いに疑っております。最初に、私がベルリンの精神分析研究所の学生だった頃［一九二八年から一九三〇年まで］の個人的体験をお話ししましょう。ある日、我々が教わっていた教授たちが長い議論をしていました。そういうときはたいてい学生たちもそばにいました。教授たちは、患者が自分の初期のトラウマ体験を実際に思い出すことが、どれくらいの頻度で起こるかについて議論していました。そのとき、教授の大部分は、めったに起こらないと言ったのです。私はとてもびっくりしました。私はまじめで忠実な学生で、そのことを信じていたのに、突然、治療の根本であると思われていたものがめったに起こらないということを聞いてしまったのです。（もちろん、教授たちは話をそらしました。トラウマは転移のなかに再現されていると言ったのです。しかし、今はこの点には触れません。）

私見によれば、トラウマは実際問題として、極めてまれなもので、たいていは単なる一経験でしかありません。よほど度を超えたトラウマでなければ、強力な作用を及ぼすことはありません。しかし、トラウマ的だとされるものの多くは、たとえば、かつて男の子が三歳のときにとても怒った父親に殴られたとかいうもので、もう何というか、トラウマ的出来事などと呼べるものではなく、完璧に普通の出来事です。あとに残った影響力は、実際には、両親と家族が醸《かも》し出す、全般的で持続的で恒常的な雰囲気によって構成されたものであり、単一の出来事によって作られたわけではありません。真のトラウマの症例に見られるような作用を、たった一つの出来事が引き起こすというのは、極めてまれなことでしかありません。今日、人々は〝真のトラウマ〟という言葉を、電車に乗り遅れたとか、どこかで不愉快な経験をしたとか、そういうことに使います。トラウマとは、定義によれば、人間の神経回路の許容範囲を超えた負荷の出来事でなければなりません。持ちこたえられないものであるからこそ、トラウマは深い障害を作り出すのです。しかし、このような意味でのトラウマのほとんどは、極めてまれにしか起こらないものです。そして、よくトラウマだと言われるものは、実は、生活のなかでよく起こる、ほとんど影響力のないあれやこれやの事柄であったりするのです。それに対して、影響力あるものとは、持続的な雰囲気のようなものなのです。

トラウマは、どんな年齢でも起こりえます。しかし、同じようなトラウマ的出来事なら、幼い頃に起こったもののほうが、より大きな作用を及ぼすことになるでしょう。同時に幼児の場合、その回復力もまた大きいのですが。実にまったく込み入った問題なんです。だからこそ、最近よくトラウマという言葉がいい加減に使われているということに、私は警鐘を鳴らしているのです。

私は、分析のプロセスによってかなりの数の人が変化するのを見てきました。しかし、かなりの数の人が変化しないことも知っています。同時に、分析を受けなくても根本的に変わる人がいるという事実もあります。ここ二年間で私たちが目にしてきた分かりやすい例を一つ取り上げてみましょう。ヴェトナム戦争について、タカ派だった人がたくさんいます。保守的な空軍将校などの類です。こういう人がヴェトナムに行って、戦争を体験します。人間的感覚が失われたり、不正が行われたり、残虐行為がなされるのを目《ま》の当たりにします。そして突然、昔の人なら回心と呼ぶようなことがやって来ます。つまり、突然、こういう人たちが世界をまったく違った仕方で見るようになるのです。戦争支持だった人たちが、命をかけて、自由をかけてでも、戦争を止めようとする人たちに変わるのです。彼らは見違えるようになります。彼らがひとりでに変わったなどとは言えません。衝撃的な体験によってこそ、そして、それに応答する彼ら自身の能力によってこそ、彼らは変わったと言えるのです。この能力は誰にでも与えられているというわけではありません。なぜなら多くの人は、すでにあまりにも無感覚になっているからです。しかし、このような深い変化が、分析を通しても通さなくても、実際に起こるのです。このような変化は、かなり多くの証拠がありますし、これからもまた何度でも繰り返し見ることができるでしょう。

フロイトの子ども概念とそれに対する私の批判

フロイトの政治的態度——中産階級の改良主義者

少しでもフロイトの本を読んだ方ならお分かりかと思いますが、無意識的動機と意識的思考の関係という彼独自のテーマに限ってみるならば、フロイトはとても批判的《クリティカル》でした。確かに、意識的思考に対して、急進的《ラディカル》な批判者でなかったと彼を責めるのは的外れでしょう。にもかかわらず、彼が生活していた社会とその規則と価値観について、フロイトは基本的には改良主義者でした。つまり、彼はリベラルな中産階級がとるような態度をとっていたということです。基本的にはこれが世界で一番よいのだが、改良の余地はある、という態度です。改良の余地があるというのは、たとえば、私たちはもっと長い休戦期間を持つことができるはずだとか、囚人はもう少しよい待遇を受けられるようになるはずだとか、そういったものです（戦争や犯罪を根本的に解決しようとはしない」。中産階級は決して急進的《ラディカル》な問いを発しませんでした。たとえば、犯罪学の問題などです。私たちの犯罪学や刑罰の体系全体は、階級構造に完全に根ざしています。彼らは次のような問いを発することはありません。そもそも犯罪者が犯罪者になるのは、それしか彼にとって最高の満足を得る方法がないからなのではないか、と。私は、ここで泥棒や強盗を擁護したいわけではありません。別の次元では、泥棒や強盗は極めてよろしくないと考えています。にもかかわらず、私たちの刑法の全体系は、階級構造に根ざしています。つまり、控えめに言っても大多数が恵まれない人間であり、もっと正直に言うと、少数が恵まれすぎであるような社会構造全体に根ざしているのです。同じことは、急進的ではない、軍縮を唱える穏健な平和主義にも言えます。それによれば、国家間の条約が平和を確かなものにするというのです。

精神分析もまた、意識に何らかの改良を施すことでよりよい生活を可能にするような運動でありました。しかし、それは既存の社会の価値観とその構造とを根本的《ラディカル》に問うことはありませんでした。フロイトは、支配者側、すなわち体制側に共感していました。そうですね、そのことがよく分かるのは、第一次世界大戦に対するフロイトの態度です。彼は一九一七年までドイツが勝つと信じていました。この年は、ちょっと教養のある人ならほとんどが、ドイツ勝利の信念をすでに放棄していた年です。フロイトが書いたある手紙を、私は思い出します。フロイトはドイツにいたおかげで、「私はハンブルクにいて『私たちの兵士たちよ、私たちの勝利よ』と言うことができて、とても幸せです」と書いています。今日では、まったくぞっとする話です。第一次世界大戦においては、最高に知的な人々ですら、あるいは社会的地位のある人さえも、その良心に、奇妙で異様な力が働いていたということを、私たちは理解しなければなりません。

ヴェトナム戦争が最悪の事態を迎えていたときと照らし合わせれば、このことは十分に理解できるでしょう。第一次世界大戦においては、戦争への反対はほとんどありませんでした。これがこの戦争の悲劇の一つでした。アインシュタインは、戦争支持を拒《こば》んだ数少ない例外の一人です。しかし、ドイツやフランスの知識人のほとんどすべてが戦争に同意していました。ですから、フロイトの発言は、その文脈を考えるならば、さほど珍しいものでもないし、さほど大胆なものでもありません。でも、あのような戦争末期のことであることを考えると、かなり強気であると言ってよいかもしれません。しかも、かく記したフロイトこそは、後の一九二五年〔正しくは一九三二年〕に、アインシュタインとの往復書簡において、自らを「平和主義者」と名乗るあのフロイトだったのです。

誘惑説の放棄の意味――親の擁護

フロイトは、子どもをどのように見ていたのでしょうか。フロイトは、患者が自分の親に誘惑された――女の子なら父親に、男の子なら母親に――と報告したとき、最初、それが本当に起こったことだと信じました。私の経験から言っても、それはたぶんそうであったのでしょう。フェレンツィ*も晩年にはそう確信するようになりました。しかし、フロイトは、すぐに見方を変えました。いや、これらはすべて空想だ。親にそんなことできるはずがない、そんなことはしなかったのだ、それは真実ではない。その子どもたちが今こうした物語を語っているとしても、それは、彼らが創った空想を話しているにすぎない。父親と寝るとか母親と寝るとか、あれやこれやの近親相姦的な空想を彼らは持っていた。そして、これらの物語はすべて、幼い子どもの半ば犯罪的な近親相姦的空想の証拠であるのだ。

ご存じのとおり、これが精神分析理論の土台となります。すなわち、小児はすでに、フロイ

＊ フェレンツィ Sandor Ferenczi（一八七三〜一九三三） フロイトに直接師事し、後継者の一人と目された初期の精神分析家。分析者の中立性を破るような技法（積極技法、弛緩療法）を考案し、フロイトと訣別した。

トの言葉によれば、多形倒錯《とうさく》＊的な空想で満たされているというのです。フロイトの言っていることはかなりひどいことです。この子は、自分の父親や母親を誘惑するためにはどうすればよいかということばかり考えている欲深い子どもだ、親といっしょに寝たいという願望を抱えている子どもなのだ、というのです。もちろん、このような理論によって、精神分析的なものの見方全体が間違った方向に傾くことになりました。何よりもまず、こうした近親相姦的空想が子どもの素質の本質的な部分をなしているというのが理論的前提になりました。第二に、分析をするときには、この種の患者の報告はすべて患者が作り上げた空想によるものなので、分析を加える必要があり、現実を表象するものと考えてはならないという前提に結びつきました。

フロイトの原則は基本的にこうです。「悪い」のは親ではなくて子どもだ、と。そして、このことは、フロイトの症例史に極めてはっきりと現れています。私は何人かの共同研究者とともに、『「少年ハンスの症例」＊＊への注釈』（E. Fromm et al. 1966k）で、それを示しました。親がどんなに出しゃばりで自己中心的で敵意むき出しで冷淡であっても、フロイトは親を擁護します。親が汚名や責任を背負わされるのはいつも子どもです。こうした近親相姦的な空想（もちろん近親相姦的なだけでなく、子どもは父親を殺し、母親を犯したがっているとされます）を持った子どもは、フロイト自身述べているように「ミニ犯罪者」なのです。

フィクションとしての「親の愛」

このような「ミニ犯罪者」としての子ども像を、私たちは力動的に理解しなければなりません。それは、親の権威を守りたいという欲求から作られたものなのです。権威を守ること、すなわち親を守ることとです。数多くの子どもの生活を見てゆけば実際に分かると思いますが、〝親の愛〟は、これまで発明されたなかで最も偉大なフィクションの一つです。レイン***が極めて正確に述べたように、たいていの場合〝親の愛〟の裏には、親が子どもに対して行使したがっている権力が隠蔽《いんぺい》されています。例外がないわけではありません。愛情深い親もいるでしょう。私もそういう親は何人か見てきました。しかし、全体としては、ここ数世代にわたる子どもの

* フロイトによれば、幼児の性欲は、身体の特定の部位に根ざして発現する部分欲動から成り立っている。また、性的逸脱に対する羞恥や嫌悪や道徳などによる抵抗が弱い。そのために、誘惑の影響を受けると、各性感帯に源泉を持つ口唇愛、肛門愛、手淫、サディズム・マゾヒズム、のぞき見、露出などが、統合されないまま倒錯的な性質を持つものとして発現する。

** フロイトの『ある五歳の少年における恐怖症の分析』（一九〇九）。少年ハンスが馬にかまれるという恐怖から外出できなくなった原因を、フロイトは、父親への愛着と敵意との葛藤にあると分析した。

*** レイン Ronald David Laing（一九二七〜八九年） 狂気と正気の区別を社会的政治的文脈によるものとする「反精神医学」の立場に立ち、独自の治療施設を開いた。統合失調症の研究者、家族関係の研究者としても知られる。

処遇の歴史を読むならば、そしてそれを現代人においても検証するならば、ほとんどの親の主たる関心は、実際問題、子どもの支配にあるということが分かるはずです。そして、親たちの愛が何たるものであるか、私ならばサディズム的なレベルにあるものだと言いたくなります。「私はおまえのためを思っている。おまえを愛している、おまえが私の支配に対して反乱を起こそうとしないかぎりは」。

これは家父長制社会における、父親の愛であり、また妻に対する夫の愛でもあります。子どもはローマ時代以来ずっと所有物であり、そして今なお所有物であり続けるのです。今でも、親は子どもを意のままにできる絶対的権利を有しているのです。現在、このような状況を変えようとする試みが、数は少ないですけれども、さまざまな国でなされています。たとえば、子どもを養育する能力がないと確信するに足る重大な事由がある場合には、裁判所は親から養育権を取り上げることができる、という方向に変わりつつあります。でも、こうしたことは、まったくうわべを飾る言い訳にすぎません。裁判所が親を無資格者と決定する以前に、裁判官自身も親であり、無資格者のままだからです。親である裁判官にそんな決定を下すことがどうしてできるでしょうか。子どもは、やや半本能的で、どこかナルシシズム的でもある母性愛から離れて、自分の意志を示すことができる年齢になると、それ以降は、支配し、所有しようとする傾向が中心的となります。ほとんどの人は子どもを持つようになってはじめて、自分は権力を持ったのだ、支配できるのだ、自分は重要な人間なのだ、物事を左右することができる、発言に重みのある人間なのだという感覚を持つようになります。ですから、私は何も意地悪な親のイメージについて語っているのではありません。こうしたことはごく自然なことです。ご存じのとおり、英国の上流階級は総じて、子どもに関心を持つことはありませんでした。ヨーロッパの上流階級には家政婦や女性家庭教師などがいて、母親たちはこれっぽっちも子どもを気にかけることがありませんでした。なぜなら、他に人生の楽しみがたくさんあったからです。情事やパーティに没頭していましたし、イギリスでは特に馬のほうに興味があるといった感じでした。

持つことへの願望が性格構造の主要な特質となっているかぎり、子どもは所有物として見なされます。なかには、持つことへの願望が中心的でない人もいますが、現在ではごくまれです。ですから、これはごく自然なことなのです。子どもたちはそれを当たり前のことと見なすのに慣れています。なぜなら、社会全体がそれは自然だと言っているのですから。そのような合意は聖書の時代からあるものです。聖書によれば、反抗的な息子は石で打たれて死ぬべきだというのです。まあ、私たちはもうそこまではやっていません。でも十九世紀くらいには、反抗的な息子に対して相当ひどいことがなされていたはずです。

親の愛を分析すると、それが全般的には人間的な資質であり、よく理解できるものであることが分かるでしょう。親の愛に触れると、強い感情移入や、ときには慈悲の念〔sorrow and compassion〕（このような言い方を好むなら）*さえ湧いてきます。しかし、それにもかかわらず、親の愛は多くの人において本質的には、せいぜい良性の所有愛であり、圧倒的に多くの場合、悪性の所有愛、すなわち、むち打つような、傷つけるような愛なのです。この場合の傷つけるということには、いろいろな形があります。傷つけている本人がそのことに気がつかないようなものもあります。尊厳を傷つけるやり方のものもあります。自尊心を傷つけ、感受性が鋭くて知的な子どもをつかまえて、おまえは馬鹿で間抜けで何度言っても分からないような奴だとすり込むのです。極めて善意にあふれた人のなかにも、そのようなことをする人がいて、我が子を他人の前で、まるで小さな道化師のように扱って見せたりします。日のもとに行われるすべてのことが、子どもに劣等感を植え付け、自信や尊厳や自由に満ちた状態から子どもを突き落とすためになされるのです。

フロイトは先に示したように支配階級や既存の体制に従順でした。それによって、フロイトの子ども理論は大いにゆがみました。セラピーについても同様です。なぜなら、分析家が親の弁護人になってしまったからです。しかし、私は、分析家は親を告発する側に立つべきだと考えています。分析家は客観的に事態を見なければなりません。体制よりの立場から親を弁護することは、患者の利益になりません。正確を期すべく、もう一歩踏み込んだ言い方をしましょう。家族システム全体を見ただけでは十分ではなく、社会システム全体を見なければなりません。なぜなら、家族はほんの一分節にすぎず、ほんの一範例にすぎないからです。

子どもの気質の考慮

フロイトは子どもを罪ある存在と見なしていた、と私は言いました。でも、だからといって、子どもがいつも純真無垢《むく》だと言いたいのではありません。親は常に有罪だと言いたいのでもありません。それぞれの事例で、子どもがどの程度親の反応を引き出しているかトータルに検討しなければなりません。たとえば、あるタイプの子どもに対して、まったくアレルギー的な反応を示す親がいます。仮に非常に神経過敏な母親がいたとしましょう。少し内気な感じの人です。そういう人に、攻撃的で、少しがさつな感じのする男の子が生まれるとします。このような特徴が八週目にして現れていると仮定します。つまり、この気質は彼が持って生まれた気質だということです。母親はこの赤ん坊に我慢ができません。こういう性質の持ち主とは、過去も折り合いがつかなかったし、これからもつきそうにありません。うーん、これはちょっと悲

＊ フロムはおそらく仏教的用語としての「慈悲」を英語に直訳したものとして、sorrow（悲）and compassion（慈）という語を用い、そのような仏教的な言い方を聴衆が受け入れるのであればと留保しているのであろう。

しすぎますよね。だって、彼はそんなふうに生まれついてしまったわけですから彼が悪いとは言えないし、母親もそういう気持ちを抑えようがないわけですから、母親を責めるべきでもありません。

恐ろしい気質を持って生まれてくる子どもはいます。なかには、とても傲慢《ごうまん》な子どももいるでしょう。フロイトもそんな子どもの一人でした。彼は自分の父親に対しても横柄な態度をとっています。おねしょをしたときには父親にこう言っています。「僕が大きくなったら、町中でいちばんいいベッドを買ってあげるからね」。ほとんどの子どもがしまったと思い、ごめんなさいと言うところですが、フロイトにはそんなことは思いもよりません。それほど自信満々の態度でいたのです。こんな傲慢な態度をとったら、もう我慢がならんとキレてしまう父親もいるでしょう。言い換えると、子どもはただそこにいるだけで、もうすでに親の反応を引き出しているのです。実の子なのだから、親と気の合う子どもが生まれてくるはずだと仮定するならば、それはまったくのフィクションです。結局、遺伝子のくじ引きのようなもので、いつも当たりが出るとは限らないのです。そのうえで、子どもは成長の過程で、くじの当たり外れを超えたことをたくさんするようになるわけですが、これについての責任は親にあると言えるでしょう。

治療プロセスにおける幼児期の体験の意味

フロイトの機械論的前提

生まれてから最初の五年間にいろいろなことが起こり、それが人格の発達にとって非常に重要であるということには、私も同意します。しかし、その後もさまざまなことが新たに起こるわけで、それは幼児期の体験と同じくらい重要だし、物事を変えてゆく力がある、と私は考えます。

フロイトにとって、反復強迫の概念は現実味を帯びたものでした。それによれば、生まれてから五年間に人生における主要な出来事が起こり、その後は、それらが繰り返されるだけだというのです。この概念は私にとっては機械論的すぎるように思われます。人生のなかで繰り返されることなど何一つありません。繰り返されるとしたら機械的なものだけです。あらゆる類の出来事を見ても、物事は移り変わるものだということが分かります。とはいえ、かっこつきで言わせてもらえば、私は体質的要因も十分に強調したいと思っています。フロイトは理論的に強調しましたし、実際そのように言っております。しかし、ほとんどの分析者は、そして特に一般大衆は、ある人物の人となりは、文字通りその両親の働きかけの結果であると考えているようです。そうやって行き着くのは、分析でもおなじみのお涙頂戴の物語です。「父は私を愛してくれませんでした。母も私を愛してくれませんでした。祖母も私を愛してはくれませんでした。だから私はこんなに汚らわしい人間になってしまったのです」。まあ、なんて気楽な話でしょう。すべての責任を周りの人間に押しつけられるのですから。

すべての人の発達過程において、後の人生の基本要素を幼児期に見つけ出すことは可能でしょう。しかし、後の出来事によって、これらの要素は増えたり、強くなったり、弱くなったりします。ですから、後の出来事は作用していないなどと言うことはできないのです。私はこの問題を次のように見ています。幼い頃の出来事は人格を決定する〔determine〕のではなく、方向づける〔incline〕のだ、と。つまり、私は次のように考えるのです。幼い頃に起きた出来事は必ずしも人格を決定するのではなく、ある傾向性を植え付けるのであるが、その方向に向かって進む時間が長ければ長いほど、ますますその傾向性は強まるのであり、そうして、奇跡でも起こらなければ変えようがないところにまで突き進むのだ、と。

過去の原因よりも現在の状態

患者がまさに今持っている無意識的プロセスを洞察することこそが精神分析の目標です。精神分析は症例史のための調査にとどまりません。患者のなかで今無意識的に起こっていること、その背後に隠されていることを、X線で見通すようにして知りたいのです。それが私たちの目指すところです。しかしながら、ほとんどの場合、患者自身はこのことを、幼児期の体験を追体験できるようになってはじめて理解します。なぜなら、幼児期の体験は、患者が気づいていない何かを、今この場で味わわせ、特定させてくれるからです。それは転移のときに起こることもあれば、幼児期の体験の想起、さらには分析場面での体験の想起などの際に起こることもあります。我々の内側には、この種の体験が充ち満ちています。夢のなかに現れることもあります。

患者が十七歳のときの三十年前の出来事が夢のなかに登場することだってあります。でも、私は症例史のための調査には向かいません。今無意識的になっている事柄の明瞭な気づきを目指します。ただ、多くの場合、もしかしたらほとんどの場合ですが、この目標を達成するために、幼児期や青年期に患者が体験したことを調べる必要が出てきます。実際、私は自己分析を毎日やっていますが、五歳のときや十五歳のときに起こったあれやこれやのことを意図的に感じるようにしています。こうして感じたことから、自分のなかに潜んでいるものを調べるようにしています。私は常に自分にしかたどれない幼児期への回路を開き、生き生きとした状態に保つよう努めています。そうすることで、今私のなかで起こっていて自分が気づいていないことを認識することができるからです。これは症例史のための調査を目的としているのではありません。

フロイトの考えは次のようなものでした。とても重要な——病原性の——幼児期の体験を意識化すれば、それも単に頭で理解するのではなく最終的には情動を伴った意識化に達するならば、それによって症状は消える。簡単に言えばこのようなものでした。すると、どうなったでしょうか。多くの精神分析の場や一般大衆［…］〔編者による中略記号、おそらく欠落部分〕の頭のなかに、いわゆるフロイト派の発生論的説明が居座ることになりました。たとえば、「それで分析の結果、何が分かったのですか」と尋ねると、「私がこのような状態で、このような症状を持っているのは、実はかくかくしかじかの理由があって」という公式や論理で答えられます。私は、たくさんの人がそのような語り口で話すのを聞いてきました。このような語り口は、因果論的な説明であり、発生論的で症例史的な性格を持つものです。もちろん、それだけではいかなる治療的価値もないものです。ある事柄がなぜ起こったかが分かっても、それだけでは何も変わらないのです。

ここであることに注意を喚起しておきたいと思います。おそらくそう簡単には理解してもらえないかもしれません。それは、抑圧されていたのに突然気づきの領域に浮上してきた何かを、私のなかで体験することと、あれこれ起こった出来事を根拠に症例史の構築物を作り上げることとの違いです。そのようなもともとの体験を発見し、文字通り本当に想起するなどということとはごくまれにしか起こらないので、私たちはしばしば構築だけで満足します。それは起こったに違いない、たぶん起こったのだ、そしてそれが確かに起こったからこそ、かくかくしかじかの状態であるのだ、という具合です。このようなアプローチは役に立たないという人もいるでしょう。「おぼれる人は、重力の法則を知っていたとしても何も変わらず、やはりおぼれるであろう［…］」。

幼児期の体験は確かに重要です。しかし、それはあくまで追体験され、想起されるかぎりにおいての重要さです。それ以外には、幼児期に関する知識のおかげで、今起こっている事柄についての理解が容易になるというメリットがあります。なぜなら、幼児期の状況とそこから予想されることについて、理論的観点から推測することができるからです。

真の鍵は、症例史的で発生論的なアプローチではなく、私の言うX線アプローチです。重要なのは、今この瞬間に私を駆り立てている力や、私あるいは他の人を動機づけている力です。あたかも、X線写真を撮って、通常の視覚では見ることのできないものを見るようなものです(これが比喩の由来です)。たとえば胸のX線写真を撮ったとします。瘢痕《はんこん》組織から二十年前の肺結核が分かるかもしれません。しかし、重要なのは、二十年前の病気よりも、今肺のなかで何が起こっているかです。X線によって活動中のプロセスがあるかどうかを見ることです。分析によって、あるいは分析なしに自分自身で何かを明らかにしたいのなら、どんなときでも一番大事なのは、今現在、無意識的に何が起こっているかです。私を決定づけている無意識的な動機について、私が何を推測し、何を感じられるかです。過去に何が起こっていたかではないのです。それは今何が起こっているかを説明するための手段なのです。

治療の実践と精神分析の現代的意味

本能主義と環境決定論の組み合わせ

フロイトの理論は、ご存じのように、本質的には本能主義の理論です。つまり、すべてが本能*に基づいているのです。すると当然のことながら、環境がいかにして本能をその性格から逸脱させるかということが問題になってきます。そういうわけで、精神分析家は、理論上はほとんど本能主義の側に立つものの、実践においては、フロイト派も含めて、実は環境主義者だと言うことができるかもしれません。彼らは、まったくのところ大雑把に、単純な原則に従っています。つまり、子どもは皆、親によって作られてできあがったものである、という原則です。ある人の運命を決定するのはその環境であり、フロイト言うところの「体質的要因」ではないのです。このように言う人たちに比べると、フロイト自身ははるかに慎重でした。フロイトによれば、体質的要因（すなわち私たちが生まれながらに持っているもの、遺伝的要因）と環境的要因は、連続しているものであります。そして、その連続線上において、それぞれの比重がケースごとに異なっているのです。体質的要因が圧倒的に強い人もいれば、環境的要因のほうが強い人もいますが、しかし連続線上にあるのです。一方の端には体質があり、もう一方の端には環境があるのです。

精神分析の実践においては（ここではアメリカ社会の場合を念頭に置いています）、体質的要因を閉め出すような単純な方程式があります。すなわち、すべては環境の結果だというものです。すると当然、起こった事柄のすべては親に責任があるということも言われます。まあ、ある意味ではそうでしょう。でも、見方を変えれば、そこまで責任があるとは言えません。なぜなら、このような考え方の結果、今日では、精神分析の講義に出席したことのある母親は、エディプ

＊ 本能は英語で instinct だが、ドイツ語では Trieb である。正確には英語で instinctual drive と訳すべきだという批判もある。また、最近の邦訳の精神分析の文献でも、生物学的に聞こえる「本能」よりも「欲動」という訳語を採用するケースが多い。しかし、ここでは英語の語感を優先させ「本能」または「本能的欲動」と訳すことにする。なぜなら、フロムはフロイトの特質が生物学主義にあり、同時にそれが時代的制約によるものであったと随所で述べているからである。

ス・コンプレックス*を引き起こすからという理由で、自分の子ども、特に息子にキスすることを恐れたり、権威主義になって神経症を引き起こすからという理由で、しっかりとした意見を持ち続けることを恐れたりするという有様なのですから。

他方、分析を受ける側の人々は、自分には何の責任もないというハッピーな気分で生きられます。なぜなら、現在の自分は、親がそうなるように育てた結果にすぎないからです。お気の毒です。そして、それについてできることと言えば、精神分析を受けに行くことだけである。必要に応じて、親が自分にしたことをたくさん話せば、それでよい。それによって自分が変わることは必ずしもない、と。

現実に起こっているのは、当人の体質と親との絶え間ない相互行為であり、親がすることに子どもがどう反応するかということなのです。四歳か五歳になれば、子どもはもう独自の反応を示すようになります。したがって、「私がこんなふうなのは母親もこんなふうだったから」などと単純に言うことはできません。確かに、自分の母親や父親や環境は、最も決定的な影響を及ぼすものです。しかし同時に、自分の胸に手を当てて、こうした影響に屈服せずにどんなことをしてきたのかを問うべきです。私は完璧にひとかけらの蝋《ろう》〔意のままになるもの〕にすぎなかったのか。両親が文章を書き込むための一枚の白紙にすぎなかったのか。両親とは違う意思決定をする可能性を、私は子どもの頃、持っていなかったのか。私には何の意欲もなかったのか。私は完璧に状況に左右されているのだろうか。

大衆にとっての精神分析――スキナー主義的理解

実は、大衆の考える精神分析は、以上のような意味でとらえると、かなりの程度スキナー主義と同じと言えます。人がそうなっているのは、そう条件づけられているからだ、と言うのとまったく同じことです。スキナー**のような考え方さえすれば、ブラック・ボックスのなかに何があるのか気になりません。ある人物のなかにある、条件づけの要因を結果、つまりその人物の行動に結びつけているものが何なのか、そのようなことには興味がないのです。とにかく純粋な人間操作ではないものなど興味がないのです。そのようなものは、たくさんあるはずなのですが。いずれにせよ、先に述べたフロイト派の観点を足してみると、次のようになります。「そうか、私たちはそのように条件づけられているのか。すると、なるほど、スキナー主義的観点

＊ フロイトにおいて、典型的には、男児が母親に愛着を持ち、母親を独占する父親にあこがれ、父親を退けようとするような観念の複合体《コンプレックス》を指す。

＊＊スキナー Burrhus Frederic Skinner（一九〇四〜九〇） アメリカの心理学者。刺激と観察可能な反応（行動）との法則的関係を対象とする行動主義を代表する。レバーを押すとえさが出てくるスキナー箱を使った動物実験を通して学習を研究した。

を取り入れた分析的プロセスというものがあるとすれば、それは条件づけを消去するすばらしい試みと言えるだろう」、と。かつて母親は、「私のもとを離れなければ、あなたを愛してあげる」と言ったわけですが、分析者は「彼女のもとを離れれば、あなたはよい患者です」と言うことになるのです。それが何年か続けば、別の条件づけのセットを受け入れたことになるだけです。つまり、患者を母親から引き離して分析者にしがみつかせるような条件づけを受け入れたことになるだけです。要するに、いわゆる転移が長引いている状態です。分析を続ける口実がなくなってしまえば、あなたは誰か別の人にしがみつくしかないのです。

多くの人は結婚して、母親から妻に向かい〔男性の場合〕、それが代替物となります。さもなければ、他の何らかの母親的人物や権威ある人物を選びます。そうして政治の出番がやって来ます。依存するための人物を求めて、忠誠心が創造されます。何が何でも避けられるのは自立です。自立するくらいなら、依存の相手を代えます。これは大問題です。フロイト派のセラピーだけでなく、すべての分析的セラピーにおいて問題となることです。

人に影響を与えている条件づけの要因を強調すればするほど、真の重要な問題が無視されるようになります。それは、どうしたら自分自身を解放できるか、どうしたら行動を変えることができるか、誰もが持っている自由の余地をどうしたら活用できたか、もちろん最重要の問題は、今何をすることができるか、です。この問いは年齢とは関係ありません。私よりも年上の患者で七十歳の女性がいましたが、彼女は分析の結果、人生のすべてをすっかり変えてしまいました。それにしても彼女は元気になりました。二十歳の人たちよりも元気でした。

フロイトには、体質的要因〔つまり人格に内在する要因〕が重要な役割を果たすような概念〔本能〕がありました。今日の精神分析の大部分は、理論上ではなく事実として、単なる条件づけセラピーに堕落してしまいました。そして、当事者の責任に重きを置かなくなりました。「私はなぜこうなのか」という問いは、ほとんどの心理療法の基本原則に関わるものとなっています。しかし、理解すべきなのは「私はなぜこうなのか」〔過去の原因〕ではなく、「私は誰なのか」〔現在の状態〕なのです。このような問いを、私は、自分自身をX線撮影することと表現しているのです。〝私はなぜこうなのか〟が分からない人は、そもそも〝私は誰なのか〟が分からない人なのですから。

ハリー・スタック・サリヴァンの果たした精神分析的人間概念への貢献

サリヴァンの病院改革——患者を人間として扱うこと

サリヴァンは、とても興味深く、そして自信に満ちたやり方で、自らの活動を始めました。

彼は、ワシントンにある聖エリザベス病院で働いていたときに、ある実験を行うことを申し出ました。自分の患者専用の病棟を欲しがったのです。そして、これが条件なのですが、その病室のなかには、選び抜かれ、教育を受け、患者に人間的な接し方をすると思われるような、看護師だけが配置されたのです。当時は心理療法もなければ、もちろん薬もありません。彼が患者にしたことは、自分自身のパーソナリティを示すことでした。これは精神病の患者にとっては最大限の敬意を払われることを意味します。それまで経験したことのない扱いでした。自然治癒《ちゆ》率は驚くべき変化を示しました。患者が虐待されないということ、辱《はずかし》められないということ、人間として扱われること、これが回復の効果をもたらしたのです。これは、精神病が単なる身体的な、器質的な出来事ではないということの、明白な証拠です。心理的な変化がこのような形で現れることで、患者のなかに治癒が生じるということが可能であったのです。当時の州立病院であれば、悪化し、慢性的な精神病患者になる恐れがあったはずです。

サリヴァンの重要性は、理論的には、リビドーでも性本能でもなく、人と人との人格的な関係、彼のいう「対人関係」が真に重要だと示したことです。フロイトは、問題の中核にあるのは子どもが性的に引きつけられることだと考えました。つまり、いわゆるエディプス・コンプレックスのことです。それに対して、サリヴァンと彼を支持した人々は、それは主要な問題ではまったくない、実のところ、問題ですらないと考えました。問題は、統合失調症を生み出した家族の人間関係のなかにある病的なもの、特異なものなのです。サリヴァン以外にも、統合失調症の家族が実際にどのようなものであるかを示した優れた研究がたくさんあります。特にレインですが、他にもあります。それによると、統合失調症を生み出す家族は、特別に悪い家族というわけではありません。子どもが特に虐待されるというわけではありません。それは絶対的に退屈で空虚で、生命感のない、他者との真の関係を欠いているような家族です。それは、人格的接触の欠如した状態に子どもたちを追いやるのです。

今では誰もが知っているある動物実験のおかげで、次のことが明らかになりました。幼い頃に母親ないし母親の代理物との身体的接触がなかった子どものその後の発達は、大変なダメージを受けるということです。身体的接触は、子どもにとっては生命に関わる欲求なのです。このことは周知のことですし、広く受け入れられていることです。しかし、忘れられていることがあります。このようにして対人刺激を得たいという欲求は、母親との身体的接触を望む原初的欲求と同じくらい重要であるし、またそれよりもずっと長続きするということです。身体的接触がなくても、子どもは、ルネ・スピッツが記述した小猿のようには死にません。深刻な生理的衝撃を受けたりはしないのです。しかし、それが特にひどいと、子どもは傷つきやすくなり、統合失調症的になり、人と関わろうとしなくなります。その結果、ある程度の緊張感が加えられれば、壊れてしまい、完全な統合失調症者になります。

サリヴァンの統合失調症理論

サリヴァンは、統合失調症理論を作り出そうとした最初のセラピストでした。サリヴァンの基本的信念は、統合失調症は本質的には器質的疾病《しっぺい》ではなく、心理的プロセスの一つの結果だというものでした。これはもちろん、フロイト理論からの最大の転換の一つです。フロイトは、精神病患者は助けられない、分析できないと宣言していたからです。なぜできないのかというと、フロイトの見方によれば、精神病患者はあまりにもナルシシズム的なので、セラピストとの転移的関係に入ることはできないからです。私は今でも、精神病患者は、とても重度のナルシシズムを抱えているのだと思っています。というのも、精神病患者にとっては、自分の内面にあるもの、つまり自分自身の観念、自分自身のパーソナリティに属するものだけがリアルで、外の世界に属するものはリアルではないからです。しかし同時に、しばしば統合失調症患者はとても繊細《せんさい》な人間で、実は他の人々への応答能力にも非常に優れています。ただ、統合失調症患者が反応し、答えを返すためには、話をする相手のほうも、人並み以上に繊細でなくてはなりません。重度の緊張病の患者ですら、多くの場合、何が起こっているかを分かっており、独自の方法で反応もしているのです。そして、後で緊張から抜け出たときに、自分が何を経験していたか、つまり、起こっている出来事をどのように理解していたかを、語ることができるのです。

サリヴァンとそれを受け継ぐ流れは全体として、精神分析のとても重要な新潮流であります。それははじめて、精神病患者の人格に一人前の人間存在としての尊厳を付与したのです。結局のところ、精神病患者が鎖《くさり》から解き放たれたのはフランス革命の最中だけでした。今日でもいくつかの州立病院を見学すれば、鎖にはつながれていないものの、状況がたいして改善されていないことが分かるでしょう。あえて言いますが、ほとんどの保守的な精神科医は、精神病者をいまだに狂人として見ているし、完全に違う種類の人、あちら側に行ってしまった人として見ています。統合失調症者の持っている要素のなかには私たちの誰もが持っているようなものもある、と感じる能力のある精神科医など、ほとんどいません。躁鬱《そううつ》病の要素は誰のなかにもあるし、パラノイアの要素だって、確かに誰のなかにもあります。私たちのすべてが部分的にはそうなのです。パラノイアという状態は程度問題でしかありません。私たちはそれを、ある程度までだったら正常と見なし、限度を超えてしまったら病気と呼ぶのです。ですからこれらの精神病的な状態は、実はそれほど異質なものではなく、人間存在の間にそんなに深い溝を作るものではないのです。精神病患者は、非人間でもなければ、人間性を無くしたものでもないし、正常と言われている患者と異質でもありません。

この時代の病——精神分析の課題としての

治ればよいのか

伝統的に、精神分析とは、本質的には病人を治療するプロセスだと理解されてきました。私がもし何事も疑いたくなるような衝動、つまり強迫的な懐疑を持っているとしたら、また腕が心因性で麻痺《まひ》しているとしたら、それは確かな症状です。精神分析は、症状を治療するための唯一の方法ではありません。私はルルドに行ったことがあります。そこには、ルルド信仰によって、麻痺やあらゆる重病から立ち直った人々が大勢いました。人々は間違いなく、治っているのです。今日、さまざまな治療法が宣伝されており、それで人々は治っています。実にさまざまな名称のものがあります。治ればいいという問題であれば、それらの方法の多くは、よいものと言えるでしょう。

恐怖で治すことだってできます。第一次世界大戦のとき、あるドイツの医者が、戦闘とパニックでシェルショック〔戦争神経症〕になってしまった兵士を治すための方法を発明しました。それは、彼らの身体を、強力な電流の下に置くという治療法でした。明らかにダメージを、しかもとても深刻なダメージを与えるような電流です。医師の名前はカウフマンだったので、それはカウフマン治療と呼ばれました。それが医学的とされ、治療にもなったのです。これは純粋な拷問《ごうもん》でしょう。結局、この拷問の恐怖のほうが、塹壕《ざんごう》に戻る恐怖やパニックよりも強かったのでした。だからこそ、このような恐怖のシステムで症状が治ったのです。ある恐怖を別のより大きな恐怖で駆逐《くちく》するということが、その人にとってどのような影響を及ぼすのかという問題など、もちろん、カウフマン博士や軍隊にとってはどうでもよかったのです。

精神分析が効果的だった症例——ある女性の強迫観念

多くの症状は精神分析でも治せます。場合によっては、精神分析によってのみ治せます。つまり、強迫的な懐疑、あらゆる種類の強迫的な症状、ある特定のヒステリー症状などのケースです。とても簡単な場合もあります。数時間しか症状治療のためにかからなかった、とても簡単でとても単純な分析による処置の例を一つ挙げましょう。思い浮かぶのは、ある女性の例で、彼女の愁訴《しゅうそ》、症状は次のようなものでした。外出するときには必ず、ガスがつけっぱなしではないか、あるいは別の理由で火事になっているのではないかといった強迫観念が起こるというのです。そして、どこにいようと、帰宅して火事でないことを確かめなくてはという衝動に駆られるのです。話で聞くとたいしたことがないように思えますが、現実に外出できなくなるわけですから、彼女の人生をすべてぶち壊すようなものだったのです。彼女は走って帰るしかありませんでした。それをどうしても抑えることができません。これが症状でした。そこで、彼女の過去の出来事について語ってもらいました。話のなかで、四、五年前にがんの手術を受けたときのことが出てきました。そのとき、あまり気遣いのない外科医が彼女にこう言ったそうです。〝もちろん、がんは当面は除去されたけれども、転移の可能性はあるし、もしそうなったら炎のように広がるだろう〟と。これはまったくのところ非常に恐怖心をあおるような予想です。どんな患者だって、こんなふうに言われるべきではありません。実際、彼女は、がんが広がることにひどくおびえたのです。そして、彼女は、がんが広がるという恐れを、炎が広がるという恐れに、うまく翻訳したのです。そういうわけで、彼女はがんを怖がらずに、火事を怖がりました。それは破壊的ではありますけれど、がんになるかもしれないというもっとひどい恐怖を、その症状自体が治療していたというわけです。

当時はたまたま、先ほども申し上げたように、術後約五年が経過していた頃です。がんが転移する可能性は相対的に低くなっていました。だからその時点で、もはやがんのことを恐れることはなく、火事の恐怖をも手放すことができたのです。しかし、もし一年、いや三年早かったらどうでしょう。火事の恐怖の謎が分かって彼女のためになったでしょうか。ならなかったでしょう。もし、彼女がこのことを意識化していたら、がんの恐怖が再燃していたでしょう。そして、それは火事の恐怖よりもずっと苦痛だし、生活を困難なものにしたことでしょう。これはとてもシンプルな症状です。経験上、最もシンプルと言ってもよいでしょう。症状が、患者の本当に恐れていることへと翻訳され、結びつけられると、すぐに消えてしまったのですから。もちろん、ほとんどの症例はもっと複雑です。しかし、概して、このような症状の治療のために分析が使われる場合、分析は十分に機能するのです。

現代の「世紀の病」——不定愁訴と性格分析

フロイトの時代には、精神科医を訪れる人のほとんどがこのような症状にかかっていました。特に多いのが、今日ではめったに見られなくなったヒステリー症状です。変化が生じたのです。文化的パターンの変化に伴って神経症のスタイルも変化するということが、ここで分かります。ヒステリーは感情の暴発です。感情の噴出とともに泣き叫ぶ姿を見ると、当時の十九世紀の演説家、あるいは恋文などが思い起こされます。映画などで今でも見ることができますが、明らかに奇妙な感じを抱かされますよね。なぜ奇妙なのかというと、私たちがまったく違ったスタイルを持つようになったからです。私たちは即物的なスタイルを持っています。感情をあまり表に出しません。現代は統合失調症の時代なのです。他人の存在や行動との結びつきがないという症状が、当たり前のようになっているのです。

フロイトの時代に人々が病んでいた症状は、とても目につきやすいものでした。もちろん、ヒステリーだけでなく、衝動的症状もありました。当時本当に重い症状の病気を患っていた人たちは、症状を抱えていたがゆえに、病気も証明することができ、精神科医のところに通いました。今日はどうかというと、精神分析家のところに通う人々は、フロイトが「世紀の不安〔la malaise du siècle〕」と呼んだものを病んでいます。つまり、私たちの世紀に特徴的な居心地の悪さ〔uneasiness〕です。症状はまったくありませんが不幸感や奇妙な感じが漂っています。不眠などの症状すらないのですが、生きることには、意味も喜びも感じられず、押し流されるだけで、漠然とした不定愁訴〔malaise〕を抱えています。そして、彼らは、分析がこの状態を変えてくれるのではないかと期待しています。ある人は、それを性格分析と呼びます。症状分析ではありません。分析されるのは性格の全体です。なぜそのようなことをするかというと、おそらく実際にこのような不定愁訴で悩んでいる人々がいるからでしょう。この不定愁訴は、言葉で的確に定義することはできないけれども、自分自身を見つめ、他者を見つめることで、はっきりと感じ取られるようなものです。

　この種の精神分析は性格分析と呼ばれていますが、それは要するに自分自身に病む人々のためのより科学的な名前、用語です。具合が悪いところなどありません。彼らはあらゆるものを持っているのですが、ただ自分自身に病んでいるのです。それでいて、彼らは自分自身に対して何をすればよいのかが分かりません。自分自身に病み、自分自身が重荷となり、自分自身が解決できない課題になるのです。自分という課題はパズルです。彼らは、クロスワード・パズルは解けるのに、人生が万人に与えるこのパズルは解けないのです。

古典的な精神分析は、このタイプの不定愁訴を扱うのには不十分だと思います。別のタイプの精神分析が必要です。なぜなら、この不定愁訴は、パーソナリティ全体のラディカルな変化の問題にたどり着くからです。不定愁訴を病む人の分析は、ラディカルな変化と性格変容なしでは成功しないのです。小さな変化や小さな改善は何の役にも立ちません。近年のシステム理論はこのことを明らかにしています。私が参照しているのは、パーソナリティないし有機体は一つのシステムだという考えのことです。すなわち、多くの部分を足した総体ではなく、構造だということです。構造のある部分が変われば、それは他のすべての部分に影響を及ぼします。構造はそれ自体で凝集力を有しています。構造それ自体は自らを保持しようとするので、変化を拒む傾向があります。

もしこの構造に小さな変化を加えたとしても、構造はさほど変わりません。簡単な例を挙げましょう。スラムにより立派な家を建てることでスラムの状況を変えようという考えが、かつて盛んに述べられていました。結局どうなったでしょう。三年から五年経ったら、すてきな新築の家がスラム住宅とまったく同じようになってしまいました。なぜでしょう。教育が変わらないからです。収入が変わらないからです。公衆衛生が変わらないからです。文化的パターンが変わらないからです。つまりシステム全体が、小さな変化、小さなオアシスを覆《おお》い尽《つ》くしてしまうのです。しばらくすると、その小さな変化は、システムの全体に融合されてしまうのです。システム全体を変えなければ、スラムを変えることはできないのです。いっぺんに収入、教育、衛生、人々の生活を完全に変えなければなりません。そうすれば住宅も変わることになるでしょう。しかし、ある部分だけを変えても不十分です。それではシステムからの衝撃に耐えられません。システムはいわば、自分自身のサバイバルのことばかり考えているのですから。

[…]

同じような意味で、個人もまたシステムないし構造です。小さな変化を起こそうとしてください。しばらくすると、この新しい変化は消えてしまい実際には何も変わっていないことが分かるでしょう。長期的には、自分のパーソナリティのとても根本的な変容だけが、変化を引き起こすことになるのです。それは、自分の思考、行為、感情、動機など、すべてを包含するような変化です。ある一つの方向だけに十歩踏み出すよりも、統合された一歩、全体的な一歩のほうが、強い影響力を持つのです。まったく同じことが社会的変化にも見られます。社会においても、一つの変化だけでは、持続的な効果を作り出すことは決してできません。

第五章　セラピーによる治療の前提条件

心の成長の能力

今日広がっている性格神経症*〔character neurosis〕について考えるなら、次のように問わなければなりません。私たちが神経症的と呼ぶような不幸なあり方へと人が発達するのはいったいどうしてなのだろう、そういう人が自分のなりたいものになれないのはどうしてなのだろう、そんなにも人生において幸せを感じられないのはどうしてなのだろう、と。

ここで一つの考えを提案したいと思います。これは私が人生観察の末に抱いた考えです。それは、すべての人間が、すべての動物や種子と同様、生きたがっているし、人生から最適の快楽と満足を得たいと思っているという一般法則です。誰も不幸になりたいとは思いません。マ

＊　特定の症状はないが、性格そのものが無意識的葛藤の妥協形成であり、神経症の機能を果たしているもの。

ゾヒストでさえそうです。本人にとっては、マゾヒズムこそが、最適の快楽を得るための特別な方法なのですから。人が健康であったりなかったりする、苦しんだり苦しまなかったりするその理由は、ある事実に求められます。その人の状況、失敗、人生の方向づけの誤り（それは三歳以降から体系だったものとなります）、またときには体質的要因、さまざまな境遇の特定の組み合わせ、そうしたもののせいで、彼らは人間なら可能なはずの発達の上限に至るための適切な条件に恵まれないのです。そこで彼らは自分自身の手で、不器用なやり方で、救済を求めようとするのです。

心の成長の可能性が満たされない状態を庭の木と比べてみましょう。それは二つの壁にはさまれたコーナーにはえていて、ほとんど日が当たりません。この木は完全にひねくれた形に育ちました。それが、太陽に当たる唯一の方法だったからです。人間の話で言えば、この木は、完全にひねくれているわけですから、悪者、半端者です。その潜在的可能性を考えるならば、それは本来あるべき姿ではありません。しかし、なぜその人はそうなってしまったのでしょうか。それが光を得る唯一の方法だったからです。それが私の言いたいことです。誰もが生活をよくしたいと思って太陽を目指して伸びていきます。しかし、それが環境のせいで素直なやり方では達成できないときには、ひねくれたやり方をとるしかありません。「ひねくれた〔crooked〕」という言葉は象徴的に使っているのですが、病んだ様、ゆがんだ様を指します。そうは言っても、そのような人もやはり人間ですから、自分の人生にとっての解決策を見つけるために最大限の努力をしているのです。このことを忘れてはなりません。

先に述べた不定愁訴を持つ人の場合、そのように発達するに至ったのも自らの人生の解決策をなお探そうとしているからだということを、忘れてはなりません。この人は、どうにかして解決策を見つけようとしているのです。しかしそれをとても難しくするような事情がたくさんあるということです。解決策を見つけることへの抵抗さえ引き起こすような事情があるのです。自分の生き方を変える助けとなるようないかなる試みにも恐怖心を覚えるのです。

自分を変えるということ、あるいは皆さんの好きな言葉で言えば、性格を本当に変容させるということ、これはとても難しい課題です。実のところ、これはすべての宗教の目的であり、ほとんどの哲学の目的です。たとえばギリシア哲学の目的であり、いくつかの近代哲学の目的でした。仏教であろうとキリスト教であろうとユダヤ教であろうと、またスピノザであろうとアリストテレスであろうと、このことを目的としているのです。彼らが見つけ出そうとしてきたのは、人間が自分自身に教示を与えること、よりよい、より高次な、より健康で、もっと喜びに満ちあふれて力強い生き方に自分自身を導くことでした。ほとんどの人々は義務から行動しています。なぜなら自分が責務を負っていると感じているからです。しかし、それはその人が自立していないということを意味します。彼らは自己肯定の地点にまで到達していないのです。自分自身の位置づけに達していないのです。それに達している状態とは次のようなものです。「これが私だ、これが私の人生だ、これが私の確信だ、これが私の感情だ。私は気まぐれで行動しているのではない。気まぐれでは非理性的になってしまう。気まぐれではなく、いわば理性的な自己表明に従って行動する。または、自分のパーソナリティの本質的な要請、本質的な力に従う。ここで『本質的』というのは、私の人間としての本質に属するようなもののことを意味する。非理性的な衝動にも屈しないという意味である」。

理性・合理性の意味——成長をうながすということ

理性的＝合理的*であるとはどういうことでしょうか。ホワイトヘッド（Whitehead 1967, p. 4）によれば、理性の機能とは生きる技〔the art of living〕をよりよくするものである、ということです。私自身の言葉で置き換えるならば次のようになります。理性にかなっている、合理的であるのは、構造の成長と発達をうながすようなものすべて、そのような行為や行動のすべてである。非合理的であるのは、存在の成長と構造を遅滞《ちたい》させたり破壊したりするような行為や行動のすべてであり、それは植物であろうと人間であろうと同じことである、と。ダーウィン学説によれば、こうしたもの〔合理的な行為や行動〕が発達するのは、個体と種の生存という利害にとって、それらが間違いなく重要な部分であるからです。つまり、基本的にそれらは個体と種の利益を増進するものであるがゆえに、合理的であるのです。性欲は完全に合理的です。飢えと渇きも完全に合理的です。

人間にとって厄介なのは、人間がほとんどまったくと言ってよいほど本能によって決定されないという点です。もしそうではなくて人間が動物であれば、人間は完全に合理的です。すべての動物は合理的です。合理的と知的とを混同するような思考の習慣を捨てれば、動物が合理的であることは分かります。合理的であるということは、必ずしも思考に関わるものを意味するわけではありません。合理的とは、実は思考とまったく同じくらい行為のことを指すものなのです。例を挙げましょう。工場を建てるのに、労働力が少なくて賃金が高いところに建て、しかも機械類よりもずっと多くの人手を必要としているとします。もしこのようなことをするならば、その人は、経済的に非合理的な行動をしていることになります。こんなことをしていたら、その人の経済的システム、このプラントのシステムは弱体化し、最終的には崩壊するに決まっています。一年か二年かしたら、倒産していることでしょう。

経済学者であるフレデリック・ウィンスロー・テイラーは、私たちが使うような心理的合理化とはまったく異なる意味で「合理化」について論じています。合理化とは、経済的単位とし

＊ 以下、「rational」を文脈に応じて「理性的」と「合理的」とに訳し分ける。

て最適の機能を果たすよう、仕事の方法をより適切な方法に変えることを意味します。これは人間という観点ではなく、経済的単位という観点から見た合理化です。

合理的な本能と非合理的な情念

人間の観点に従うなら、次のように言わなくてはなりません。人間の本能は非合理的ではないが、人間の情念は非合理的である、と。動物には羨望などありません。自己目的的に破壊的になることもありません。搾取《さくしゅ》したいという願望、サディズム、支配欲などもありません。これらの情念は、概して哺乳類にはほとんどまったくと言ってよいほど見られません。人間においてそれらが発達しているのは、それらが本能に根ざしているからではありません。環境のなかにある何らかの病理的な条件によって作り出されているからです。そのような条件が、人間のなかに病理的な特徴を作り出したのです。簡単な例を挙げましょう。バラの木の種があるとします。当然のことながら、この種が美しいバラを咲かせる立派な木に育つためには、正確な水分と温度とある特定の土壌とそれを植える適切な時期が必要条件となります。これらの条件が満たされれば、そして病気や他の変わった状況がなければ、完璧なバラへと発達するでしょう。ひどく湿った土に植えたら、種は腐ってしまい、朽ちてしまうでしょう。最高とは言えないまでもほどほどの条件で種を植えた場合は、バラの木は育つかもしれませんが、その木は、成長に問題を抱えるかもしれません。花や葉などに問題が生じるかもしれません。どうしてこのようになるかというと、バラの木の種は、これらの条件が与えられたときだけ、完全な発達を遂げられるようになっているからです。これらの条件はこの特定の種の成長を導くものであると経験的に分かっています。もとより、それは経験的にしか見出されないわけですが。

このことは動物についても当てはまることで、動物の繁殖家なら誰もが知っていることです。また、人間についても当てはまることです。ご存じのとおり、人間はその十全な成長のために特定の条件を必要とします。もしこれらの条件が与えられず、温かさではなく冷たさ、自由ではなく強制、尊重ではなくサディズムが与えられるのだとしたら、子どもは死にはしないでしょうが、ねじ曲がった子どもになるでしょう。ちょうど、太陽が当たらなかったら木がねじ曲がるのと同じです。木は太陽を必要とするのです。ねじ曲がった情熱、不適切な条件の結果でき上がった情熱、それが人間の非合理的な情念です。このような情念について言えるのは、それが人間の内的システムの促進ではなく、むしろ弱めたり、最終的には破壊したりするものであり、ときには病気にしてしまうことさえあるということです。

個人は心を成長させる責任を持つ

フロイトの意義――道徳性と責任の拡大

フロイトは数百年も続いてきたあるプロセスの最後のブレイクスルーをもたらした人でした。それは、思考の仮面を暴くというプロセスです。フロイトは次のような知識をもたらしました。人が、意識的にはよい意図を持っていると示しても、それだけで正直であるとは決められない。なぜなら、人は、無意識的な嘘に気がつかなければ、自分は最善の意図を持っているとか、完全に誠実だという感情を持って嘘をつくことがあるからです。この知識によって、フロイトは人間関係における正直さと誠実さの問題に、完全な新次元を切り開いたのでした。「私はそんなつもりはなかった」という弁解は、行った行為が示している事柄を意図していなかったと述べるときの昔からの弁解です。でも、そのような弁解は、フロイトの言い間違いその他の出来事に関する理論が出てきたために、すっかり意義を失ってしまいました。

さらに、フロイト以来、道徳問題は再考されなければならなくなりました。人は思考のみならず、自分自身の無意識にも責任を持たなくてはなりません。ここから責任は始まります。それ以外のことは仮面でしかありません。それ以外のことは無です。その人が信じていることはほとんど聴く価値のないことです。私は今、やや誇張を交えて話しています。しかし、人の話や請負《うけおい》や意見の多くは、聴く価値がないということはお分かりでしょう。それは提示したいパターンの一部でしかなく、絵柄の一部でしかないのです。

セラピーにとって私が重要だと思うのは、患者が自分自身の責任感覚と活動感覚を呼び覚ますことができるかどうかということです。今日、分析の名のもとに行われていることのかなりの部分が、多くの患者と次のような前提を共有しています。この方法は語ることでハッピーになる方法であり、リスクを引き受けることもないし、苦しみもないし、活動的になることもないし、決断することもない、と。こんなことは人生ではありえないし、分析でも起こりえません。誰も、語ったからといってハッピーになったりはしません。たとえ解釈を得るための語りであったとしてもです。

患者が変わるためには、変わりたいという途方もない意志と衝動を持っていなければなりません。誰もが他人を責め、そうすることで責任を逃れようとします。私が責任と言うときには、裁判官の視点から言っているのではありません。私は誰も非難しません。まるで裁判官のように誰かを非難するなんて、そのような権利は誰も持っていないと思います。でも、次のことは事実です。つまり、もし責任と関与の感覚を増大させないのならば、そしてよくなることを誇りに思えるのでなければ、その人はよくなりません。

発達のための条件――生きる技を学ぶこと

人間の健康な発達をもたらすある特定の条件と、病理的現象を引き起こすある特定の条件とがあります。重要なのは、人間の健康な発達をもたらす条件とは何か、病原的な条件とは何かを見つけ出すことです。実のところ、人間の健康な発達をもたらす条件とは何かというトピックは、思想史上では倫理学のカテゴリーで通常論じられてきました。なぜなら、倫理学とは本質的に、人間の健康な発達をもたらすような規範を示す試みであるからです。

人間について話をすると、すぐにそれは価値判断だと言われます。このように言う人は、必要な規範について思考することを望まない人です。どのようにしたら幸せに生きられるかを知ろうとしないくせに、自分は幸せに生きたいと願う人です。マイスター・エックハルトがかつて言ったように、「まったく教えを受けることなく、生きる技と死ぬ技を身につけることなどできようか」と問いつめたいところです。この言葉は完全に真実であり、完全に決定的な事柄であります。今日、人々は幸せになれると思っています。彼らは皆、幸せになりたいという夢を持っています。しかし、幸せを導く条件が何かについて、ほんの少しの考えすら持っていません。それどころか、満足のいく人生を導く条件についても知りません。

私は、ウェル・ビーイング*を導くような文化とはどのようなものかについて、明確な倫理的確信とモデルとを持っています。別に、そのような社会が具体的にどのような形をとるかについて、正確な青写真を持っているわけではありません。なぜなら、そんなことを予測するのは非常に難しく、現実には不可能だからです。状況が新しくなれば、細部において新しい事柄が発生してきます。そうやって、私たちの知識は変化し、さまざまな形で、毎日増加するものなのです。しかしながら、その倫理的モデルについては、私は明確な確信を持っております。そのような文化において、生きることの主目的は、人間の十全な発達〔full development of man〕です。物や製品や財産や富が主目的ではありません。人間の十全な発達においては、生のプロセスそのものが、いわば一つの芸術作品〔a work of art 技による仕事〕となります。誰の人生も傑作となり、最高の強さと成長を成し遂げます。人間の十全な発達は、人生において最も重要な

＊　原語は「well-being」であり、辞書などでは満足な状態、安寧、幸福、福祉などと訳される。心理学の分野では、身体的な健康にとどまらない心理的な健康を含んだ主観的な満足感を指すものとして用いられることが多い。しかし、フロムがこの言葉を用いるときには、それ以上の意味を込めているように思われる。フロムは、モノの所有に執着してそれによって自己を定義する〈持つ〉having様態と、自らの能力を生かしてモノを生産し続け、それを与え、分かち合うものとしてあり続けようとする〈在る〉being様態とを、しばしば対比する。そして、後者の〈在る〉様態を肯定的に評価する。このことを考えるならば、フロムにおいて、well-beingとは、「よく在ること」であり、それはモノとして有用であることとも、機械のようによく機能することとも異なり、そのようなモノや機械に疎外されない人間として、生産的、創造的であり続ける状態を指すのであろう。

事柄なのです。

最も重要な問いは、何が重要かという問いです。今日の私たちの文化のこの問いに対する答えは、中世と比べると異なっています。それどころか、そうですね、十八世紀と比べても、少なくとも一般の人々のレベルでは、いくぶん異なったものとなっています。かつては、生はまったくのところ、生きる目的の全体であるという考えがありました。生まれ出ることの目的は、この生から何かを作り出すことです。今日では、これがもはや重要ではなくなってしまいました。人々が重要であると考えるのは、成功すること、権力を手に入れること、名声を手に入れること、出世の階段をのぼること、機械に仕えることです。しかし、そのような人たちも集合的に見ると頭打ちになっています。実際、人々の大部分は、微妙に堕落しています。金もうけの技と、人を動かす技には長《た》けたかもしれませんが、人間存在としてはよくなっていないのです。

これがなすべき最重要事だと思えなければ、何も学べないし、成功もしません。「そうだったらいいのにな……」と漠然と感じながら学ぶ人たち（現代人の多くはそうですが）は、難しいことは何も学べません。熟練のピアノ奏者になるためには、一日に数時間は練習しなければなりません。上手なダンサーになりたい場合でも、よい大工になりたい場合でも同じことです。あなたが何かをするとしたら、それがあなたにとって最も大事なことだからです。大事なこととして選んだからです。タルムード*は、このことをうまく説明してくれています。ヘブライ人が紅海を渡っていたとき、聖書によれば、神はモーセに杖を上げるよう命じ、すると海が割れたとあります。しかし、タルムードは、モーセが杖を上げたとき、海は割れなかったというのです。最初のヘブライ人が海のなかに飛び込んだその瞬間に、ようやく海は割れたということです。誰かが飛び込む、それと同時に飛び込むのをいとわない心の準備がなければ、何も起こらないというところがポイントです。距離をとって眺めていては、その分野については絶対に何も学ぶことができません。あらゆることが大波のように見えてしまい、構造が見えず、わけが分からなくなり、正しい重みも分からなくなってしまいます。「あれもかじったし、これもかじったけど、いい勉強だったよ」と語り草になるのがおちです。しかし、その人の人生を真に揺さぶらないものなら、学ぶ価値など絶対にないというのが私の考えです。直接的であれ間接的であれ人生を揺さぶることが学びのなかにないのなら、釣りに行ったり、船に乗ったり、踊ったりしたほうが、ずっとましです。

自分自身になるということ

私が言っているのは、あなたがリンゴの木ならよいリンゴの木になるでしょうし、あなたが

＊　ユダヤ教の口伝律法をめぐる討論と注解の集大成で、聖書と並ぶ権威とされる。

イチゴならよいイチゴになるでしょう、ということです。別にイチゴになるべきだとかリンゴの木になるべきだと言っているのではないのです。なぜなら人間の多様性は、あまりにも大きいからです。誰もが、さまざまな形で、自分自身の実質というものを持っていて、それはとても特殊なものであるとすら言えます。同じ人はいないのです。人間はこのような意味でユニークであり、その人とまったく正確に同じ人物などいません。重要なのは、人々が同じようになるべきだという規範を作り出すことではありません。「花」の種類と関係なく、十全な開花、十全な誕生、十全な活発さが、各人のなかにあるべきだという規範を作り出すことです。これはもしかしたら、ニヒリズム的な見方につながるかもしれません。「そうすると、犯罪者に生まれたら、犯罪者になるというわけだね」といった見方です。率直に言うと私の考えは、何者にもならないようだったら、立派な犯罪者になったほうがましだというものです。何者にもならないということ、犯罪者にもならなければ、非犯罪者にもならないで、目的も意識もなく生きるということは、犯罪者になることより悪いことです。もちろん、犯罪者になるということは、たとえそれが立派な犯罪者であっても、やはり病理的現象であるに違いないとは思います。なぜなら、人間は犯罪者になるために生まれるわけではないからです。そして、犯罪それ自体が病理的現象であるからです。

成長の始まりは、自由になることのなかにあります。自由のプロセスは、自分自身とその両親のことから始まります。それについては異論の余地がありません。もし両親からの自己解放ができなかったら、一人で自己決定する権利があるのだという感覚が強くならなかったら、両親の願望に対して恐れも反抗もせず、それでも独立していられるという感覚が強くならなかったら、自立への扉や自立への道は、常に閉ざされたままであるでしょう。

誰にでもできる最善のことは、次のような問いを自分に発することだ、と言いたいと思います。「両親に対するリアクションを振り返ったとき、私は人として自立の道をどの程度歩んだと言えるだろう」と。私は別に親を愛するなと言っているわけではありません。自分を傷つけた人間に対して向けられる種類の愛というのもあるということです。その人間が自分の犯していることが何であるかをよく知らずに犯してしまったということが分かれば、自分を傷つけた人間への愛も可能になるのです。本当に責められない人もいます。たくさんの過ちを犯し、悪いことをしてきたにもかかわらず、とても好かれるような人もいます。これは敵対関係をさすものではありません。親との戦いというものは、たいていの場合、依然として存在する依存状況の煙幕にすぎません。つまり、親が悪かったのだということを親に認めさせずにはいられないという意味では、親に依存している状況なのです。彼らが親に自分の過ちを認めさせずにはいられないというのなら、私もそのことを彼らに認めさせずにはいられません。要するに、その人が自由だと言えるのは、親の過ちを証明する必要もなければ、親の正しさを証明する必要もなくなったときです。そうなれば、これが私です、あなたはあなた、私たちがお互いを好きならそれでいい、という心境になれます。それは自分一人の足で自由になるためのあらゆる道の始まりです。もちろん、踏み出してみてはじめて分かることですが。

自分自身を通して現実を体験する能力

操作的な現実判断と主体的な現実判断

人間には現実を判断する能力が二つあります。①第一の現実判断能力は、現実をマネージするためのものです。つまり、生きるためにそのような現実マネージメントのための判断が必要になるということです。私の手のなかに木材があったとします。もし私が火をおこしたければ、その木を私は、特定の性質を持った木として認識しなければなりません。誰かが私に向かって武器を振りかざしてきたら、そして、その人が敵意を持っていることが明らかだとしたら、それなのに、私がその人は平和の使者だと信じ、手のなかには鳩を持っているのだと信じたりしたら、私は殺されてしまうでしょう。つまり、現実の理解と知識は、現実をマネージする必要があるかぎり、生物学的に条件づけられた人間の機能だということです。ほとんどの人がそれを持っています。だからこそ人々は社会的に機能するのです。

②しかし、人間には他の能力も備わっています。現実を体験するときに、それを使って何ができるかという観点から見るだけでなく、純粋に主体の体験として体験することができるのです。たとえば木を見るとします。その木の持ち主であれば「これは価値があるだろうか、切るべきだろうか」という観点から、木を見るかもしれません。その人は、もっぱら販売価値という観点からその木を見ていることになります。しかし、私が世界を主体の観点から見るなら、つまり〝私が見ている何か〟として世界を見るなら、どうでしょうか。私は、見たり、手触りや雰囲気を感じ取ったりするような目、すなわち美の感覚を持っているがゆえに、その木を何かすばらしい不思議なものとして体験することができます。ちょうど、私が他の人物を体験したり、見つめたり、話しかけたりするのと同じように、木を体験するのです。もし私がその人物を働かせるのだとしたら、「この人を使って私は何ができるだろうか。この人の弱みは何だろうか。強みは何だろうか」などが、問題となるでしょう。そうすると、この人物についてのイメージのすべてが、この人を使って何かをするという目的によって決定されることになります。しかし、もし私がその人とおしゃべりをしたり、好きになったり、嫌いになったり、無視したり、注目したりするというのであれば、そのような目的は持たないことになります。そうすると、私は大きな喜びを感じることもあれば（願わくはそうありたいものです）、嫌悪感を感じるかも

しれないし、その他、さまざまな感情を感じるかもしれません。私はこの人物を見ることができるのです。つまり、その人の最奥の根源を見る能力があれば、私はその人を、その人の本質を丸ごと、あるがままに見ることができるのです。

この主体の能力、すなわち物事を主体を通して見る能力が人間の第二の能力なのですが、これはたとえば詩のなかに表現されることがあります。仮に詩人が「薔薇《ばら》は炎のように燃える」と書いたとします。日常的な慣習的思考の観点から見れば、詩人は狂っていることになります。バラを採ってきて、火をおこして、ゆで卵をゆでるのでしょうか。いや、そんなことを詩人が言っているのでないことは明らかです。詩人が言いたいのは、このバラを見たときに彼が抱いた印象のことです。詩人は、このバラの燃える炎のような性質を感じ取り、見抜き、そして体験したのです。誰かが詩人としてこのようなことをしたのであれば、私たちはその人を狂っているとは言わず、詩人と呼ぶでしょう。なぜならその人は、バラを今述べたような仕方で主体的に見る能力を持ち、同時に、それを客体として見る能力も持っていることになるからです。その燃えるバラを使って火おこしをすることができないということは、詩人には分かっているのです。

主体的な現実認識能力を失った現代人

今日では、ほとんどの人々がそのような能力を失っています。人々は、ただ物事をいわゆるリアリスティックにしか見ることができません。これは第一の意味の現実判断能力です。つまり、彼らは世界をよく知っているのですが、それは世界が操作可能であるかぎり、という条件つきなのです。しかし、彼らは自然のなかのものであろうと、人間であろうと、それをきちんと主体的に見ることができません。他に何の目的も持たずに、ただ見えたもの、聞こえたもの、動いているものを体験するということができないのです。したがって、次のように言うこともできるでしょう。外界の現実を見ることができないのを病んでいると言うなら、それと同様に主体的に見ることができないのも病んでいると言える、と。でも、私たちがある人を精神病だとか病気だとか言うのは、決まって外的現実を判断できないときだけなのです。

もしある人が主体的にものを見る能力を持っていないとしても、私たちはその人が病気だとは言いません。しかし、第一の能力がない場合と同様に、病気なのです。その理由は簡単です。私たちが病気と呼ぶのは、それが社会的機能を妨害するときだけなのです。病気という概念は、本質的に社会的なものです。ある人が精神遅滞だとします。情緒的な面、芸術的な面での精神遅滞であり、物事を何一つ理解しようとしません。何も見ることができないのですが、しかし、お金の実用的な価値だけは理解しているとします。すると、こういう人は、現代ではとても賢い人物だということになります。最も成功する人でしょう。働いているときにかわいい女の子が近づいてきたとしても、チャーリー・チャップリンのように、それに気をとられて、止まらぬベルトの上で機械を放置してしまうなんてことはないでしょう。何も感じないならば、主体的経験をまったく持たないならば、この社会には最もふさわしい人です。この社会で重視されるのはすべて、実行すること、実利的に実行することだからです。しかし、まさにその理由によって、より健康になるということはありません。

いわゆる精神病の人といわゆるリアリスティックな人のどちらがより病気なのか、という問いは、未決のままです。思うに、多くの統合失調症者は、オフィスの内外で無用な商品を売ろうとするより、統合失調症になるほうが幸せなのです。このことに関してよい例を挙げましょう。それは、とても成功しているけれど、妻に完全に支配された男性の話です。皆さんよくご存じのタイプ、典型的なアングロ・サクソン系の、小柄でかわいらしい女性です。とても控えめで、とてもやせていて、騒がしくしゃべることはほとんどなく、ごくごく目立たない感じの女性でした。彼女はこの家族を独裁者のように支配しましたが、この罪のない、いわば無害で、ときどき甘く、ときどき甘くなく、しかし実際にはやりすぎの感があるほど謙虚で引っ込み思案な振る舞いによって、その独裁者ぶりを隠したのでした。その男性は、晩年に抑うつ状態になり、入院を余儀なくされました。医者たちは、とても賢明なことに、妻が訪ねることを禁じ、息子に訪ねさせました。男性は息子に言いました。「人生のなかではじめて幸せを感じているよ」、と。うつ病患者として入院していることを考えると逆説的な話ですが、完全に真実なのです。彼の人生のなかではじめて、彼は自分が自由人だと感じていました。つまり、抑うつになるもならないも、それは彼の自由なのです。この状態が、彼が自由になるための最善の環境だったのです。退院して回復してしまえば、バタンとドアが閉められます。彼は再び囚《とら》われ人となり、もはやその状況に耐えられないでしょう。

社会と文化の成形力

社会的性格の類型

フロイトの考えによると、口唇《こうしん》受容的な方向づけであれ、口唇サディズム的*な方向づけであ

* 乳児が母の乳房を含んだとき、口唇・口腔領域の働きが快感をもたらすというフロイトのリビドー発達理論をもとにしたカール・アブラハムの用語。口唇サディズムは、口唇期後期の歯の発達に呼応したもので、単に対象を取り入れるだけでなく、心理的に対象を攻撃し破壊したがる性格を指す。

れ、肛門的な方向づけであれ、ある特定の方向づけの起源や発生は、リビドーが性感帯の一つに固着してしまうことにあるそうです。別の言葉で言うと、発達過程においてリビドーに起こった特定の運命的出来事によって、リビドーは、何らかの性感帯に固着させられます。そして、このリビドー的願望に対する昇華*か反動形成の結果、性格特性ができ上がるのです〔…〕。

実際には、これは二次的なもので、一次的なのは性感帯への固着ではない、と私は考えます。実は、世界を同化するプロセスにおける人間の可能性はほんの少ししかなく、物を獲得するために、受動的に受け取るか、力で取るか、貯蔵するかのいずれかです。もう一つ別の可能性もあって、それは私が自著『人間における自由』〔1974 a〕で述べたものです。つまり、物を獲得するために、交換するという可能性、そしてさらにもう一つ、それを生産するという可能性です。他に可能性はありません。これらの同化形態、あるいはこれらの同化様式のいずれが、その人物のなかで優勢となるかは、第一に社会や文化の性質に左右され、第二に両親の性格に左右されます。子どもの体質に関しては言うまでもないでしょう。そして、あくまで二次的に、性感帯に関して言われていることが表面化するかもしれませんが、それは、実は原因というよりも結果なのです。

私が私自身の性格概念に到達したのは、他の構成概念と同様、リビドーの発達からではなく、両親の性格からであり、そして私の提唱した社会的性格からです。社会的性格という言葉で私が言いたいのは、それぞれの社会がそれぞれに作り出す性格類型のことです。そのような性格を作り出すのは、人々がしなければならないことを人々に求め、また彼らがそうしたくなるように仕向けるためです。簡単な例を挙げましょう。十九世紀には、貯蓄をしたがる人々が求められていました。当時は、資本を蓄積するために、貯蓄をしている人、また貯蓄をしたがる人々が求められたのです。そこで、教育によって、両親の模範によって、子どものしつけ全体を通して、私たちが肛門貯蓄型の性格と呼ぶような社会的性格の類型が作り出されました。今日では、消費したがる人々が求められています。そこで、受容的方向づけと市場的方向づけとが作り出され、喜んで自分自身を売り、市場に出回るような人々が求められています。今の時代特有の言い回しを例にとると、「あなたの言うことを私は信じない」というときに、多くの人が「それは買えないね〔I won't buy it〕」という言い方をします。要するに、人々は意識的にではないけれど、気づいているのです。すべては、たとえ意見の交換であろうと、買うか買わないかという市場の問題だと。

フロイトと私が記述した性格の方向づけは、症状の面では類似しています。違うのはその発

＊ 化学反応としての昇華は、ドライアイスや樟脳《しょうのう》のように、個体が液体にならずに直接に気体になること、またその逆の変化。精神分析においては、性的エネルギーが芸術的活動など社会的に価値あるものに置き換えられること。

生論的な説明です。私の目から見てどこが似ていてどこが似ていないかということを、これまでの著作ではあまり明確にしてきませんでした。実際、それを書いていたときに明確にできるはずがありませんでした。というのも、ここ数年になってようやく本当に明らかになったことだからです。

よく私の着想は文化を重視していると言われますが、そのたびに、これはフロイトに対して正当な評価ではないと感じます。なぜなら、フロイトもまた文化を重視していたからです。しかし、一つ大きな違いがあります。フロイトにとって、文化は量的な事柄であり、文明化の度合いであり、欲動の抑圧の圧力ないし強度の大小と一致していたのでした。それに対して、私は文化を、抑圧の大小などといった量的な事柄とは見なしていません。むしろ、質的な事柄であり、所与の社会に特徴的な構造であり、人間を形成し、その実践を構成するようなものとしてとらえています。別の言葉で言うと、私たちは自分たちが生きている社会の必要に応じて、そうならなければならないようになっているのだと考えています。そのため、私にとって、封建制であれ、十九世紀の資本主義であれ、二十世紀の資本主義であれ、ギリシアの奴隷制社会であれ、所与の社会の特定の構造を分析することは、とても重要なことなのです。それは性格のなかにあります。私にとって、それは社会のなかで形成される性格です。これが、さまざまな性格類型が形成される際に従う必要不可欠な発生論的原則です。性格であり、リビドーではありません。性感帯と関係した特定の事象や出来事に依存して起こるリビドー発達とは違うのです。

いかなる所与の社会にも固有の構造があり、それを分析することが重要だと私は考えます。これはフロイトの行わなかったことですが、批判しているわけではありません。なぜなら、彼はそうしたことに関する訓練を受けていなかったからです。しかし、これはホーナイ*やサリヴァンも、本質的な意味では行っていなかったことです。というのも、彼らは社会の分析には興味がないからです。彼らが興味を持つのは、単に文化の影響です。まあ、これはあまりフェアな言い方ではありませんね。ホーナイは、近代社会に典型的に見られることに関しても、ある程度言及しています。しかし、それでも私の視点からすれば欠けているところがあります。それは、精神分析を、社会構造の厳密で科学的な分析と結合させるということです。

性的行動への社会・文化的な影響

「形成力のある社会的・文化的な環境にさまざまな希求が影響を受けているということは、た

* ホーナイ Karen Horney（一八八五〜一九五二） ドイツ出身のアメリカ人精神分析家。フロムと同じく新フロイト派に属するとされ、フロイトの生物学主義を批判し、神経症の文化的、社会的要因を重視し、「真の自己」の発見を神経症治療の目標とした。

とえば性的行動を見ると分かるかもしれません。」近代人は、何事も即座に消費しようとします。同様に、セックスも消費しようとします。それは流行の一部となっています。生活のなかにそれ以外のものがないという状態になっても、社会はそれによって危険にさらされることがまったくありません。逆に、このような相対的に非人間的な生き方に対する、批判的な思想、反対意見のすべてが、このセックスの大噴出によって弱められています。

私は婚外性交について話しているのではありません。そうではなく、「インスタントなセックス」などと呼ばれる性的関係について話しているのです。そこには、いかなる深い感情も、いかなる深い関係も、いかなる種類の人間的な親密さも伴いません。私はセックスに何か悪いところがあると言っているのでもありません。なぜなら、セックスは死ではなく生の現れであるからです。したがって、私はセックスがセックスであるからといって、それだけの理由で悪いと言っているのではありません。事実、私は十九世紀に見られたような抑圧的で不誠実なセックスの否定よりも、状況ははるかにましだと思っています。しかし、にもかかわらず、私は最近の展開を踏まえて、そしていくぶんより広い視野から見て、話をしているのです。つまり、真剣ではなく、純粋に偶発的で、親密ではないタイプのセックスについてです。それは、今日よく見られるものですが、十九世紀では上流階級の特権でした。

多くの人々は、新しい世代が作り出したこの種のセックス・ライフを、とても新しい現象だと考えています。彼らは、たとえばイギリスの上流階級がこの種の生活を長きにわたって送っていたことを完全に忘れています。イギリスの上流階級のパーティについて記述したものを読んでみると、女主人にとって一番の問題は部屋の割当でした。上流階級の人々の城には六十や百の部屋がありました。それらはさまざまな既婚カップルが互いの妻を訪ねるのに支障がないように割り当てられました。そのおかげで、彼らは他の寝室を訪ねるのに長い距離を歩かずにすんだのでした。『ジェニー』というチャーチルの母親について書かれた本を読んでみてください。* すると、この母親が、チャーチルの役に立ちそうな人物たちとよく寝ていたということが分かります。このことについてチャーチルは多くを語っていませんが、母の任務が、その息子の出世において、非常に役立つものであったということは自覚しているようです。それが道徳的な観点から見て適切かどうかなどといった、問いや疑いは生じませんでした。そういうわけで、このようなものは新しいものではありません。かつての上流階級の習慣が中流と下流の階級に下ってきて、社会全体の文化的パターンになるというケースはよくありますが、実はそのようなものの一つなのです。

* Anita Leslie, *Jennie: The Life of Lady Randolph Churchill* (London : Hutchinson, 1969) .

心的発達のダイナミクスと人間の自由

二者択一的決定論

オスヴァルト・シュペングラーは『西洋の没落』において、西洋が没落するだろうと予言しています。西洋文化の崩壊はほとんど自然の法則である、と。なぜなら、彼の説明によれば、文化は植物のように、またいかなる有機体とも同様、育ち、衰え、死ぬからです。ローザ・ルクセンブルクは、自らの不吉な見通しを、二者択一という言葉で定式化しました。あるのは選択である、二者択一である、あれかこれかでしかなく、第三の選択はない、と。

シュペングラーの歴史観とルクセンブルクの歴史観の違いは、単なる付属物程度に受け止めてはなりません。ここには二つの異なる種類の決定があります。一方は、一つの帰結しかない予測です。唯一の帰結しかない、これが起きるだろうという意味での決定論です。もう一つは、二者択一的な決定論です。それによれば、必然的なのは、一つの帰結ではなく、何らかの二者択一です。あの帰結かこの帰結かしかありません。場合によっては、第三の帰結もありますが、選択肢はそれ以外にはないという状態です。それは歴史や社会の決定論が問題になるときのみならず、人間に関しても、とても重要な意味を持ちます。

人間に関して、この結果は起こる運命だったということは、めったに言わないでしょう。少なくとも、健全な理論的根拠に基づいていれば、このような発言は出てきません。それに対して、この二者択一は起こる運命だったということは通常言えます。まったくの一般論として、人間は今以上に成長するか、それとも死に絶えてゆくか（心的な意味で）のどちらかです。どの場合でも、両方の選択肢の強さの相対的度合から違いが出てきます。ある人物が人間的に成功していく選択肢が一パーセントしかなくても、それは一つの選択肢として残っています。それは一つだけが必然的であるというような、古い意味での決定論ではありません。

ほとんどの人が、自分自身の人生において、現に二者択一に直面しているということを認識しようとしません。彼らはこちらにゆくか、あちらにゆくかのどちらかしかできないのです。彼らは、自分があらゆる種類の選択を持っていると考えるのですが、それは普通は非現実的です。なぜなら、その過去のために、その体質のために、その状況のために、私たちは多くの選択肢を持っていないのです。

チェスの例

「人間の心的発達のダイナミクスは、チェスをすることのダイナミクスと比べることができます。」二人のプレイヤーがチェスを始めるとき、彼らのチャンスは五分五分です。つまり、どちらのプレイヤーも勝つ自由を持っています。白のほうが先手なのでわずかに有利だと言う人がいるかもしれませんが、ここでは無視できるとします。彼らが五手指したとします。そして、白が間違えたとします。すると、白の勝つチャンスはすでに十六パーセント減ったことになります。しかし、その後とてもよい手を打つことができれば、または相手がミスを犯せば、まだ勝つことはできます。さらに十手指した後で、白は最初の間違いを埋め合わせられないどころか、またもう一つの間違いを犯すとします。理論的には、白はまだ勝つことができます。しかしながら、今や勝率は五十パーセントから五パーセントにダウンしています。にもかかわらず、勝つ可能性はまだあります。しかし、またもや間違いをする瞬間が訪れました。もはや、白には勝つ見込みはありません。チェスの法則に従うならば勝つことは不可能です。もし、相手があまりにも愚かで、ひどい大失敗をしでかすというのでもないかぎり。もちろん、そんなことはあてにできません。特に、チェスの好手同士であるならば、起こるはずもありません。チェスの好手であれば、その時点で降参するでしょう。なぜなら、自分が勝つ可能性がないことをすでに知っているからです。下手なプレイヤーは続けてしまいます。後の手を読むことができないので、実際にはもはや勝つことなどできないのに、まだ勝とうとします。最後の最後まで闘ってしまうことでしょう。つまり、王が詰み、もはやどこにも動けないということを悟るまでです。そのときに至って、やっと自分が負けたということを認めるのです。

ジョニーの例——失敗の積み重ねによる自由の喪失

この比較を人間の状況に当てはめたらどうでしょうか。私たちの人生に当てはめたらどうでしょう。試しに、ニューヨークの大変裕福な家庭に育った少年のことを例として取り上げましょう。五歳のときに、彼は大好きな黒人の少年といっしょに遊んでいました。少年に二人の境遇の差が分からないのは、極めて自然なことでした。すると、彼の母親が、最近の母親らしいやさしい言い方でこう言ったのです。「ねえ、ジョニー、あの子が私たちとおんなじで、ちゃんとしてるってことは分かるわ。とってもいい子よ。でも分かるでしょ、近所の人はそういうふうに思わないの。だから、あの子といっしょに遊ばないほうが本当はいいのよ。いやだってことは分かるわ。でも、今晩はサーカスに連れていってあげるから、ね」。たぶん、彼女はもっとさりげない言い方をするでしょう。これが報酬だということもまったく言わないで、彼をサーカスやどこか別のところに連れて行ったり、何か買い与えたりするでしょう。

幼いジョニーは、最初は母親に反対します。「やだよ、いっしょに遊びたいんだもん!」。でも、最後には、サーカスへの招待を受け入れます。それが彼の最初のミスです。最初の敗北です。自分自身の統合性、自分自身の意志が、どこかでほころんでしまったのです。チェスで言うなら、最初の悪手を指してしまったということになります。

この話を続けると、十年後、ジョニーはある女の子に恋をします。彼は本当にその子のことが好きでしたが、彼女は貧しく、きちんとした家の子ではなかったので、彼の両親は、彼が付き合うべき少女ではないと考えます。彼の祖父母だったら、こう言うところでしょう。「考えてもみろ、結婚なんて問題外だ、あの娘の家は私たちとはつり合わないぞ」、と。しかし、またもや今風に、母親はこう言います。「あの子は確かにかわいい子ね。でも、生い立ちが違うわ。二人が幸せになるためには、育ってきた環境が似ているということが大事なのよ……。でもね、あなたが結婚するかどうかは、あなたの自由。完全にあなたの意志に任されているわ。でも、一年間、パリに行ってみたらどうかしら。そこでじっくり考えられるわ。それでも彼女と結婚したかったら、結婚すればいいじゃない」。

それをジョニーは受け入れます。これが二度目の失敗です。しかし、それはすでに抵抗なしに起こるようになっています。最初の失敗、そしてそれに類する数多くの小さな失敗によって、抵抗なくそのような失敗を犯してしまうのです。彼はすでに買収されていました。彼の自己評価、自尊心、尊厳、自己感覚は、すでに壊れていたのです。しかも、その提案には魅力的な合理化が付いていました。「彼女と結婚するのもパリに行くのも、完全にあなたの自由よ」という言い方で粉飾されていたのです。しかし、そのチケットを手にした瞬間、彼は知らず知らずにその娘を手放してしまったことになります。自分はまだ彼女を愛しているし、彼女と結婚するだろうと、彼は確信しています。そこで最初の三カ月間、彼は最高のラブレターを彼女に書き送ります。でも、彼の無意識は、彼が結婚しないことをすでに知っています。なぜなら、すでに賄賂《わいろ》を受け取ってしまっているからです。

いったん賄賂を受け取ってしまったら、期待に応えないわけにはゆきません。そこに、第二の道徳的な要素が入り込んできます。正直じゃなければいけない、期待に応えないのであれば賄賂を受け取ってはならない、さもなければ死んだも同然だ、と。そういうわけで、彼はパリで、当然のことながら他の女の子たちを見つけます。そして、その年を終えるといろいろなことが起こりました。彼は、もう自分は彼女のことをあまり愛していないという結論に達します。彼はたくさんの女性と恋に落ちてしまったのです。小さな良心の呵責《かしゃく》とともに、彼は、もう彼女を愛していないということを打ち明けます。それはたやすいことでした。彼は手紙をだんだんと書かなくなっていたからです。そのため、心変わりは、それほど突然ではなく、さほどショッキングでもありませんでした。たぶん、その間に彼女はすべてのことを察したのでしょう。彼に、〝もう終わったと思っている〟と返事します。それだけの判断力があれば、ですが。

二十三歳のときに、ジョニーは大学院に入ります。問題は、彼が本当にしたいことは何かということです。彼の父は、弁護士として非常に成功していて、たくさんのはっきりとした理由から、彼にも弁護士になってほしいと願っていました。しかし、息子は建築家になりたいと思っていました。それは子どもの頃からの夢だったのです。そこで、自分は建築をやりたいんだということを主張します。すると、父親は、彼に事情を説明します。自分が心臓病を患っているため、やがて死ぬかもしれないということ、そして誰が母親の面倒を見るのかと語りました。パリ留学をはじめ、お前にはあれこれしてあげたのに、親を見捨てるとは恩知らずだ、どれだけの望みをかけていたか、どれだけ不幸な気分を味わうことになるか、それはさておき、建築家になったときにどれだけの稼ぎがあるのか、そして、事務所のチーフを引き継いだらどれだけの稼ぎになるのか、などなど。彼はちょっと抵抗しますが、最後には屈服します。おそらく、このとき、父親は彼に高級スポーツカーを買い与えていることでしょう。交換条件が付いていたのにもかかわらず、それは賄賂だとは決して言われません（これは政治の場合も同じです。「十万ドルを与えるから、この法律に投票するように」などという声明文つきで賄賂が与えられるわけはありません。十万ドルが与えられ、それが何のために与えられたかは相手も分かるだろうということが了解されるだけです）。この時点で、その若者は負けです。彼は自分を完全に売り渡してしまいました。自己尊重、自尊心、統合性をすべて失ってしまいました。彼は自分がしたくないことをすることになります。その後の人生においても、したくないことをすることになるでしょう。おそらく、やがて、本当に愛しているわけではない女性と結婚し、仕事をつまらないと感じながら、生きていくことになるでしょう。

彼はどのようにして、この状況に入り込んだのでしょうか。たった一つの突然の出来事でそうなったわけではありません。小さな出来事の積み重ね、次々と犯した間違いの積み重ねでそうなったのです。最初はまだたくさんの自由があったのに、この自由を、彼は徐々に、徐々にと失ってゆきました。そして、とうとう、それは実質的に消え去ってしまったのです。

自由とは、所有するものではありません。自由などという物は存在しないのです。自由は、私たちのパーソナリティの性質です。私たちは、程度の差はあれ自由に、圧力に抵抗することができます。程度の差はあれ自由に、自分がしたいことをし、そのままの自分であることができます。自由とは常に、増やすか減らすかという問題なのです。ある時点で、この若者は実際上すべての希望を放棄してしまったと言えるかもしれません。もっとも、そのときになっても、何かが起こるかもしれない、例外的な出来事が起こるかもしれない、と言うことはできます。それはある人の人生のなかでもめったに起こるものではないので、それに人生をかけるべきではありませんが、三十歳になっても、四十歳になっても、五十歳になっても完全な変化と回心は生じます。しかし、そのようなことを待つ人は、たいていの場合、失望することになるでしょう。なぜなら、それはとてもまれなことだからです。

第六章　セラピー的効果をもたらす諸要因

精神分析のセラピー的効果は、何に基づいているのでしょうか。私自身の見解を手短に述べますと、①人が自分の真の葛藤を見つめられるようになったときに生じる自由の増大、「②抑圧や抵抗に束縛された状態から解放された後の心的エネルギーの増加、③健康への生得的希求を阻《はば》む障害の解除」──の三つになります。

自由の増大──真実の葛藤を見つめる

①精神分析のセラピー的効果は、第一に被治療者が虚構の葛藤ではなく現実の葛藤を見つめられるようになったときに得られる自由の増大に基づいています。

たとえば（後章で報告する症例のように）、ある女性の真の葛藤は、自分を解放して自身の人生を出発させる能力がないこと、それゆえに自由に生きられないことかもしれません。一方、彼女の虚構の葛藤は、夫との結婚を続けるべきであろうか、それとも離婚すべきであろうか、というものです。それは真の葛藤ではありません。それが葛藤ではないのは、解決できない問題だからです。彼と離婚しようと、そのままいっしょにいようと、彼女の人生は、自由に生きることができないかぎりは同じようにみじめでしょう。ところが、この特定の問題に集中しているうちは、彼女は自分の人生をよりよく理解するという作業に手をつけることができません。真の自分の葛藤に取り組むことができません。それは、彼女自身が自由に生きることに関する葛藤であり、この世界と彼女の全関係、世界についての関心の欠如、この世界における彼女自身の全存在が顕著に狭くなっているということに関する葛藤です。つまりは、彼女の手が届かないものすべてについての葛藤です。

簡単な譬えで言うと、部屋の扉を間違った鍵で開けようとしても絶対に開けられないということです。ちゃんと鍵を挿入しなかったとかあれこれ考えて、正しい鍵を持っていると信じ込み、錠前の都合で鍵が合わないだけだと思っているかぎり、決して扉を開けることはできないでしょう。開けるには正しい鍵が必要です。これは本当に稚拙《ちせつ》な譬えで、誰もがこうした実例を知っています。そこでの問題は、私がしなければならないのはこれなのか、それとも、あれなのか、ということで、その問題は葛藤だと言い立てられているだけで、本当の葛藤はまったく別のところにあるのです。実例は、自分自身や他の人の生き方、とりわけ、高齢者の生き方のなかに見出せます。親は常によい例となります。親はあなたより長く生きていて、あなたが観察したいと望むならば、彼らの人生について非常に身近な洞察を提供してくれるからです。

そうすれば、どの程度まで人々が間違った問題に取り組み、答えが決して見つからない場所で解決を図ろうとしているかが分かります。

次の例はそのことをよく示しているかもしれません。人は結婚して三年もすると喧嘩を始め、そのために離婚します。それからどうなるでしょうか。たとえば、ある男が一年後にまったく同じタイプの女性と結婚し、それも離婚に終わるとしましょう。長期間にわたりこのような遊びを続ける金があるとすればですが、彼らは疲れを感じ、年をとりすぎたときになって、ようやく離婚を思いとどまります。こうした人は常に、間違っていたのは自分が正しい相手を見つけられなかったことだと考えます。ところが、彼らは自分のどこが悪いのかは考えません。人と生活を共にする能力がなく、他人を客観的に見る能力も持っておらず、それゆえ、必然的に間違った相手を選んでいる自分自身の問題を考えないのです。たとえば、自分自身のナルシシズムゆえに、自分をべたぼめし、思いのままになる傾向がある女性を選んで恋に落ちるとしましょう。その女性は、同時に内面的にはマゾヒズム的で、長い目で見て退屈な人物だと言えます。これは本当に悪《あ》しき組み合わせです。彼がその女性に恋をしたのは彼女が賞讃してくれるせいで、一年もすると女性の服従性が彼を退屈させていくことが分かります。当初、彼女の服従性に満足できたのは、その服従性が彼のナルシシズムに対する頼もしい支援であったからです。しかし、いったん彼をそのように賞讃することが分かったら、いつもながらの彼女の服従性はとても退屈になります。そこで彼は、自分を賞讃してくれる新しい対象が必要となり、この循環が繰り返されます。この唯一の解決策は、その男性が自分のナルシシズムや、なぜ服従的で賞讃する女性を選ぶかの理由に気づくかどうかにかかっており、また、それに気づけばこの循環を断ち切らせることができるはずです。

そのような男性が精神分析家のところに来て、自分の結婚問題やどうすればその問題を解決できるかを語るとき、それに対する唯一の答えは、「あなたの問題は結婚についてではありません。あなた自身に問題があります。問題はあなたであり、あなたがなぜ間違っているのか分からないかぎり、同じ間違いを犯します。これを変えれば、状況は別のものになるはずです」というものです。解決されるはずがない問題を解決するのは、シシュフォスの課題*です。それは人を落胆させ、問題の性質上、何度も何度も試みても決して成功できないゆえに多大のエネルギーを要します。あなたは何度試みても決して成功しないことを感じ取ります。問題への近づき方そのものが、不適当だからです。

理論上は、問題はとても単純です。しかし、試みるということが何を意味するか、試みても

* ギリシア神話に登場するコリントを創設したとされる初代の王で、地獄に落とされ、大石を山頂に押し上げるように命じられるが、石はいま一歩というところで必ず転がり落ちたという。永遠に繰り返される空しい苦労の象徴とされている。

決してうまくいかないことが何を意味するかを、自分自身の感情によりそって理解することはそれほど容易ではありません。それはまるで、数学の問題や他の科学的問題を集めて、間違った仮定から出発するようなものです。間違った仮定から出発するかぎり、問題は解決できず、死に物狂いになったあげく憂鬱な状態に陥ります。見出せるはずのないやり方で解答を探そうとしていることが分からないかぎり、ますます自分の無力感、無能力、行動や努力のむなしさを確信することになり、深い失望を覚えます。しかし、「ああ、これは問題ではない。私の前提が間違っていた。ここに本当の問題がある、たとえ手強《ごわ》い問題だとしても。今、私はそれに取り組める」と分かったとき、実にこれが新しい生き方をあなたにもたらします。なぜなら、あなたは、「決してうまくできないかもしれないものの、少なくともこれは取り組める課題だ。これは原理上は解決できないものではない。これは終わられない無力感を私に運命づけるものでもない。私は何かを実行に移すよう挑戦できる。私は虚構の問題ではなく、意味ある何かに取り組むことができる」と考えるからです。虚構の葛藤ではなく真実の葛藤を見つめることは、それ自体で自由や、エネルギーや、自信の増大をもたらすと私は考えます。これは極めて重要なことです。

抑圧や抵抗からエネルギーを引き上げる

②二つ目のポイントは、あらゆる心的抑圧はその抑圧を継続するためのエネルギーを要するということです。つまり、もっと簡潔に言えば、抵抗*は多大のエネルギーを必要とするということです。国家歳入のかなりの部分が軍備に費やされているように、今このエネルギーは奪われ、無駄に使われています。濫費《らんぴ》されているのです。あなたがひとたびこの抑圧を取り除き、これ以上エネルギーを抵抗に注ぐ必要がなくなるなら、このエネルギーはあなたが利用できるものになり、その結果、再びエネルギー量は増大します。それは自由の増大を意味します。スピノザ流に言えば、徳と喜びの増大であるとさえ言えるかもしれません。

健康への生得的希求の解放——真実への直面によるエネルギーの動員

③私が指摘したい第三の要因は、おそらく最も重要なものです。現実に起きていることとの接触を阻む、私自身に存在する障害を取り除けば、健康への生得的希求〔innate strivings for health〕が機能し始めるのです。私はこのことを、私自身の想定と経験に基づいて、他のことに

＊　無意識的なものを意識することへの抵抗。

関してと同じく個人的に、極めて広い意味で言っています。すなわち、すべての人間には生物学的、生理学的のみならず、心理学的にも良き生《ウェル・ビーイング》へと向かう傾向が存在するということです。そこには何も謎めいたところはありません。これは、ダーウィン主義者の観点からも極めて筋の通るものです。なぜなら、健全な状態《ウェル・ビーイング》は実際に生存に役立ちます。精神的に満たされている《ウェル・ビーイング》ことは、生物学的な意味で生存〔survival〕に役立つからです。人はより喜びに満ち、心地よく感じれば感じるほど、ますます長生きします。より多くの子どもを持ち、ますます生産的になるでしょう。しかし、生物学的生存の観点から見て重要なことは、生命であり、結婚し、子どもを持つことです。それは極めて狭い意味にとられていますが、私はそうした狭義の意味で話しているのではありません。自著『破壊』(1973a, pp.254-259) のなかで引用しましたが、多くの最近の神経生理学者が極めて説得力を持って私に主張しているのは、人間の脳構造のなかにさえ、正確には本能とは言えないまでも、先天的で前もって形成された特定の性向があり、それは良き生《ウェル・ビーイング》や協力・成長を求める傾向を持つということです。

緊急事態を想起してもらえば、乗り越え、成長し、生きようとする生得的傾向性の役割を正しく認識することがより容易になるでしょう。緊急時に人々は、自分にあると思わなかった力や技能《スキル》を発揮します。身体的な力のみならず、精神的な力、あらゆる種類の知覚の力さえ現れます。その理由は、ここで生物学が真の意味で登場するのですが、生きる衝動が極めて強力に人間の脳のなかに備わっているので、生きるか死ぬかというはっきりした問題になると、それまで現れていなかった量のエネルギーが動員されるからです。

私には、ある経験がそれを考えるうえで極めて決定的な役割を果たしました。肺結核を患ってダヴォス**に住んでいる人を私は知っていました。ずっと以前の薬物治療がなかった頃のことです。その女性の病状はひどく悪く、日ごとに悪化しました。ある時点で、医師は他の専門医と相談しました。その結果、彼女のところに来て、「さあ、いいですか、私たちは今、相談をしてきたところです。医学的立場からは私どもがあなたにこれ以上できることは何もありません。あなたが生きるか死ぬかは、完全にあなた次第です」と彼女に告げました。このはっきりした言い方から分かるように、医師たちは彼女は死ぬ可能性が極めて高いと確信していました。ところが、この処方が効いたのです。数週間もしないうちに、健康状態に変化が生じました。それは医師たちには奇跡のように思えました。実際に死んでもおかしくないほどひどく患っていたこの婦人は、完全に治ってしまいました。もしこの医師が、多くの医師たちが善意で言うように、「いいですか、希望を失わないように。万事うまくいきますからね」と言っていたら、こ

＊　ここでフロムが生存 survival という言葉で示唆しているのは、適者生存 survival of the fittest、すなわち外界に適したものが生き残り、適していないものは衰退するという考えであろう。

＊＊スイス東部の谷間にある保養地。

の患者を死なせていたでしょう。なぜなら、彼女が自身のエネルギーを動員するという断固たる措置をとることを、その医師が阻止していただろうからです。

他の例として、自分の身体を感じる整体運動を考案したベルリンのエルザ・ギンドラー*が挙げられます。彼女はどのようにしてそれを考案することになったのでしょうか。彼女は結核を患いました。医師は、「転地療養のためダヴォスに行かなければ、あなたの命はありません」と彼女に告げました。しかし、彼女にはそこに行く金はありませんでした。そこで、彼女は身体を感じるための体系的方法、つまり、身体内部の活動、身体の平衡感《へいこう》をより強く感じるための方式を直感に従って考案しました。彼女は完治し、後日、ドイツ、スイス、とうとうアメリカでも教えられるようになったこの体系を発展させました。一年後にその医師が街頭で彼女に会ったとき、彼は見上げて、「ああ、あなたはダヴォスに行ったのですね」と言いました。彼女がそこには行かなかったとは、にわかには信じられなかったのでしょう。

健康への生得的希求は、分析と関係ない自分自身の生命の問題にとっては無論のこと、分析技法《テクニック》にとっても意味のあるものです。希望を持てないほど病んでいるために、真実をすべて話してもそれ以上の効果が期待できない場合以外は、あらゆる間違った元気づけの類は致命的で有害です。もし私が人を元気づけて問題の厳しさを過小評価するなら、緊急のエネルギーが沸き上がるのを阻止するわけですから、その人にダメージを与えているだけということになります。反対に、私がその人の置かれている状況とそれに代わりうる選択肢を鮮明かつ深刻に説明すればするほど、ますますその人自身の緊急エネルギーを動員することができ、快復の可能性にますます近づくことができるのです。

＊ ギンドラー Elsa Gindler（一八八五〜一九六一）ドイツの体操教師。ここで紹介されている、今ここにある身体感覚への気づきを深めるための技法は、センサリー・アウェアネスと呼ばれる。

第七章　セラピー的関係について

分析者と被分析者の関係

社会学的相互行為概念の形式性

分析者と被分析者との関係は、相互行為として記述するだけでは十分ではありません。相互行為は存在しますが、看守と囚人の間にも相互行為は存在します。スキナーは自著の『自由への挑戦』（1971）のなかで、拷問される人は拷問者が彼を支配するのと同等に、拷問者を支配《コントロール》している。なぜなら、拷問される人は苦痛の叫びによって、どのような手段を用いるべきかを拷問者に伝えているからである、とまで述べています。ひねった見方をすれば、ある意味でスキナーは正しいと言えるかもしれませんが、それは非常に馬鹿げた話にすぎません。本質的には拷問者が犠牲者を支配しているのであり、確かにいくぶんかの相互行為は存在しますが、誰が誰を支配するかに関する問題であるかぎり、無視してよいものです。

私は家族の人間関係の状況と、拷問者とその被害者の状況とを比較したくありませんが、相互行為という概念を問うためにこの劇的な例を挙げているのです。相互行為がそこに存在するのは完全に真実ですが、いかなる相互行為においても、「この相互行為において、他者に強制する権力を持つ者は誰か」「それは対等な者同士の相互行為か。それとも、同じ水準では基本的に闘うことのできない対等ではない者同士の相互行為なのか」という問いを提起しなければなりません。相互行為というアカデミックな社会学的概念には大きな危険があります。それは純粋に形式主義的なものです。つまりそれによれば、相互行為は二人の人間が相互に行為し合うところにはどこにもあるというのです。

相互行為の性質が、対等のものか支配的なものか、すなわち一方の力が強くて望むままにもう一方に行動を強制できる関係にあるのかどうかをきっちりと見定めなければなりません。この問題の典型的な表現は、国際間や民事上の諸協定に見出せます。極めて強い勢力が力の弱い勢力と同盟関係を結ぶ場合でも、対等の関係にある同盟という言葉で表現されます。つまり、併合でさえ対等の条約という言葉で表現されます。しかし、それらの条約において明らかなことは、たいてい言葉づかいとは別に、事実上すべての権利が強者のものであるということです。それでも、形式的には条約なのです。同じような話がビジネスにおいては昔からあって、ローマ法ではそれを獅子組合＊〔societas leonina〕と呼びました。つまり、大会社が小企業と提携して統合契約を結ぶことです。法的には両者は自由契約を交わしているかのように解釈されますが、実際には大企業が小企業を傘下《さんか》に収めるだけのことです。しかしこれは、法律上の文言では表現されません。小企業はまったく自由がないにもかかわらず、両者はまったく自由に契約を交わすと表現されます。そのような相互行為は、それだけでは十分なものではありません。この相互行為はあまりに形式的なものです。現実としては十分にありえますが、抽象的すぎます。すべての人間関係において重要なことは、何よりも二人のパートナーの相対的に自由かつ気の許せる力関係です。

相互に能動的な関係——フロイトとロジャーズへの批判

この点で、私はフロイトとは違う経験があります。実際にはフロイト的と非フロイト的の両方の経験をしています。というのも、私はベルリンの正統的なフロイト派の研究所で訓練を積み、約十年間正統的なフロイト派の分析家として実践を積んできたからで、その結果、自分が体験したことに対する不満がますます広がりました。私は分析の時間中に自分が退屈していることに気づきました。主な相違は次のことに見出せます。フロイトは精神分析のすべての状況を実験室的状況と見なしました。対象としての患者がいて、実験者としての分析者は、この対象の口から出る言葉を観察します。そして、あらゆる種類の結論を引き出し、分かったことをすべて患者に戻します。この点で、私はロジャーズ博士**とも反対の立場でもあります。〔ロジャーズ博士の〕「来談者中心療法〔client-centered therapy〕」という表現そのものがおかしいと私は思います。なぜなら、あらゆるセラピーは来談者中心でなければならないからです。分析者がナルシシストであるために来談者を中心に据えることができないのなら、彼は今している仕事をやるべきではありません。来談者中心療法は自明の事柄なのですが、しかし、それは単なるミラーリング***を意味するものではない、と私は考えます。

私のすることは何か。それは患者の話に耳を傾け、次のように言うことです。「いいですか、私たちがここで行っているのはこういうことです。あなたは、心に思ったことを何でも私に話してください。それはいつも容易であるとは限りません。ときには話したくないでしょう。その場合にあなたにお願いすることは、話したくない何かがあると言ってもらうことだけです。

* 労役を負担したのに利益を受けられない者が出る協定。ライオンが三匹の動物と狩りをしたところ、他の動物がライオンを恐れ、分け前をすべて差し出したというイソップ寓話に基づく。

**ロジャーズ Carl Ransom Rogers（一九〇二〜八七）アメリカの臨床心理学者。非指示的なカウンセリングを提唱し、来談者中心療法の主導者となった。

***クライエントの話した内容をオウム返しのように言い返すことで、感情を映す鏡の役割を果たすこと。

というのは、それ以上何かをしなければならないという圧力をかけたくないからです。おそらくこれまでの人生のなかで、何かをしなければならないと耳にタコができるほど聞かされてきたはずです。言わなくて結構ですが、何か言葉を省いたということを教えてくだされればありがたいです。そうなれば、私はあなたの話に耳を傾けます。聴いている間、私は訓練された道具のように応答します。私はまさにそうするように訓練されています。あなたが私に語る話は、私に〝何か〟を聞かせることになります。その私が聞いた〝何か〟をあなたにお話しします。それは、あなたが私に実際に話していることや私に話そうと意図したこととはかなり違っています。それから今度は、私の応答にあなたがどのように応答するかを話してください。こうして、私たちはコミュニケーションを交わします。私はあなたに応答し、あなたは私の応答に応答します。そうして、我々はどこに向かおうとしているのかが分かります」と。私はこのようなやり取りにおいて〔ロジャーズと違って〕極めて能動的です。

聞こえたことを言う――知性化と解釈の否定

私は解釈をしませんし、解釈という言葉さえ使いません。私は自分に聞こえたことを言います。たとえば、患者が〔分析者の〕私を恐れていると語ろうとし、ある特定の状況を私に告げ、私に「聞こえてくる」のは彼がひどく妬《ねた》ましく思っていることだとします。また、たとえば彼が口唇サディズム的で、搾取的性格*であり、私が持っているすべてを本当に奪いたがっているとします。夢やしぐさや自由連想からこのことが分かる機会があるとすれば、私は彼にこう話します。「いいですか。私が種々さまざまなことから推測しているのは、あなたが本当は私を恐れているということです。なぜなら、あなたが困らせたいということを私に知られたくないからです」。私は、患者が気づいていないことに関して、彼の注意を喚起するように努めます。

ここで肝心なことは、こうしたことを患者が自分で見出すべきであると確信している分析者がいるということです。ロジャーズが最も極端にそうで、一部のフロイト派の分析者はそれほど極端ではありません。しかし、それでは分析の過程をとてつもなく長引かせると私は考えます。どのみち、それは十分に長く、十分に困難なものです。そうなると、どうなるでしょうか。患者のなかには抑圧していることがあります。抑圧するにはそれなりの理由があって、その理由を認識したがらないし、それに気づくことを恐れています。これらの抵抗が突破されるまでの何時間、何カ月、何年も、私がそこに座って待っていたら、患者にとっては時間の浪費です。

私はフロイトが夢解釈でやっているのと同じことを行っています。その夢は無害なものかも

* フロムが『人間における自由（Man for Himself）』の中で提起した精神分析の理論を社会的性格に敷衍した性格の一つ。活動的、激情的、主体性といった長所の反面、搾取的、攻撃的、自己中心的、傲慢といった権威主義的な欠点を持つ性格のことで、広義の非生産的な構えの性格の一つと見なされる。

しれません。それでもフロイトが言うのは、「この夢が実際に表しているのは、あなたが私を殺したがっている」ということです。私はまた別のことについても同じことを行います。私が認識していることを患者に話し、私が言っていることへの患者の抵抗を分析します。そうではなくて、あまり抵抗がなければ、患者はそれを感じ取るでしょう。しかし、知性化〔知的な説明〕や解釈は何の役にも立たないことに私は十分気づいています。実際はすべてを不可能にしてしまいます。大事なことは、私が言及していることを患者が感じ取ることができるかどうかです。

スピノザは、それ自体は真実の知識であっても感情のこもった知識でなければ、何も変えられないと言いました。これはすべての精神分析に当てはまります。あなたが抑うつに苦しんでいることを分析すれば、子ども時代に母親に無視されてきたからであることを発見するかもしれません。あなたはそれを発見し、最後の最後まで信じることができますが、それは少しもあなたのためにならないでしょう。たぶんこれは言い過ぎでしょう。理由が分かって少しは助けになるかもしれませんが、それは悪魔払い《エクソシズム》のようなものです。あなたは、「それは悪魔の仕業だ」と言います。暗示を通じてそうした発言を長年続け、最終的に患者が悪魔払いをした――彼を拒絶した母親が悪魔だ――と感じるなら、彼の抑うつがさほど深刻なものでないなら、結局それほど落ち込んではいないと感じられるかもしれません。抑圧されているものを知ることは、それをここで現実に体験すること、つまり、頭で考えるだけでなく、それを十分感じ取ることを意味します。この種の体験はそれ自体で緊張を非常に緩和させる効果があります。重要なのは「これは○○だから」というように何かを説明するのではなく、実際に感じ取るということです。レントゲン写真で透視するように、「私は落ち込んでいる」とあなたは深層で感じ取ります。あなたが本当にそれを感じ取れるなら、そのことが抑うつ症をなくす対処策をとるようにうながします。やがて、あなたは次の段階にと向かうことができます。そこであなたは、「私は本当は頭にきていて、自分の抑うつ症によって妻を罰しているのだ」と感じるかもしれません。他方で、それさえも助けにならないくらい、その人はひどく病んでいたり、抑うつの症状がひどいかもしれません。

分析者の前提条件

すべての人間的体験に開かれていること

あらゆる精神分析上の仕事にとって、分析者の人格的な資質という一つの重要な側面があります。ここでの第一条件は、分析者の経験と他の人間についての彼の理解です。多くの分析者が分析者になるのは、自分が人間に接すること、人間と関係し合うことに引っ込み思案になっていると感じるからで、分析者の役割において、特に分析治療の寝椅子の後ろに座っていると、保護されていると感じるからです。しかし、それだけではありません。分析者が自分自身の無意識を恐れないこと、それゆえに患者の無意識の扉を開くのを恐れないこと、さらに、そのことでばつの悪い思いをしないこともまた極めて重要です。

　これは、私のセラピーの仕事についてのいわゆる人間主義的な前提へ私を導きます。我々とかけ離れた人間的なるものなどありません。すべては私の内にあります。私は幼児であり、私は大人であり、私は殺人者であり、私は聖人であります。私はナルシシストであり、かつ私は破壊的人間です。私が私の内に持っていないものは患者の内に何もありません。患者があからさまにか暗黙にかのいずれかの形で私に話す諸体験を、私自身のなかに呼び覚ますことができた分だけ、それらが私自身のなかに現れ、こだましたときだけ、私は患者が何を話しているか知ることができ、患者が本当は何を話しているかを患者に戻してやることができます。すると、極めて不思議なことが起きます。患者は、私が彼や彼女について話しているという感情も、彼や彼女に対して私が見下した態度で話しているという感情も持たなくなり、私たち両者が分かち合っている何かについて話していると感じるでしょう。旧約聖書にはこうあります――「あなたたちは寄留者を愛しなさい。あなたたちもエジプトの国で寄留者であった」〔申命記第十章十九節〕、「あなたたちは寄留者の気持ちを知っている」〔出エジプト記第二十三章九節〕。

人は同じ体験をした分だけ別の人のことが分かります。自分自身を分析してもらうことの意味は、善きにつけ悪しきにつけ何であろうとすべての人間的体験に開かれていることに他なりません。私は最近アドルフ・アイヒマンについてのブーバー博士*の一言を耳にしました。博士は裁判**に反対していたにもかかわらず、何らの特別な共感を彼に持つことができなかったのは、自分の内にアイヒマン的なものを何も見出せなかったからだと言いました。私には信じ難い言明です。私は私自身の内にアイヒマンを見出します。私は私自身のなかにすべてを見出します。皆さんあきれるかどうか分かりませんが、聖人まで見出します。

私が分析を受けたということが本当に意味するのは、いくつかの幼児期の心的外傷《トラウマ》を探し出した、これだったあれだったと言うことばかりではありません。自分自身を開いたということ、私自身の内なるすべての不合理に対して常に開かれた状態でいることを意味します。それゆえに、私は自分の患者を理解することができます。私は彼らを探し出す必要はありません。彼ら

* ブーバー Martin Buber（一八七八〜一九六五）ウィーン生まれのユダヤ人宗教哲学者。ナチ政権誕生後、パレスティナに移住。代表作『我と汝』では、「我—汝」の全存在的な関係を強調し、汝を対象化し断片化して利用するような「我—それ」の関係と対比した。

**ユダヤ人絶滅計画の主導者の一人、ナチ親衛隊中佐アイヒマン Adolf Eichmann（一九〇六〜六二）は、戦後アルゼンチンに逃亡したが、イスラエル情報機関に誘拐、逮捕され、エルサレムで裁判を受け、一九六二年六月に絞首刑に処された。

はそこにいます。そのうえ、私の患者はいつでも私を分析しています。私がこれまでに受けた最良の分析は、分析者としてであり患者としてではありません。なぜなら、私が患者に応答し、理解し、この男性もしくは女性に何が起きているかを感じようと努めるかぎり、それに応じて自分自身を見つめ、患者が話している極めて不合理なものを結集させる必要があるからです。患者がおびえているのに、私が私自身のおびえを押し殺していたら、私は決して患者を理解することはないでしょう。患者が受容的性格であり、私が現在の、または過去にあった、少なくともわずかばかり今なお自分のなかにある受容的性格を起動することができないならば、私は決して受容的性格を理解することはないでしょう。

精神分析の訓練課程は、歴史、宗教史、神話、シンボリズム、哲学の研究、すなわち人間精神の主たる所産のすべてを含めねばなりません。そうした研究の代わりに、今日公式に要請されているのは、心理学を研究し、心理学の学位を持つことです。しかし、それは私が思うに、多くの心理学者は私に同意すると確信しますが、時間の浪費にすぎません。彼らがそうするのは、強制されているからにすぎません。そうしなければ、彼らは国家が認定する学位を得ることができないからであり、それが精神分析のセラピストとして免許をとるための条件であるからです。大学で研究する学術的な心理学では、精神分析が人間の動機や問題を理解するために人間を扱うという意味では、実際には人間について何も聞けません。せいぜい行動主義といったものがあるだけで、それは定義上、人間への理解を基本的に排除します。なぜなら、それは実際には人間の行動において研究しなければならないことだけを強調し、その行動がどのように操作されているのかを強調するからです。

批判的理性の必要性

分析者は世間知らずであってはなりません。つまり、ありのままの世界を知らねばならないし、起きている出来事に眼力を持たなければなりません。世界に現実に存在する一般的な意識や諸力について眼力が持てないのであれば、どうして他人の心について批判的であることができるでしょうか。できないと思います。実相は分かつことができないものであると思います。当人の問題では実相を見抜けるのに、その他のすべての問題の実相は見抜けられないとは信じられません。当人の問題はある程度実相を明察できるものですが、心の眼が半ば閉じられていたら、決して明察することはできません。心が完全に覚醒し解放されているなら、個人のことであれ、社会のことであれ、状況であれ何であれ、あるいは芸術のことであれ、実際に見通すことができます。

分析者は眼力を持たねばならないし、外観の裏に何があるのかを明察できねばなりません。目の前の人を現在そうであるように形づくった社会のさまざまな力を批判的に理解しないなら、一個の人間を理解することはできないと私は堅く信じています。家族の物語で片づけてしまうのでは、いささか不十分です。それは、患者を完全に理解するうえでもまた不十分です。分析者はまた、自分が生きている社会全体の状況、自分に影響を与えるすべての圧力とすべての要因に通じていてはじめて、自分が何者であるかに完全に気づきます。精神分析は本質的に批判的な思想の一方法ですが、批判的に考えることは、分析者の利点と対立するので、実際には極めて難しいと私は思います。とりわけ、批判的に考え、批判的な存在であることで特別に昇進できる人はいません。長い目で見れば別でしょうが、批判的であることで有利になる人はいません。

私見ながら、社会の分析と個人の分析は実際には分離することはできません。それらは人間生活の現実についての批判的な見解を構成する一部です。おそらく、心理学の文献を読むよりバルザックを読むほうが精神分析を理解するうえでより有益です。バルザックを読むことは、この世の中のすべての分析主題よりも、人間分析の理解のよい訓練になります。というのも、バルザックは症例史を書くことができた偉大な芸術家でしたが、その豊かな筆致と資質によって実際に人々の無意識の動機にまで迫り、社会状況との相互行為のなかでそれらを示したからです。それこそが、バルザックの試みでした。彼が生きた時代における中産階級のフランス人の性格を書きたかったのです。本当に人間やその無意識に興味があるなら、教科書を読まずに、バルザック、ドストエフスキー、カフカを読むことです。そこでは、（私自身の著作物を含めて）精神分析の文献よりはるかに人間を学べます。そこでは豊かな深い洞察を発見できますが、それこそ精神分析が個人との関連においてできるはずのことであり、すべきことなのです。

人々、とりわけ、分析者が今日まず学ばねばならないことは、本質と上っ面の区別を知ることです。現実に、今日その感覚はかなり弱体化しています。多くの人は言葉を現実だと受け止めます。それはすでに正気を失ったとんでもない混同です。しかし、多くの人は無意識では分かっているとはいえ、上っ面と本質との違いが見えていないと、私は思います。そのことをしばしば夢に見出すことができます。ある人が昼間に一人の男に会った。彼をとてもいい人だと思い、好感を抱いた。やがて、この男が殺人犯か泥棒である夢を見ます。その意味はただ、この男が不正直な人間であると意識下で気づいたということです。しかし、その男に会っている間、意識では気づいていませんでした。もちろん、何者かが殺人犯であるなどと想定しないことです。私は現実的な意味で殺人犯と言っているのではなく、その人の頭のなかでそうだと言っているのです。証明できていないかぎりは、何者かを破壊的であると想定することはできません。ことによると、その男が彼に何かを言って、彼はおだてられたのかもしれませんが、分かりません。夢のなかでは通常、我々は正直者です、それも昼間よりはるかに正直です。なぜなら、我々は夢のなかでは外部の出来事に影響されないからです。

患者を扱うこと

可能性への信頼

「セラピー的関係を始めるには、相互の信頼が想定されねばなりません。私が患者を信頼するかどうかについて患者から尋ねられたら、私はこう答えるでしょう。」――「私は今のところあなたを信頼します。しかし、私にはあなたを信頼する理由はありませんし、あなたも私を信頼する理由はありません。しばらくしてお近づきになってから、何が起きるか、互いに信頼できるかどうかを見ようではありませんか」――。私が、「もちろん、あなたを信頼します」と言ったとしたなら、私は嘘をついていることになります。その患者がよほど例外的な人物でないかぎり、どうして信頼できるでしょうか。ときに、私は人を五分ほど見てからその人を信頼します。ときに、私はある人物が信頼できないことが明確に分かります。それは残念なことです。というのも、信頼が分析の際の拠《よ》り所にならないからです。

分析を始めない理由はたくさんあります。自分がこの人物を信頼していないという印象があっても、その人物が変化する可能性があると依然として思える場合には、本当はあなたに信頼感が持てないけれど、それでも、何か処置できることがあると思うとその人に告げるかもしれません。あるいは、そうはいかないのなら、気分を損《そこ》ねないようにしながら、理由を何か見つけて、我々には協力し合う準備が十分整っていないのであなたは別のところに行くべきであると言うでしょう。

あの患者は分析のしようがないとか、よくなりようがないなどと、私は誰にも絶対に言わないでしょうし、またそのように言ったことはありません。それは誰も責任を負えない発言であると、私は深く確信しています。私は神ではないのですから、ある人が絶望的であるか否かを明確に分かる方法などありません。私自身の判断として、患者が絶望的であるということはありえます。しかし、その人に関する評決を下して他の人にも彼を助けられないと言い切るほど、自分の個人的な判断を信頼することがどうしてできるでしょう。だから、私はそのような言い方で、初回の面談や初回の作業を終えたことは決してありません。その人について分析作業ができる立場にないと感じたのであれば、その人を別の人に診てもらうよう努めてきました。私はこれを申し訳として行ったのではなく、その人が持っているどんなチャンスでもそれを与えることが私の責務であると確信するから行ったのです。私の判断はこのような致命的な決断の基礎にするには確かに不十分です。

依存性を減らすことに関するかぎり、いずれの症例においてもそれは投薬量の問題です。統合失調症に似た患者がいて、私が呼んだ分析者への極端な「共棲的愛着〔symbiotic attachment〕」があり、患者はその主人役の人物との間に、揺るぎのない壊すことのできないきずなを持てないなら、完全に混乱していると感じます。前統合失調症や統合失調症の患者の多くに、父や母の役割を有する人物との共棲的関係があることに気づくでしょう。そのときこそ、患者が自分自身の足で立つ必要性に向き合わねばならない瞬間です。精神病的な崩壊の危険があるにもかかわらずです。共棲的関係にある場合、私ならこんな言い方をするでしょう。あなたは青年期を過ぎているのにもかかわらず、個性化*の過程をまだ経ていないのだ、と。

フロイトに見る「人間への関心」

フロイトは、ある人の深層を調査し研究することによって、まさにその深層で進行している過程をその人が洞察することが、人格の変化や症状の治療につながるはずだと信じました。この着想がどれほど並外れたものであったかという事実に注意してほしいと思います。とりわけ、今の時代を考えると、またずっと前の当時でもそう言う人たちがいましたが、一人の人間にあれだけ多くの時間をかけるということは、当代の風潮にはないものです。それどころか万事が急いで行われなければならないため、精神分析への最も重大な異議申し立ては、それが依然としてあまりにも時間をかけるということにあります。

極めて確かなことながら、悪しき分析は可能なかぎり短時間であるべきですが、深く効果的な精神分析は、必要なかぎり長期に継続されるべきです。もちろん必要以上に分析を長引かせない方法を試みるべきですが、何百時間も一人の人間に関心を払うことに価値があるという着想それ自体が、私に言わせればフロイトの深い人間主義の表現なのです。精神分析が本質的にあまりに時間がかかることは、それに反対する理由になりません。それを社会問題として提起するとしたら、それはまったくの合理化です。つまり、一人の人間にそれほどの関心を払う価値などない、その人がそんなに重要な人物であるはずがないという考えを本当は合理化しているのです。さらに、社会的な観点から問題にすることによって、暮らし向きのよい者だけがこのような治療を受けるべきだという考えを合理化しています。

＊　「個性化（個体化）」とはC・G・ユングが生物学的個体化（個体発生）と対比して、心理学的個体化を指すために用いた言葉。そこから、集合的無意識の内容を統合しながら人格を完成させていく自己実現の過程も指すようになる。一方、精神分析では、M・マーラーが生後六カ月から三歳ごろを「分離・個体化」段階と呼び、母親との密着融合した関係から、自分が別の存在であるという意識に目覚める段階としている。

報酬とグループ・セラピーへの批判

患者は治療に対して金銭を支払わなければよくならないという考えは、金持ちは決して〈天国〉に行けないという『福音書』の言葉*の正反対みたいなものです。まったくナンセンスだと思います。真の問いは、「人がどんな努力をするか」にあるからです。大金持ちにとっては治療費の支払いなどまったくの無です。事実、それは常に魅力的な税金の控除対象です。それゆえに、支払うかどうかに何の興味も示さなかったら、それが唯一の判断基準です。払わねばならない、つまり払えば払うほどますます早くよくなるというのは、自分に大変都合のいい合理化です。なぜなら、より多くのものを犠牲から手にするのは払える人のほうだからです。金を払って手に入るものに値をつけ、金を払わなくてもよいものにほとんど値をつけないというのは、実に近代の考え方です。あなたが精神分析に多額な支払いをするなら、〔逆に〕分析の価値をずっと小さいものと評価しているのかもしれません。なぜなら、あなたは買うことに慣れているからです。それが事実です。人は、とりわけ金を持っているときはものの価値が分からなくなります。特に自分が買うものの価値を見損ないます。

「グループ心理療法について」私は極めて疑わしく思っていますが、はっきり言っておく必要があるのは、これまでに私はグループ・セラピーをしたことがないということです。それはおそらく正確には、私がそれをはなはだ嫌っているからです。正しくは、私は一人の人が十人の他人を前にして自分自身のことを親しげに話すという考えが嫌いです。私には我慢できません。私はまた、これは二十五ドルを払えない人のための精神分析であるけれど、十人集まれば五十ドル払えるのだからいいことだ、という考えに疑問を抱きます。

現実には、特に青年にとっては、グループ・セラピーがとても有益であるかもしれないことは想像できます。彼らがあまりひどい病状でなく同じような問題を抱えているならば、彼らが問題を共有していると見ることは助けになるかもしれませんし、何らかのよい教えやアドバイスがあれば、表面的な部分では、彼らの問題が軽減されるかもしれないと思います。それは大変好ましいことです。しかし、私にはそれがいかなる意味においても精神分析の代用になるとは思えません。精神分析は極めて個人化された非常にパーソナルな手法であるために、私にはグループ・セラピーの方法として役立つと思えないのです。私はこの点では個人主義者であり、旧弊な人間です。

＊「金持ちが神の国に入るよりも、らくだが針の穴を通る方がまだ易しい」（『新約聖書』マルコによる福音書第十章二十五節）、「この貧しいやもめは、賽銭箱に入れている人の中で、だれよりもたくさん入れた。皆は有り余る中から入れたが、この人は、乏しい中から自分の持っている物をすべて、生活費を全部入れたからである」（同第十二章四十三〜四節）を参照。

今日、我々が目にする雰囲気は、ありふれたおしゃべりのためにプライバシーをますます希薄にし、反人間的、反人間主義的態度をもたらしていると私は確信しています。それ以上を期待できないような極めて特別な症例を除いて、それは何らよいセラピーの助けになるとは思いません。患者との関係は不自然だといった発言は、私に影響を与えません。二人の人間の愛の関係も不自然です、彼らは人前では情交しません。彼らの最も親密な時間は、他の十人によって共有されるものではないからです。私はプライバシーがますます失われる時代に多くの合理化が存在していると考えます。

第八章　精神分析的過程の機能と方法

無意識のエネルギーを動員し選択肢を示すこと

人の潜在エネルギーを動員することは、実はあらゆる分析的作業の核心的論点です。私はこの一例を挙げることができます。四十代の男性が私のもとにやって来て、「ところで、私の具合がよくなる見込みはあるでしょうか」と言ったことを思い出します。彼はある神経症の症状を抱え、それを何とか切り抜けながら生活してきました。私は彼に、「見込みをお尋ねならば、率直に申し上げますが、よくなるという確信は持てません。あなたは四十年間、同じ問題を抱えて生きてこられたのであり、今後、正気でなくなったり、早死にしたりする理由はありません。したがって、あなたは同じように、もう三十年は生きられるでしょう。幸福ではないかもしれませんが、今までそれに耐えてこられたのですから、同じように残りの人生を生きられたらどうでしょうか。そんなに悪い人生でもなさそうです」と言いました。そして、「あなたが非常に強い意志の持ち主であり、本当に自分の人生を変えたいと望まれるなら、たぶん可能性はあります。この可能性に期待してあなたを分析してもかまいませんが、客観的にどのくらいの見込みがあると思うかといえば、あなたがうまく変われる可能性は、おそらくあまりありません」と告げました。患者を励ませることが何かあるとすれば、このようなことです。しかし、その結果、患者が落胆するようであれば、分析を始めないほうがいいかもしれません。というのは、こうした言葉を受け止めることができないなら、彼は基本的衝動、つまり、自分のエネルギーを結集する力を欠いているからです。

今話したことが、すべての症例に当てはまるわけではありません。たとえば、非常におびえていたり、心気症的であったり、びくびくしたり、不安がっているせいで、このような話をすると度を失って思考できなくなる人たちがいます。そうした症例では、違った方法で応答しなければなりません。私はこれについて一般的な意味で言っていますが、それは分析だけでなくいかなる生活においても、彼らの知性をはっきり見極めるのが重要であることを明確にするためです。なぜほとんどの人が人生に失敗するかと問われたら、私はその理由は、決定的な瞬間《とき》がいつ来るか決して分からないからだと考えます。今まさにこれをすればどうなるか分かっていればいいのに、と思うのです。たとえば、直接的か間接的かはともかく賄賂を受け取るとしましょう。もし今受け取れば、結局、敗残者に終わることになるでしょう。なぜなら、賄賂を受け取り続け、屈伏し、最後は不幸な敗残者の状態に陥るだろうからです。もしこういうことが分かっていれば、多くの人のなかで、健全に生きるという分別と緊急のエネルギーとが十分に働いて、「受け取らない」という決断をさせるのです。ところが、「これはほんの一歩にすぎない。さほど重要なものではない。結局、受け取るかもしれないが、私はまだ変わることができる」と言って、合理化することを選びます。それゆえ多くの人の人生において、「これが決断だ」と気づく瞬間、気づく状況に至る瞬間は決して訪れず、気づいたときには手遅れなのです。その結果、実際、過去を振り返ってみると、人生は最初から決められている、したがって、自由の機会などなかったと言うことができます。しかし、後ろを振り返ってそう言えるだけです。その時点で状況を見て、こちらを選択したらこういう結果になるだろうという事実に正面から向き合っていたなら、本当はまったく違う行動をとるチャンスがあったでしょう。その段階ではそれほど病んでおらず、心が壊れていなかったからです。

分析についていえば、被分析者に本当の選択肢を提示することが、分析者の重要な仕事であると思います。それも、極めてはっきりとお茶を濁さず、そして何を話すかについて注意深い言葉づかいが必要です。分析される相手に「抵抗」があり、物事をはっきり見ることを望まない場合、分析者があまり鮮明でない言葉づかいをすると、患者は何も聞きたくないゆえに何も聞こえないという現実を招きます。叫ばなければなりません、ときには本当に。文字通り叫ぶという意味ではありません。逃げることはできない、あまりにも挑戦的なことであるがゆえにそれに応答しなければならないという意思表示として叫びなさい、ということです。

自分自身のこの認識、偽りない自分の全状況に関する認識が、なぜ変化への可能性となるかの主たる理由は、それが我々の内にあるエネルギーの発動を可能にするからです。そのエネルギーがそこにないとか、すでに切れているのであれば、何もできることはありません。これらのエネルギーの存在は、分別を持って強く信じるべきです。特に分析者は確信を持たねばなりません。これ以上手の打ちようがなくなっている弱い人は大勢います。年齢の問題かもしれませんし、もはや希望がないと見なすほどすでにひどく打ちのめされているということかもしれません。こういう人が自分の人生との全面対決に積極的に応ずるだろうと、独断や主義に基づいて言うのは愚かなことでしょう。応じないかもしれませんが、自分がどこに行こうとしているのかを意識すること、自分の全存在のなかでの選択肢を意識することは、総じてその人の役に立つかもしれません。これは、分析者が有する最も重要な役目の一つです。

被分析者に自分の選択肢に気づくよう手助けすることは、被分析者を分析することの一部です。これは価値判断を表明することではありません。実のところ、他のどの分野でも言えることですが、影響している力はこれであり、こうすればこうなる、ああすればああなるとはっきり言うだけです。これらは、他にどのような方法もないと自らをうながす選択肢です。この事実に対し、たいていの人はありえない解決策が常にあると考えたり感じたりしています。自由な存在でいたいと望みながら両親と堅くつながっているままの状態を望んだり、自由な存在でいたいと望みながらも依存することを望む――これはうまくいきません。できない相談です。それは単なる虚構です。自立しかつ自由である人間を、同時に大量の広告と学習によって無力化できないのと同じです。両立はできません。なのに、たいていの人は妥協しようとします。これはいわば、抵抗の一つの形です。ありえない解決の奇跡、つまり奇跡に頼る考えが私にあるかぎり、現実的に不可能なことを望む以上、当然ながら何も実行できる見込みがありません。

昇華、充足、もしくは性的葛藤の超克

第一に、昇華という概念そのものがはなはだ疑問の余地がある概念です。私は昇華というものが本当にあるのかどうか大いに疑問に思っています。ところが、それは非常によく知られている概念であり、とても簡単に引き合いに出されます。昇華というと、化学反応を思い浮かべるでしょう。基本となる動因があって、それがすべて昇華されるというものです。

簡単な例を用いて私の疑問を説明したいと思います。一般的な精神分析の概念では、たとえ

ば外科医は自分のサディズムを昇華しているのだ、あるいは後の理論であれば死の本能を昇華しているのだという言い方をします。つまり、外科医には傷つけたい、いたぶりたいという強い衝動が本当はあるのだが、それを直接的に表出する代わりに、つまりフロイトが言ったようにリビドーの直接的表出とかけ離れたレベルで表出し、そこで衝動は隠されているというのです。私は迷うことなくこれは違うと考えます。外科医はまったく違う動機を持っています。もちろん、傷つけたいという願望に動機づけられた外科医もいるかもしれませんが、そのような外科医は、この世で最も腕の悪い外科医であると私は確信します。まったくあわれな外科医です。

その考えとは逆に、外科医は迅速《じんそく》な行動、迅速な治癒への願望によって、そして迅速な決断を下す才能や、手先の敏捷《びんしょう》さの技能的な資質によって動機づけられています。したがって、外科医は、極めて正常な人間的才能や欲求から発する衝動に沿って、あるいはそれらの基盤に立って行動しています。こうしたやり方でその才能は働くので、外科医という仕事において冷静かつ客観的であり、非常に理性的なのです。外科医が隠れサディストであるならば、まさにこうした資質を欠いていることでしょう。一種の隠れた快楽の持ち主で、手術をすべきでないときに手術し、切除すべきでないときに人体を切除し、自分が昇華させている衝動に駆り立てられてきた。つまり、衝動はそこにあるのです。この衝動は、突然何もないところから形成されたものではありません。そのうえ、サディズムを昇華させるかもしれないとしても、依然としてサディズム的な性格は残ると言わねばなりません。外科医が、精神分析家に比べてサディズム的であることが多いかどうかは、他の医療分野の医師や、あきれたことに教師と比べても議論の余地があります。

多くの教師はコントロールしたがるサディストであると言うならば、それは完全に真実ですが、彼らが昇華されているとは言えないと思います。彼らは教育現場の環境のもとで、適切な形式で彼らのサディズムを極めて直接的に表します。一部の教師は、殴っても処罰されない体制の中で、実際に子どもたちを殴っています。その体罰はまったく昇華されていません。他の教師はただ子どもの自尊心、感受性、尊厳を傷つけるだけです。棒で叩く代わりに言葉で傷つけています。どこに昇華があるのでしょうか。どこにもありません。誰もが自分の情念を、状況のなかで最も危険が少なく、かつまったく同じ機能を有する形で表現します。そういうわけで、私に言わせれば、この昇華という概念そのものが、現実に擁護し切れないものなのです。

多くの人は、本当はやめたいと思っているけれどそう思っているだけということを行っています。そのことを十全に体験すれば、そのことを十全に自覚し乗り越える助けとなるのですが、通常そのように作用しません。それが何であるか分かっている。新しいものなど何もない。これ以上深く体験することなどない。このような推論は基本的に「抵抗」だと私は思います。これは力ずくでも変えることはできません。

ここで再度、私が申し上げたいのは、分析と実践とが一体となって継続されるべきだということです。自分は今すぐそうした行動をやめると言う人もいるでしょう。私はそれが問題を解決する方法の一つであり、たぶんよい方法だと思います。一方、逆の方法があります。つまり、そうした行動をとればとるほど、ますます自分について学ぶことになるので、そのままにするというわけです。これは合理化であると思います。おそらく最善なのはそうした衝動との闘いを始めることですが、同時に、もし自分がそれを制限したら、もし量的に断念したら体験するであろうものを確かめることが大切です。態勢が整わずに教条的に断念への一歩を踏み出して三カ月後に頓挫《とんざ》するより、断念する行動のなかで自分が体験するものを見つめることです。言い換えれば、行動を変化させ、その変化において体験することを同時に分析することが、実行できる最適であると私なら考えます。これが私が答えられる解答ですが、重ねてこれは大変一般的な問いなので、どんな一般的な答えでも大いに不足があります。なぜなら、より具体的な方法でそれらの問題に対応することができないからです。したがって、基本的に誰にとっても具体的にあまねく真実であると言える答えはありません。それぞれの状況、それぞれの人間において、答えはいくらか違うものであり、誰もそれが正しいと確信できることもありえません。

断念と断念の分析が、行動化と行動の分析よりも有益であるのは、それが新しいという事実と関連があります。サディズム的体験のなかで私が体験するものは私が知っているものです。

当然ながら、サディズム的体験はその文脈そのものに至るまで分析するべきで、サディズムについて単に語るのでなく、あらゆる子細に分け入っていかなければなりません。自分は何を感じているか。それは何を意味するのか。それはほとんどのサディズム的傾向とどのような関連があるのか。これが十分にできたと仮定します。ところが、いったんこれがなされると、私が変わったら何が起きるかを見れば、新しい要因が明らかになります。私が違う行動をとると、何が起きるか、です。というのも、この行動が新しい体験をもたらすからです。私は、分析したにもかかわらず、そのようなやり方でそれを試したことは一度もないのです。

まず気づくかもしれないことは、これを実行する人が深い不安と不安定に襲われて、ある瞬間にこれをやめようと試みることです。これは格別に役立ちます。というのも、この挙動が不安に対する防御であることが見てとれるからです。そのとき、我々は進むことができ、この不安を分析できます。しかし、それをし続けるかぎり、この不安は出てこないかもしれません。事実、それは人が行う物事のあらゆる欲求不満に当てはまります。行動は、通常、明白な不安が表に出るのを阻止する機能があります。この不安は行動をやめないかぎり意識に上ってきません。といっても誤解されたくはありません。やめて「終わり」にしなければならないことが、問題ではありません。そうではなくて、それを断念する能力が、さらなる治療と救済のための一つの条件なのです。私はまた実力行使のことを言っているのでもまったくありません。これを一つの実験として言っているだけであって、一、二週間、そうした行動をやめてみたらどうなるかを見ようというわけです。二度と行ってはならないということとはまったく違う話です。そのような指示は脅《おど》しや恐喝であって、決してうまくはいきません。

総じて、症状の発現が妨げられるときにはじめて、症状が進展するもととなっている不安の大部分が顕在化し、表に出てきます。フロイトは「分析治療は、可能なかぎり欠乏下において、つまり禁欲状態において貫徹されるべきである」（S.Freud,1919a,S.E.,Vol.17p.162）と言っており、この点で彼は基本的に正しかったと私は考えます。おそらく彼はこれについて少し行き過ぎていました。しかし基本的には、分析して取り除きたいと思うまさにそのことを行動化してしまうと、分析上行えることには極めて大きな制約が実際に存在します。というのは、根底にある不安をつかむことができないからです。自分の症状にどのような防衛を構築してきたか、どのような抵抗がこの症状にあるか等々の問題を認識するに至らないのです。

私の意見では、倒錯はその人がそれに苦しんではじめて治療されるべきです。つまり、この倒錯が自分を大いに悩ませ、人生を分裂させ、自分の価値観に逆行する、自分の性格や他人との関係性に気づくことができると感じる場合に限って治療が施されるべきです。そうでなければ、私は治療する必要があるとは考えません。しかし、私はそれを深刻な問題であると強く考えます。というのは、いわゆる倒錯と性格要因との関係、これは重要なことですが、それが何であるのかは自問する必要があるからです。どの程度まで本当にそれが退行であるのか、固着であるのか、それともより豊かな関係性を築く途上の一段階であるのか、ということです。この関係性とは、〔男性にとっての〕女性や人々との関係性だけではありません。ある意味で同性愛者の問題と類似した問題です。私は、同性愛は病気であるとは考えません。しかしそうであっても、それは人の成長における一つの制約だと思いますが、サドマゾヒズム的倒錯ほどではありません。したがって、傲慢《ごうまん》にも同性愛者は真の愛がないとか自己愛的であるなどと、一体全体、誰が言っているのでしょうか。

抵抗の認識について

おそらく、分析において最も重要なのは、抵抗について認識することです。この抵抗の意味を最初に最も徹底的に認識した一人の分析家がいます。ヴィルヘルム・ライヒ*です。実際、そ

* ヴィルヘルム・ライヒ Wilhelm Reich（一八九七〜一九五七） オーストリア生まれ。当初、フロイト派の精神分析家で性格分析の理論と技法を発展させたが、精神分析とマルクス主義の統合を目指し、性の解放を唱え、精神分析から離反した。アメリカ亡命後、宇宙に充満するオーゴン・エネルギーを集めると称するオーゴン・ボックスを用いた療法を行い、米国FDA（食料医薬品局）により非医学的療法として禁止されたが、それを無視し、裁判における法定侮辱罪で連邦刑務所に入り、心臓発作で死去した。

れが分析に対する彼の主たる貢献です。彼の他の貢献については、私は極めて疑わしい、もしくは問題があると考えます。彼は同じくらい重要なもう一つの貢献をしました。それは、彼がゲオルグ・グロデック*以降、抑圧を克服するために身体をほぐすことの重要性を悟った唯一の人物だったことです。ライヒは自著『性格分析』(W.Reich,1933) で、このことを強調しました。

抵抗は分析においてだけでなく、成長し、生きようとするすべての人間の生において、最も油断のならない事柄の一つです。人間は極めて強い二つの傾向性を持つと思われます。一つは、前進することであり、出生の始まりに端を発すると言ってよく、子宮の中から出るように駆り立てられる衝動ですが、同時に、すべての新しきもの、異なるものへの大きな恐怖、いわば自由への恐怖、危険を冒すことへの恐怖を伴っています。それとほとんど同じくらい強い傾向が、ひるんで後退する、前進しない傾向です。このような、新しいことへの恐怖、慣れていないものについての恐怖、人がこれまで一度も経験したことがないがゆえに確かでないものへの恐怖――このすべての恐怖がさまざまな抵抗、さまざまな策略のなかに表出され、前進を阻み、あえて何かを行うことを妨げます。

抵抗は決して分析だけの問題ではありません。抵抗とか転移のように精神分析で論議される問題の大半は、実は、一般的な人間的問題としてずっと重要です。それらの問題は分析上の問題として相対的に狭くとらえられています。では、分析を受ける人々の数はどれほどでしょうか。しかし、一般の人間にとって抵抗と転移は、存在する最も強力な情動の力の一部なのです。

自分の抵抗を合理化するときほど、我々が油断のならないときはありません。あらゆる抵抗はまったくよくなる見込みがなく、いかなる改善も満足や喜びによってではなく大きな疑念を持って見つめなければなりません。なぜなら非常に多くの場合、改善は妥協を始めるだけに役立ち、「ご覧のとおり、私は以前のような病気ではなくなりました」と自己満足させ、同時に今やもう十分だということになり、前向きに進むことで問題を根本的に解決できるはずの決定的な一歩を踏み出すのを妨げてしまうのです。したがって、改善に向かっていることに懐疑的になることは極めて重要です。ニーチェが言ったように、「我々を殺さぬものが我々をより強くする」〔我々に死をもたらすものでない逆境は、我々に経験と洞察をもたらし強くさせる〕(F.Nietzsche,1889,nr.8)ならば、敗北は成功より好ましいのです。致命的である確かな敗北も存在するものの、総じて成功は人が陥る、一つの最も危険な事柄です。成功は通常、さらに進む抵抗として働きます。

言うまでもなく、抵抗には多くの別の形態があります。ある人は次から次へと見た夢で分析者をてんてこ舞いさせるという方法で抵抗を示すため、それからというもの何年間も分析者は

＊ ゲオルグ・グロデック Georg Groddeck（一八六六〜一九三四） ドイツの精神分析家。温泉、マッサージ、食餌療法などを取り入れ、心身医学を切り開いた。ニーチェに依拠して、ドイツ語の非人称代名詞「エスes」を用いて、無意識的な本能的欲動を表現した。このエス概念はフロイトも採用している。

夢に耳を傾けます。彼らはよく夢を見ますが、夢の分析など決してされません。というのは、その夢は非常に疎外されたもので、夢を分析しても、その人自身を分析したことにならないからです。

抵抗の別の形態は、取るに足りないおしゃべりです。フロイトの偉大な着想は、催眠の代わりに自由連想を用いたことにありました。人の額に手を当て、「私があなたの額に手を当てたときは、必ず心に浮かぶことをなんでも言ってください」と言えば、それはより効果のあるより簡潔な催眠暗示になると彼は考えたのです。そこには多くの真実がありますが、そのうちにこの言い方は撤回され、定型の指示は、「心に浮かんだものは何でも言ってください」になりました。そこで、尋ねられた人は人生のあらゆる些細《ささい》なことについて語ります。母親の言ったこと、父親の言ったこと、夫が言ったこと、彼らが口論したことを何度も何度も繰り返します。分析者は義務的に耳を傾けます。なぜなら、患者は頭に浮かんだものが何であるかを語っているからです。言うまでもなく、それは分析者が決して許してはいけない抵抗の一つの形です。なぜなら、あれやこれやのどうでもよい口論の細部や、無用の個人的なあらゆる出来事の反復に耳を傾けることはまったく的外れであり、時間を埋めているだけのことです。それらは本質的に抵抗です。

私はウィリアム・アランソン・ホワイト研究所でのセミナーを思い出します。そこである分析家がある患者について披露したので、私は一時間聞いてからこう言いました。「いいですか、これは皆さんが一時間もどうして我慢して聴けるのか私には分からないほどどうでもよい話です。それは彼女がボーイフレンドにかけた電話のやり取りに終始して、行ったり来たりしたあげくに、あたかも何か重大な事柄であるかのように、彼に電話すべきだったか、すべきでなかったかを心理学的に説明しています」。その分析家は、「そうは言っても、彼女はとても真剣でした。彼女にとっては本当に問題だったのです」と言いました。それから、彼はとても気前よく、「いいでしょう。私はそのときのテープを持っています」と言いました。彼は、そのテープをかけるための許可を患者に求めました。テープの再生が始まるや五分すると、セミナーの受講生全員と、分析家自身までもが笑い出しました。女性の声からは、あきれるほど不真面目な調子であることが完全に明白であったからです。内容のまったくない、意味も道理もない話でした。言い換えれば、自由連想が、自由なおしゃべりに変わってしまったのです。「自由なおしゃべり」は、心理的問題と考えられる以外に何の意味もないことについて話し出すやいなや、まったく無意味になります。すべてが心理的問題ではありません。そうなったら、私の考えでは、患者の話をさえぎってこう言うのが分析者の務めというものです。「さて、あなたが私に話しているることは、時間つぶしにすぎません。それには何の目的もありません。私はもう聞き飽きたので、聞くつもりはありません」と。なぜそうすべきなのでしょうか。一時間も退屈な話に耳を傾けるのは適切なこととは言えず、それに支払ってもらうわけにはいかないからです。このような話を聞く犠牲に払われる金額は、いくら大きくても十分ではありませんが、実際に、この類の話を聞く代償として金を受け取ったら、公正を欠くでしょう。

多くの場合、一種の紳士協定があって、患者と分析者の関係は高い機密性を有するものであり、両者は互いに相手の睡眠時間を奪わないことになっています。患者は話して、分析されて、回復し、自分自身を見出す満足を望んでいます。分析者はともかく生計を立てねばなりませんし、あまりに煩《わずら》わされることも望んではいません。すべてが滞《とどこお》りなく進められるべきです。すると、しばらくしてから、彼らはある状態というか段階を見出します。そこでは実際にいわゆる重大な問題について話されているのに、誰も本当に心を見出される人はいません。今、私はすべての分析についてそうだと言っているのではありません。フロイト派かどうかは何の違いももたらしません。父親への固着について百回も語って、この少年に興味があるのは彼が父親のような人物だからだと話そうが、母親から十分な愛を得ることができず、またそれゆえ多くの愛を与えてくれるこの少女に恋してしまうと話そうが、単なる表現上の違いにすぎません。それが無意味であることに変わりなく、抵抗を説明する主たる理由の一つとなっているのです。

転移、逆転移[*]、現実の関係

セラピーの過程に関係するもう一つの重要な問題は転移です。転移は、人間生活において最も意味のある問題に関わっています〔E.Fromm,1990a, pp.45-52 も参照〕。なぜ人々はモレク神[**]のいけにえに自分の子どもを捧げたのか、なぜ人々はムッソリーニやヒトラーのような偶像を崇拝してきたのか、なぜ人々はあるイデオロギーの偶像に人生を捧げてきたのか、と問われれば、これらはすべて転移という同じ現象なのです。フロイト派の精神分析の転移概念は、全体としてあまりにも意味が狭すぎます。フロイトがこれに込めた意味、また、ほとんどの分析家が今なおそれに込めている意味は、この言葉の文字通りの意味です。幼児期に重要であった人々、すなわち父親、母親にかつて向けていた感情を、分析者に移し替えるという意味です。これは

＊　精神分析における転移とは、被分析者がある対象に対して抱いている感情を、分析者に向けること。逆転移とは、分析者がそのもとの対象と同じような役割を演じさせられてしまうこと。フロイトは、転移こそ過去の決定的な出来事を分析の場面で反復するもの、その出来事を明らかにするきっかけであると考え、その分析を重視した。同時に、分析者側の逆転移を、分析者は常に自覚するよう注意をうながした。

＊＊フェニキア人が子どもを人身御供にして祭った神。旧約聖書で言及される。

かなりの程度まったくそのとおりです。

ハリー・スタック・サリヴァンは、一週間分析した人のことを転移の実例として用いました。一週間後、別れ際の挨拶をする際にこの分析相手は、「あら、先生、あごひげがないのですね」と言いました。サリヴァンは、小さな口ひげをたくわえていましたが、それ以外はきれいに剃っていました。一週間も彼女は、サリヴァンにあごひげがあると思い込んでいたのです。というのは、実にサリヴァンが彼女にとって父親そのものとなっていたため、父親にあごひげがあったとすれば、そのイメージの全体が文字通り転移されていたからです。彼女は視覚的・外観的にさえ彼のなかに父親を見ました。というのも、彼女の感情のなかでは、サリヴァンが父親であり、二人は同じ性質を備えていたからです。これが狭義の転移の概念です。すなわち、ある重要な人物に対する子どもの感情が、別の人に移し替えられることです。とはいえ、これはおそらく転移の本質ではありません。さらに重大なことは、極めて広い意味での転移です。

転移は、責任を引き受けてくれる人を持ちたいという人間の欲求を表現しています。その人物は、無条件の愛を与えてくれる母親であり、賞讃し罰し諭《さと》し教える父親です。たとえ父親や母親がいなかったにせよ、子どもであったことがなかったにせよ、彼ら自身が完全に人間らしい人間に、完全に自立した人間になっていないかぎりそうした人物を必要とします。そのような人々が人生の道案内人、保護者、神々、女神と見なす人物を必要としていることを理解したいなら、幼児期を考えるだけでは十分ではありません。人間の全体的状況を考慮する必要があります。そこでは、ひどく無力になったり、文化を通じて人生について間違った情報を手にすることによって相当混乱したり、ひどくおびえ不確実になるがゆえに、偶像として選べる人、「これぞ私の神」と言える人物を持つのが人間の一般的な願望となるのです。これは、私を愛し、導き、褒美《ほうび》を与えてくれる人です。なぜなら、自分一人では立っていられないからです。

転移は、その人自身の自由の消化不良の結果生じるものです。それゆえ、それは崇拝し信じる偶像を見出す必要に迫られた結果であって、この世界についての恐れと不確実性を克服するためのものです。ある意味で大人の人間も、子どもに劣らず無力です。完全に自立した、成熟した人間に育ったというなら、無力な人間にはなりえないはずですが、そうでなければ、子ども同然に無力です。なぜなら、そのような人は自分の影響力が及ばず理解できない世界、不確実性と恐れのなかに自分を置き去りにしている世界に、自分が囲まれていると見なすからです。それゆえに、子どもが父や母といった大人を、たとえば生物学的理由で求めるのに対して、大人の人間は社会的、歴史的な理由で同じものを求めるのです。

転移は、たとえば神経症の人や非現実的なものの見方をする人に関係のあることに見出す現象を、精神分析家、教師、妻、友人、有名人といった他の多くの人々にまで持ち込もうとするものです。精神分析における転移とは、他者に対する不合理な関連づけであって分析の手続きによって分析可能なものと、私なら定義します。一方、それ以外の状況の転移もちょうど同じで〔他者に対する不合理な関連づけであり〕、その人の合理性に依存するものですが、分析は公開するものではなく、手術台に載せるものでもなく、分析者の診察室で行われるものです。

権力に心を奪われ、権力を持つ人に保護してもらいたがる人がいるなら、その人が教授や政府高官、牧師や司祭やそのような他の人間に抱くのと同様の崇拝と過大評価を、その人の分析者に対しても抱くでしょう。これはいつも同じメカニズムです。分析の場においてのみ、このような特定の種類の不合理な関連づけがその人の必要に応じるものであることが分析されるのです。

転移は単なる反復ではありません。我々が取り扱っているのは、ある人間の欲求であり、この欲求を他者に満たしてもらいたいというようなものです。たとえば、私が弱く確信が持てず危険を恐れ決断を怖いと感じるなら、私が身を寄せることができる確信の持てる人、機敏な人、強い人を見つけたいと考えるかもしれません。当然、私はそれを生涯求めます。私が求めるのはそのような上司であり、学生の場合は教授でしょう。これが、私が分析者のなかに見出すことになるものです。他方、私が、他の人は誰も彼も愚か者であると考える極めてナルシシズム的な人間だとします。分析者が私を批判するなら、私はあの分析者は愚か者、私の教師は愚か者、私の上司は愚か者、他の誰も彼も愚か者であると考えるでしょう。これらは、すべて同じ転移現象です。ただし分析においてそれを転移と呼ぶのは、分析できるときです。

分析者と被分析者は、現実には二つの別々のレベルで出会います。一つは転移の、もう一つは逆転移のレベルにおいてです。逆転移に関しても先ほどと同様のことが当てはまります。分析者は患者に対してあらゆる類の不合理な態度をとります。患者を恐れ、患者に賞讃され愛されることを望みます。残念なことです。そのようであってはならないのです。彼はそのような愛を必要としない立場に自らの分析で到達せねばなりませんが、これが必ずしも現実になるとは限りません。

私は、分析者と患者の間に生じるものすべてが転移であると信じることは間違いであると思います。これは、関係性の一側面にすぎません。ところが、より根本的な側面があります。二人の人間がともに話し合うという現実です。電話とラジオの時代において、それはあまり重大な現実であると受け止められていませんが、私にとっては最も重大な現実の一つです。ある人が別の人に語りかける。彼らはどうでもよいことについて話すのではありません。非常に重要なこと、つまり、この人物の生について語るのです。

転移と逆転移をまったく抜きにすれば、セラピー的関係は二人の現実の人間が関与しているという事実、そして精神病者ではない患者が他者とは何かという感覚を持ち、分析者が患者とは何かという感覚を持っているという事実に特徴があります。それはすべてが転移というわけではありません。私は、精神分析的技法《テクニック》の一つの最も重要な事実は、分析者が常に、いわば二本の進路の上で、もがかなければならないことだと思います。すなわち、転移と分析の対象として自分自身を差し出さなければなりませんが、現実の人間としても自分自身を差し出し、応答しなければならないのです。

夢を扱う分析作業に関する所見

精神分析的セラピーにおける最も重要な手段に夢解釈があります。連想や言い間違いや他の何であれ、患者が口に出して言うことのなかで、夢ほど意味のある内容を明らかにしてくれるものはありません。フロイトが言うように、夢を見ること、夢を解釈することは本当に、無意識を理解するための「王道」であると私は確信します。フロイトとユングの両者の違いについての私の所見を問われれば、前者の意見にも後者の意見にも実のところ私は与《くみ》しません。

フロイトは、夢は過去のことを言っているのであって、つまりめったに現れない本能的欲望が夢のなかに現れており、それは過去に根ざしているものだと指摘しました。しかし、それだけでなく、夢に表出された内容そのものは実際のところ必ずゆがめられており、夢の本当の意味、すなわちフロイトが潜在的夢と呼んだものは、顕在的な夢の表出内容そのものからつかみ取らねばならないものであると想定しました。他方、ユングは、夢は隠しだてのないメッセージであり、ゆがめられてはいないと言いました。私は、それは真実でないと考えます。ユングが解釈した多くの夢については、彼が解釈を誤ったと思います。夢はそれほど隠しだてのないメッセージではないからです。

私は『夢の精神分析――忘れられた言語』* (1951a) のなかでまず第一に、二種類の象徴について一つの区別をしました。すなわち、偶発的象徴と普遍的象徴です。たとえば、ある町について、ある家について、ある特定の時間についての夢を見たとするなら、偶発的象徴として扱い、患者の自由連想によってのみ、私はそれが何を意味するか実際に知ることができます。そうでなければ、私にはそれが理解できないでしょう。たとえば、次の夢を例に挙げます。

夢　**ある人が夢を見る。最初、彼は大きな閉じた建物の中にいて、それから女の子といっしょにいる。が、人々が自分に気づくのを恐れる。次に、彼は海辺でその女の子といっしょにいるのに気づく。海岸を歩いているが、夜である。夢の三つ目の場面では、彼は一人ぼっちである。彼の右手には廃墟、左手は断崖が広がる。**

＊　夢を表象言語と見なし、それを精神分析的な視点から解析したフロムの代表作の一つ。

ここでは、必ずしも連想を必要としません。なぜなら、この夢は普遍的な象徴を取り上げているからです。我々がこの夢に見出すものは、深層における退行です。意識のレベルでは、彼は女の子とともにいます。この患者は結婚しています。大きな建物の中にいる、それは母親の象徴です。しかし、彼は依然として女の子といっしょにいながらおびえています。依然として女の子といますが、夜になります。結局は、彼は一人きりです。体に損傷を負った母親がいるだけです。つまり切り立った断崖と廃墟のことです。この夢でここで分かることは、この患者の中心問題が簡潔に表現されていることです。理解する必要も、連想を用いる必要もありません（私はどの患者にも連想をしてもらいます。なぜなら、ときにはこの事例で、連想が役立つからです。さらに多くの夢で本質的なことが抑圧されていることを私は見出します）。

夢は隠しだてのないメッセージであるばかりでなく、多くの夢には重要な何かが抑圧されていることを考慮すると、ユングはまさに格好の実例を挙げました。死後に出版された自伝（C.G.Jung,1963）において、ユングは自分が見たある夢について報告しています。

彼はジークフリートを殺さねばならないと感じた。そこで、出かけて行って殺す。彼は大変な罪悪感を感じ、自分の仕業が看破《かんぱ》されることを恐れる。願ってもないことに、この犯行の痕《こん》跡《せき》をすべて洗い流す豪雨が到来する。彼は、「私はこの夢が何を意味するのかを見つけねばならない。さもなければ、私は自殺しなければならない」という思いで目を醒《さ》ます。彼は夢について考え、ジークフリートを殺すことは、自分自身のなかのヒーローを殺すことであり、その夢は彼自身の謙虚さの象徴であることを見出す。

この夢は実のところ歪曲されています。なぜなら、ジグムント（フロイト）という名がジークフリートに変わっているからです。そこにあったのは、すべて歪曲でした。ユングがこの夢のなかで、フロイトがいつも語っていたユングの望み、つまり、フロイト殺しを正確に実行していたことを見ないようにするには、それで十分でした。彼はこれほど単純なことの意味に、気づいてさえいませんでした。すなわち、彼がその夢を正しく理解できなかったら、自殺しなければならないという感情の意味です。言うまでもなく、それが本当に意味することは、ユングがその夢を、正確に言えば、フロイトを殺すという彼の願望を誤解しなければ、彼は自殺しなければならないということです。そこで彼は、その夢が本当に意味するものと逆の理解を見出したのです。

これで、どのようにして歪曲と完全な抑圧が生じ、やがて、夢解釈の合理化が生じるかがお分かりでしょう。これはそんなにまれなことではありません。だからこそ、顕在的テクストが、フロイトが潜在的内容と呼んだものと常に同じものであるというユング派の見解は、まったく正しくありません。

多くの点で、私が普遍的象徴と呼ぶものは、ユングの元型*です。ユングについて理論的に語るのは少しばかり困難です。なぜなら、彼はとても見事な表現をするものの、漠然とした言い方が非常に多いからです。また、その概念によってユングが正確には何を言わんとしているのかを確かめることもまた困難です。しかし、それにもかかわらずこの元型という概念は極めて有益です。少なくとも、それが指す内容に関しては。人間主義的立場からは、次のように強調することもできるかもしれません。すなわち、人は極めて基本的な実存の条件においては常に同じである。つまり、意識を持つことと、動物として決定づけられていることと、それでもなお自己意識を持つこととの間で切り裂かれている。それゆえに、人間は人生が提示する問いに対して、わずかな解答、ほんのわずかな解決策だけを持っているのです。これらの答えは、母親の子宮への退行となる可能性もありますし、安全を求めて父親に服従するという答えかもしれません。また、偉大な宗教や人文哲学の答えであった答えになりえます。すなわち、自分の人間としての力のすべて、とりわけ理性と愛を発達させることによって、世界との新たな調和を見出すという答えです。言い換えれば、人が人生の問いに差し出すことのできる答えの数には限界があります。それらのなかで彼は選択しなければなりませんし、これらの答えを表す象徴の数もまた限られています。これらの象徴は普遍的なものです。なぜなら、ただ人間という一つの存在があるだけだからです。

人が選べる選択肢はわずかです。たとえば、ヒーローという象徴の概念は、個性化の危険をあえて冒す人間を象徴します。すなわち、旧約聖書が言うように、アブラハムはヒーローです。なぜなら、彼は、「あなたは生まれ故郷、父の家を離れて、わたしが示す地に行きなさい」［創世記第十二章一節］と神に告げられるからです。ヒーローの象徴は常に、自立することでその全実存をあえて危険にさらし、その意味で大胆不敵であり、確実性を捨て不確実性の危険を選ぶ人間です。それは、実際に人間の持つ宿命の一部です。また、人間の持つさまざまな可能性の一つです。別の可能性は、まさに個性化の危険をあえて冒さずに、母親、家庭、血、土地に固着し、個性化の域に決して達することなく、自立した人間にも決してならない生き方です。

患者に対し夢の意味をいつ、どのように告げるかという問題は状況によります。患者が別の面接時間に夢について語っても、私はおそらくあまり触れないでしょう。夢解釈をしても、彼はそれを理解しないであろうと思うからです。しかし、（たとえ精神病に近い場合でなかったとしても）感受性が非常に豊かで詩を好み、夢の解釈を理解する人たちもいます。なぜなら、このよ

＊ ユングの元型とは、民族や文化を超えた人類共通の精神的構造として仮説的に想定された心的イメージの型。それ自体は意識されないが、世界各地の夢や幻覚や物語や儀礼において、類似したモチーフとして現れる。

うな人は、言葉や具体的な出来事にはあまり縛られないからです。とはいえ、面接の二時間目でさえ、大きな家や廃墟の夢を見た患者に、「あなたは人生から切り離されていることを恐れ、生命のない、死んで朽ち果てたものに囚われていることを恐れているように見受けられる」と告げるかもしれません。それが、まさに患者の姿だからです。

夢をどのように利用するかは、その時点で何を患者が理解できていると私が思っているかによります。夢解釈を理解できていないかもしれない一部の患者の場合を除けば、私はさほど慎重ではありません。セミナーの多くの受講者は症例の説明をする際に、患者にこれこれのように言ったらどうかと私が提案すると、「そうですか。しかし、患者は受け止められないのではないでしょうか」と言うでしょう。私はたいていまずこう答えます。「それを受け止めることができない人とは、他でもないあなたです。なぜなら、あなたは患者に何かを言うと、それに患者が怒ったり騒いだりして反発するかもしれないと言って、危険な目に遭《あ》うことを恐れているからです。自分が正しいという確信がないからです。正しいかどうかは必ずしも問題ではありませんが、あなたは自分自身の解釈に十分な確信を持っていないのです」。夢の意味を本当に感じ取るには、豊富な経験と感受性、そして「感情移入」と呼ばれるものを必要とします。

第九章　クリスチアーネ
――セラピー的方法と夢理解についての所見を含む一症例

最初の三回の面談と第一の夢

報告者　これは、私が一年半前にセラピーを始めた女性の症例です。私が試みているのは、最初の三、四回の面会についてメモをとることです。夢の後追いをしてあまり多くのメモをふだんはとりません。私は夢の記録はつけています。報告できるのは、最初の数回の面会と一部の家族環境、一部の夢についてです。

クリスチアーネは、二十八歳の女性です。魅力的で着こなしがよく、とても落ち着きがあり、洗練されていて、ちょっと改まった感じの人物です。がっしりしたあごの顔だちですが、目には力が感じられません。来院した彼女は、その前の週に結婚五周年を迎えたとき、とても憂うつな気分だったと言いました。彼女は二十三歳で結婚しました。その同じ週に、彼女は以前の恋人から連絡をもらいました。彼の名をウーヴェと呼んでおきましょう。電話での会話はかなり長時間に及び、今も互いに愛し合っていることを告白し合ったそうです。このくだりで彼女はすぐに、両親はウーヴェのことを決して認めようとしないと言いました。彼は芸術、とりわけ詩に関心があったのです。父親はむしろ有名大学を卒業した今の夫を賞讃していました。

彼女は、自分の結婚はとても不幸であると語り、この不幸が先週、新しい役割を演じました。彼女はこの思いを、定期検診のためにその週に受診したかかりつけの産婦人科医に話しました。そして、今回の診察中に、今まで一度もオルガスムスを経験したことがないことも話したのです。医師は彼女としばらく会話してから、私の名前を紹介しました。彼女は私に電話をしてきました。以前に一度も精神分析を受けることを考えたことはありませんでしたが、よい考えかもしれないと感じました。

クリスチアーネは、彼女に言わせれば「よい暮らし」をしています。つまり、とても立派な集合住宅に住み、夫婦には十分な収入があり、友人がおり、とりたてて指摘されるほどの不足はありません。にもかかわらず、とても不幸せであり、結婚生活に何の未来も見えないと感じています。夫は三十歳ですが、彼女が不幸せであることが分かっていません。夫婦の関係は良好だと思っています。彼は妻に生活上の細々した用件の処理を任せています。住居に何か問題が生じた場合、共働きで彼女も日中不在であるにもかかわらず、管理人に連絡をとるなどその他もろもろは彼女の役割です。一方、夫の主たる関心は仕事に集中しています。彼女は管理職の夫のことを、堅苦しい体制追従型の人間であると表現し、仕事でも家庭でもそんなふうだと感じています。

悲しいことに、彼女が言うには夫婦はあまりセックスをしていません。たぶん、月に二、三回ですが、それは味気ないものです。夫は勃起に問題があり、セックスをしてもたいてい一分もしないうちにオルガスムスに達してしまいます。彼女は離婚すべきであるかどうかを思案していますが、その考えが彼女をおびえさせています。両親を非常に狼狽《ろうばい》させることになると分かっているからです。

クリスチアーネは、大会社の人事関係の仕事をしていて、年に一万五千ドル相当の収入を得ています。あとで分かったのですが、年収に近い金額の信託財産からの収入もあります。彼女はまず文学を学び、卒業後、別の大学で経済学の修士号を得ました。これには若干の子細があります。移った先の大学に、その分野の友人が何人かいました。最初、彼女は文学を研究する大学院に出願しましたが、願書をあわてて書いて雑な内容だったので、不合格になっても驚きませんでした。それから、彼女は経済学の大学院に再出願し、入学が認められました。研究について話しているとき、彼女は物静かで、不安げで、むしろ子どもじみた少女のようです。十八、九の娘のような話しぶりです。彼女は、明らかに居心地が悪いようなのですが、どう言っていいか分からず、ただ何もかもが自分を不幸にしていると言います。尋ねてみると、彼女は娘といると幸せだと言いました。日中、子守の女性に世話してもらっている一歳の娘がいるのです。そのとき以外は、多くの友人がいるにもかかわらず、わくわくするようなことは何もせず、生活全体のなかで特に喜びを感じたことは一度もないと言っています。「私はまるで拘束服で感情を抑えつけられているように感じている。私はいつも型通りの人間だった」と彼女は話しています。

フロム　一つお尋ねしたいことがあります。離婚を思いとどまっている理由として、彼女はまず家族を狼狽させるからであると言いました。では、子どもの問題については触れなかったのですか。離婚すれば、子どもの年齢から考えて、おそらく彼女がその子を扶養することになるでしょう。そうではありませんか。

報告者　そのとおりです。クリスチアーネがそれをまったく問題であると感じていないのは、仕事と信託基金からの収入が十分にあるからです。

彼女は、「私は十七歳でウーヴェに会うまでは、いつも型通りの人間だった」と言っていました。同じ文脈で、彼女は「私は一度彼と一晩をすごして家に帰らないことがあった。家族は激怒した。私のはじめての反抗だった。しかし、それ以来、私は常に親の言うとおりにしてきた」と言いました。ウーヴェは結婚してデュッセルドルフに住んでおり、そして電話をデュッセルドルフからかけてきました。二人は何とか散発的ながら連絡をとり合ってきました。彼女は十八歳の頃から二十歳まで、ウーヴェと時折、性交渉を持ちました。彼といっしょにいて楽しかったのですが、その関係からは何も生まれませんでした。

フロム　彼との関係では、彼女は不感症ではなかったのですか。

報告者　当時でさえ、オルガスムスに達したことはありませんでした。えー、以前に数日間、第一回の面接に入る前ですが、クリスチアーネは実際に一時間、一時間半かそのぐらいウーヴェと電話で話しています。彼女は、彼が近くに住んでいたら、自分たちは間違いなく関係を持つだろうと言いました。それから、やぶれかぶれになって、この面接の前夜に夫に対して、ウーヴェがデュッセルドルフから長距離電話をかけてきたと、それだけを言ったそうです。夫は肩をすぼめ、何のコメントもしませんでした。

クリスチアーネは、この結婚はどこかが間違っていると言いました。それなのに申し分のない縁組みであると思われていると言いました。「父は母と同様、とても好ましい結婚であると感じたのです。両親は私が大切な決断をするときに私を常に指導しました」。彼女の話では、父親は大企業の社長であり、大組織を率いています。面接中のこの時点で、彼女は思い出して、「そうよ、私、夢を見たんだわ。今朝来る前、面接の直前に」と言いました。

第一の夢　**私は結婚式場にいて花嫁の付添役を務めねばならないが、他の人が着ているような結婚式用のガウンではなく、あつらえた服を着ている。だから、私は自分の務めを果たすことができない。**

クリスチアーネは、場違いな感じが嫌だという以外、その夢が何を意味するのか思いつかなかった、と言いました。

問題を切り離す語法――「持つ」ということ

フロム　我々は、この女性の最初の三回の面会について話を聞きました。二十八歳の女性がいて、彼女は不幸である――うつとは身体に使う言葉であり、不幸とは人間に使う言葉です。この時点では何がどうなっているかと確実に言えるものはありません。愛していない男と結婚し、その男が愛してくれず、二十八歳まで両親の囚人でいることは誰にとっても実際に不幸なことでしょう。つまり、自分が望むことをまったく行ったことがなく、両親の望むことを行ってきたら、どうして彼女が不幸せでないわけがあるでしょうか。しかし、彼女はなぜ不幸せで〝ある〔is〕〟かが分かりません。彼女は、自分は不幸せな結婚を〝持っている〔have〕〟と考えています。

こういう言い方をしてみたいと思います。つまり、大方の人の当世風の言い方です。彼らは不幸な結婚を持っている――その上、彼らは幸せな結婚を持っていると言う人もいるでしょう。もし誰かが、「私は幸せな結婚生活を持っている」と言うならば、その結婚はあまり幸せそうではないことがお分かりでしょう。なぜなら、人は不幸な結婚も幸福な結婚も持つことはできないからです。夫または妻とともにいて、幸せであるか、不幸せであるかのいずれかです。ところが、結婚は資産の一部、一つの制度になっています。私はそれを持っているのです。今日大方の人は、「私は問題を持っている」と言いますが、彼らが問題を持っているのではありません。たぶん、問題が人を持っている〔とりこにしている〕のでしょう。

もし「私は問題を持っている」と言ったら、それは何を意味するでしょうか。これは人の精神状態を資産関係に置き換えた、真意を隠した表現にすぎません。同じように、「私は夫を持っている」「私は子どもを持っている」「私は車を持っている」「私はよい結婚生活を持っている」、さらに、「私は眠れない」と言わずに「私は不眠症を持っている」と言います。すべては持つという言葉につながる名詞になっており、本当に言いたいことを示す「私は眠れない」「私は不幸せである」「私は愛している」「私は愛していない」といった動詞表現は使われません。私が着目した名詞を用いて話すこの特殊な言い方、動詞を使わない言い方は、すでに十八世紀に取り上げられています。チョムスキー*博士が、デュマルセ**という文筆家を引き合いに出して、私の注意をこのことに向けてくれたのですが、デュマルセは世人《せじん》がどれほど間違って何かを持っているという表現で感情や存在の状態を表現しているかを克明《こくめい》に書いています。

　言うまでもなく、あなたが、「私は不幸な結婚を持っている」とか「私は幸せな結婚を持っている」と言うとすれば、あなたが実際にやっていることは、何かを体験することから自分自身を守っているということです。そうすれば、これはあなたが持っている数ある資産になるからです。後にマルクスがこれについて語ったことがあります。人々が愛することについてではなく、愛について話すときのことです。愛は名詞となり、「私には愛がある」「私はあなたに愛を与える」「子どもたちは十分な愛を得ていなかった」――あるいはよく言うように「たくさんの愛」と言います。半ポンドのチーズを思い出させる言い方ですが、たくさんの愛とは何でしょうか。私は愛しているか、愛していないかのいずれかです。私の愛はより激しいものかもしれないし、もっと激しく、あるいはもっと冷静に愛するかもしれません。でも、「たくさんの愛」とか「子どもは十分な愛を得ていなかった」という概念自体は、「子どもが十分なミルクを得ていなかった」、もしくは、「十分な食べ物を得ていなかった」と言っていることと変わりがありません。持っているとつながる名詞を用いるこのような言い方は、全体として体験することから自分を守る一つの方法になっています。

私はこのことを、クリスチアーネが不幸せな結婚を持っているとか、彼女の結婚は問題を持っているという報告への補足説明としてのみ、ここで挙げます。結婚とは何でしょうか。二人の人間がいっしょに暮らし、法的に結婚していること――それは儀式です。ところがここでは、結婚は一つの物となっています。だから、幸せか、不幸せか、よいものか、悪いものかになり、結婚という体験そのものは、人格的なものですが、消え去ってしまうのです。

私は個人的に確信していますが、分析においては、分析される人にその言語〔言葉づかい〕を指摘し、この言語がどのような機能を持つかを指摘することが極めて重要です。これは、持っているという言葉と名詞との接続についてだけでなく、その他のとても多くの側面について当てはまります。私は今、言語分析のことを、イギリスの哲学の諸学派が使う意味で言っているのではありません。ただ、人が実際に何を言っているのか、なぜ人はこのように表現するのか

＊　チョムスキー　Avram Noam Chomsky（一九二八〜）　アメリカの言語学者。構造言語学に対して生成文法理論を提唱。認知科学にも影響を与えた。ヴェトナム戦争やイラク戦争に反対した論客としても知られる。

＊＊デュマルセ César Chesneau Du Marsais（一六七六〜一七五六）　フランスの文法学者、啓蒙主義の哲学者。『百科全書』では文法の部を執筆。著作『比喩概論』（一七三〇）などで、比喩に関する言語学的、哲学的考察を行った。

を示そうとしているのです。それはしばしば夢と同様に、他の人の内で起きていることに対する重大な手がかりなのです。それが大変多くの場合啓発的であるのは、ある人が何かを表現するやり方のうちに現れる無意識の動機の一部であることが、簡単に説明できるからです。

例を示しましょう。誰かが「これは私にはできそうもないように見える」と言うのに気づくことがよくあります。「これは私にはできそうもないように見える」とは何を意味するのか。誰に対してそのように見えるのか。なぜそのように見えるのか。人が「それは私にはできそうもないように見える」と言うときの本当の意味は、その人が自分の責任を無視しているということです。もし「私はそれを行うことができないと確信する」「私はそれを行うことはできないと感じている」と言ったとしたら、より現実に近いことを言っています。しかし、そう言いたがらないのは、その言い方ではあまりにあからさまであるからです。人はこれをまさに人格を持たない次元で「ように見える」と言い表します。それは、「私がそれを行うことができないと神は考えておられる」「トランプ占いによれば」「運勢の星によれば」「歴史法則によれば、それを行うことができない、とこの本のある箇所に書かれている」と言うようなものです。「ように見える」という言い方は、さほど深い無意識的なものを表しているのではないかもしれません。それが通常、どちらかというと修辞的表現法になっているのは、社会的性格に関係があるからです。誰もがこの同じ修辞的表現法を用いるのは、今日の文化全体のなかで、我々は在るという体験から物事を押しのけることに慣れているからです。

クリスチアーネは、これに気づいていません。彼女は、不幸な結婚をしている事実に気づいているだけで、自分が必然的に不幸であることに気づいていないのです。たとえば、一、二時間してから彼女に「そうですね、私はあなたが不幸せであることに驚きません。誰だってそうでしょう」と言ってみるのもいいかもしれません。私はハリウッドの作家が私のところにやって来たときのことを思い出します。彼はかなり才能のある作家でしたが、創作力のセンスが落ちていると私にこぼしました。これ以上創作することはできないと感じていました。ハリウッドでの経歴を語った彼に、私はこう話しました。「あなたがやっているこのような暮らしをしながら、創造的感覚を持てる人はいませんよ。創造的でありたいのなら、正直な人間にならねばなりません。今のような雰囲気のなかで暮らし続けるなら、何年も前に、あなたがまだ毒されていなかったときにはできた何かを、才能を使って行うことは決してできないでしょう」と。

問題を神秘化し、定型的に解釈するフロイト派

次のことを自分の目で確かめ、人々に示すのが重要です。すなわち、誰かが不幸せで、あれやこれやの問題があるとき、これはそんなに神秘的なものなどではないということ、さほど変わった病気ではないということです。むしろ、特定の症状を創り出すような外的状況と結びつ

いた内的状況の完全に論理的な帰結であることが極めて多いのです。それはちょうど、特定の食物の場合と同様で、特定の不健康な食事が、特定の身体上の症状を引き起こすというのと同じです。それには何の謎めいたものもありません。もちろん、可能なかぎりこれらのプロセスのすべてを明らかにすることも重要です。それは、これらの経緯が専門家を必ず要するようなよく知られていないことであるという思い込みを払拭《ふっしょく》することも意味しています。

精神分析が科学として発見されるずっと以前から、人々は何百年も暮らし続け、自分たちの問題に精神分析と同じように、あるいはそれ以上に上手に対処してきました。確かに精神分析は、適切に適用されれば、他の方法ではあまり簡単ではないかもしれないプロセスを手早く処理し、強化するうえで、人々を実際に助けるうえで大いに役立ちます。特に過去の数世紀であれば、人々はまださほど道に迷っておらず、生活の行動に関する知識、価値や目的や目標に関する良識を有し、それゆえに、特定の治療法、特定の見解、特定の方向づけが、自分の文化のなかで与えられていました。今日の我々にはそのようなものは何もありません。それゆえに、あたかも人は一人きりではどこにも到達できないように思えます。

私は、クリスチアーネが常にわずかな妥協によって、彼女自身をどのように思いとどまらせてきたかについて話しました。それが最も明らかなのは、彼女が大学院の文学部へ出願したのにそこに行かずに経済学の大学院へ行くことにしたのは、それは両親が最良と考えたことだったからです。ついで、私たちは彼女の父親に対する関係を見ましたが、そこには深い愛着があります。もちろん、ここでちょっと、フロイト派の人だったらクリスチアーネをどのように診断するか、と問うてみてもよいでしょう。

フロイト派の所見からすれば、その答えは明らかにこうなります。「これは、娘の父親への典型的な愛着である。それは性的な起源があり、できることは、幼児期の体験や、性的願望、空想などを分析することである。そうすれば、抑圧されていた近親相姦的願望が前面に出てくるであろう。それらの願望が前面に出てくるのであれば、この愛着はおのずから解消される。それが意識に上ったからである。このいわゆる患者は、父親以外の男性にわだかまりなく彼女のリビドーを振り向けられ、固着は解消されるであろう」。まあ、これは一つの見解です。

私の所見では、少年であれば誰もがすでに幼児期に何らかの性的な感情、女性への愛着が存在するのはごく正常なことで、逆のことが少女についても同様に言えると思います。人は中性の存在としては生まれていません。このことは、同時期の思春期のみならず、相対的に年少時においても真実であることをフロイトは見出しました。この近親相姦的な希求の対象になるのは、単に父親や母親にとどまりません。フロイトが自分の取り扱った「少年ハンス」や他の症例で報告しているように、少年は自分と同じ歳の少女にも母親に対するのと同様の興味を持つのです。どんな女性も少年の興味の対象となり、逆に少女も同じく男性に興味を持ちます。言うまでもなく、父親は強い印象を与える人物ですが、必ずしも性愛的、性的な意味でそうなのではありません。

それとは別に、一般的に、性的にひきつけ合ったり、夢中になったりする状態は、周知の移ろいやすい感情と言わねばならないでしょう。つまり、大人の生活を見れば分かることです。純粋に性的な理由で二人が互いにひかれ合う、つまり、セックスそれ自体がきずなであって、他は何もひかれ合うものがないと想定するのであれば、どのくらい長くきずなを維持できるかの推測は多様ですが、控えめに見て約六カ月といったところでしょう。少し長くなるか、ずっと短くなるかもしれません。相手に対する深い永続的なきずなという観点から見れば、セックスは別問題です。セックスは長続きしない最も頼りにならないきずなです。正確さを期すために、一つの例外を設けたいと思います。それは極めて特異な性的倒錯という例外です。たとえば、二人が仮に極端なサディズムと極端なマゾヒズムであることを互いに気づき、彼らの倒錯が互いに完全に適合して、同じような特異な趣味を持つ別の人を見出すことがほとんどできないならば、彼ら自身のなかのそのような性的きずなはしばしば長期に続きます。とはいえ、これは基準になりません。したがって、父親や母親への年少期の性的関心は十五歳になるまで続くはずであるという考え方自体が、本質的に性的きずなの効力に関するあらゆる証《あかし》にむしろ反しています。

強烈な影響力を発揮するものは情動のきずなです。母親は避難所、保護、賞讃を与えてくれる存在で、言ってみれば大地であり、自然です。我々が所属する場所、家庭を持つ場所であり、見捨てることは決してなく、無条件に愛してくれる存在です。父親は少女にとって尊敬する男性です。母親とは別の役割を持ち、親切で、さまざまなことを教えてくれます。

私に言わせれば、幼児期の性的関心に関する我々の知識は、このことの理解に大いに役立つと期待されるものではありません。とはいえ、性的関心を探究すべきでないと言うつもりはありません。なぜなら、抑圧されている何か特別なものが見つかる可能性が常にあるからです。たとえば、父親が少女を誘惑しようとしたかもしれませんし、母親も自分のやり方で少年を誘惑したかもしれません。これらの誘惑は、格別に珍しいことではありません。それらは現実には社会階層によって違いがあります。たとえば田舎の農民が、ある程度大きくなった自分の娘と寝るという事例は、比較的多いものです。通常、もっと高い階層ではこのようなことはなく、男性は、性的目的のために買われる女性の内に、言ってみれば少女のイメージを見出します。また、性的要素をまったく、もしくはさほど表に出さずに自分に情緒的に縛りつけるために、娘を誘惑する十分かつ巧妙な方法を見つけます。

私は幼児期の性的愛着の問題を無視するべきだと言っているのではなく、それを当然のものとして期待するべきではないと言っているのです。どのような性的トラウマが存在するか、あるいは、セックスに関してどのような特殊な問題が幼児期から現れるかを見つけるかどうかが大きな問題です。やがて、我々は本当に秘密を知ることになるでしょう。その秘密は極めて単純です。他の誰もがそうであるように、クリスチアーネは愛情を必要とし、保護を必要とし、教えてくれる人、指示する人、導く人、ほめてくれる人、温かい感情を向けてくれる人が必要です。とりわけ、彼女の母のように、母親が冷淡でナルシシズム的であるとき、父親がその代わりに求められる人間となります。この家族のなかでは、彼女が個人的なきずなや、何らかの人格的な関心を寄せられているという意識を得られる人は、父親をおいては他にいません。

この父親はあまりにも社会的なことに目が行きすぎ卑近《ひきん》なことに思いが至らないため、多くは与えることができませんが、それでもいくらかは与えるものを持っているようです。そのため、クリスチアーネは母親を恐れ、正しいことをしなかったなら父親が愛してくれなくなると恐れながら成長しています。この少女は、絶え間ない脅しのもとに生きているのです。彼女が有する唯一のもの、つまり、この父親の愛は、彼女が行儀よく振る舞わなければ消えてしまいます。しかし、彼女はこれまでとてもおびえ、怖がり、おどおどして、自分の人生を何とかできるとはとても考えられず、冒険心もほとんど持たなかったため、依然として自ら進んで身を屈《かが》め、自分を主張せず、自分の人生を生きずに、愛せる人を見つけようとします。以前に彼女と恋愛関係にあったウーヴェは（心理療法が始まった当時）、おそらく彼女と恋愛関係にあると思われます。とはいえ、この議論の時点では、実際この恋がどれほど真剣なものか分かりません。でも、彼女の夫と比べると、ウーヴェは愛すべき人物です。このような人間の位置関係に限って言えば、意外なところは何もありません。お分かりと思いますが、最初の三時間の面接では、彼女は分析の手順にあまりよくついて来られませんでした。彼女は防衛的であり、夫から離れるというこの小さな一歩を踏み出したところですが、それは自分がもう何も必要としていないことを自分自身に証明するためです。そして、そこにウーヴェが現れたのです。

「最大の解釈」より「最適の解釈」――夢の中心的メッセージのみを解釈する

最初の夢で、クリスチアーネは結婚式であつらえた服を着ていました。それは、本当は結婚すべきではなかった、結婚式を挙げるべきではなかったという夢でした。夢のなかの彼女の役割が花嫁の付添であるという事実は、私は次のように理解しているので、それほど重要視しません。つまり、いずれの夢にも、筋書きのなかであるかのような場面があります。いずれの夢も短い芝居であって、夢を見る人がこの芝居の監督であり、俳優であり、原作者であるということです。夢は、夢を見る人によって脚色された芝居としてのみ理解されるものです。他のどんな夢でも見られたはずですが、それぞれの芝居には独自の論理があります。ひとたび筋書きを考えついたなら、筋書きそれ自体の論理が生まれます。夢の詳細のすべてを議論する必要はないし、とりたてて有益でもないのは極めてよくあることですが、それはそうした詳細が筋書きの一部だからです。もしクリスチアーネが花嫁の付添役という状況によって、自分の結婚式を偽装することを選んだのなら、まあそれは結婚式の正体を隠す一つの方法であって、社会生活上の形式を踏まえたものです。我々は夢のなかで検閲《けんえつ》が働いていることを忘れてはなりません。夢のなかでさえ、彼女はほとんど自由になっていません。だから、彼女はそれを検閲し、不都合と考える部分を取り除きます。

事実、一般論を言えば、いずれの夢にも「最大の解釈」と「最適の解釈」があると私は考えます。その意味は、夢は最大限に解釈することができる――すなわち、どんな話の断片、どんな些細なことも取り上げて、それが何を意味するのか知ろうと望むわけです。私はむしろ最適の解釈を強く支持します。つまり夢のなかの最も重要なメッセージを解釈することです。かつては前者のほうを採り、他にも数多くの細かな部分があると言っていました。しかし、これらの細かな点をすべて同時に追求すると、その夢の中心的メッセージのインパクトが何であるかをしばしば見失います。なぜなら、夢はいわば夢を見ている人から自分自身へのメッセージであり、ときには分析者へのメッセージ、ときには夢の内容を伝える他者へのメッセージとなるものだからです。だから、夢の一部が選ばれた筋書きに適合しているかぎり、私はあまり多くの解釈をしないようにしています。解釈の詰め込みすぎになるからです。

自由連想は必要か――フロイトの知性偏重

通常、私は分析相手に夢についてどのように考えているかを尋ねます。それから、その夢についてどのような連想を抱くかを問う場合もあります。ときには連想が重要であるからですが、不要な場合もかなり多いです。夢の約半分は連想なしでも理解できると言えましょう。なぜなら、それらの夢は、象徴言語で書かれていて、その意味は完全に明らかだからです。フロイトの夢解釈は、連想にだけ信頼を寄せます。一片の夢は連想するからこそはじめて重要な意味を持ち、それから、現実の一片、顕在的な一片は、連想に、別の連想にと次々と置き換えられ、一片の顕在的な夢に、連想の山ができ、そして、たいていの場合、夢の意味は完全に失われます。

実際、フロイトの夢解釈には大きな工夫がこらされていますが、私に言わせれば、フロイトの解釈に従って夢の読み解きが終わっても、以前以上に患者について分かることはほとんどありません。あなたは何百もの連想に関して見事なひらめきを聞いているわけですが、患者についていて、その無意識の感情について、何が患者を突き動かしているのかについて、何が分かったのか自問するのがよいでしょう。何も得られていません。しかしフロイトは、夢の深層に隠れているものを見出し、意味あるものとして夢を理解する方法を実際に開拓しました。それにもかかわらず、彼の夢解釈の手法には極めて誤解させるものがあったと思います。それはフロイトの一つの特性によるもので、つまり彼には芸術や詩へのセンスがなかったのと同じく、象徴主義の意味を理解する真のセンスがありませんでした。彼にあったのは、知的に概念把握することしかできないようなものに対するセンスだけでした。イギリスのグローヴァー*だったと思いますが、こんなことを言っています。「患者を診るだけでなく、その連想を見なければ、精神分析家でない人以上にその患者について知ることはない」と。

他者から声やしぐさや顔や身体的態度によって伝わる印象、それだけでなくその人が自分を表現する微妙なニュアンスによって伝わるいかなる直接的な印象も、すべて失われます。実のところ、患者の人生に対してフロイトほど無神経ではない人なら、背後に座って患者を見ないような方法を考え出すことはなかったでしょう。他人を理解する最も重要な情報源を拒んでいることになるわけですから。当然ながら、相手の顔を見なければ、人を知るうえでなくてはならない要素の多くを逃すことになります。

セラピーの二カ月目と第二の夢

報告者 三週間後、クリスチアーネは結婚生活に終止符を打ち、夫と別居することを決意しました。それから数週間を経て、夫は非常に苦労してこの事態を受け入れました。しかし、別れる決断を下し、家を出る決意をするや、彼はまず同じ建物内に部屋を見つけようとしました。彼女は能動的に抗議しました。そこで、彼はそれほど遠くない場所のホテルに引っ越しました。他でもないその頃、彼女はほとんど分析治療のたびに泣き出しました。彼女は一種何事もなかったかのようなかすかな微笑を浮かべてやって来たのですが、こらえ切れずたちまち泣き出しました。そのような時期に、彼女は昼となく夜となく、少なくとも日に一、二回私に電話をかけてきました。彼女は、別れることは無条件に怖いことだが、「そうすることが急務です」と言いました。彼女は一人になることを文句なしに怖がっていました。我々は話し合いました。奇妙なことに、これまでの人生のなかで一度も彼女は本当に一人になったことはなかったのです。彼女は九年生〔中学三年〕までは家族といっしょでした。それからは、しっかり管理された私立校と、スケジュールの厳しい大学と大学院の環境の中で暮らしてから、結婚しました。彼女は一度も一人で暮らしたことがなかったのです。このとき、はじめて彼女は思い切って自立の道を踏み出すことになりました。

* グローヴァー Edward Glover（一八八八〜一九七二） イギリスの精神分析家。著作に『フロイトかユングか』（せりか書房）など。

この時期、分析治療の二カ月目では、クリスチアーネは主に家族のことを話しました。彼女の家族のなかでは、集団行動をとることを絶対的に要求され、怒りを露わにすることを許される者は一人としていませんでした。悲しみを表明することも認められませんでした。家族はたとえどのような思いを感じたにせよ、常に愛想のよい顔を見せねばなりませんでした。十歳から十四歳頃までの数年間、ピアノの稽古《けいこ》のときでさえ、母親は練習のために彼女を毎日部屋に閉じ込めたものです。部屋に入って鍵がかけられるのも、単に練習の手順の一部でした。この患者はそれに疑問を抱いたことはありませんでした。またこの間に、母親に対してこれまでに何らかの怒りを経験したことがあったという意識もありませんでした。彼女はこれを当然のことであると受け止めていました。また、彼女がこの話をしたとき、何の怒りも感じていませんでした。「あなたはこのことをとても落ち着き払って話されますね」と私が言ったとき、「そうですか。そのようなことがあっただけのことです」と彼女は答えました。

父親はクリスチアーネには神として君臨する存在でしたが、情があって母親より人の気持ちが理解できる人でした。母親は彼女と一度も人格的な関わりを持ったことがありませんでした。しかし、父親は土曜の午後にしばしば、娘に子ども向けの物語を読んでやりました。何の物語であったか私は思い出せませんが、彼女が五、六、七、八歳の頃、父親は在宅時は土曜日の午後に一時間とって、物語を彼女とその友だちに読み聞かせるのが常でした。話を聞く女の子たちは四人、五人、六人にもなり、彼は確かな喜びをもってこれに取り組んでいたようです。

セラピーが三月目に入った頃、恋人のウーヴェがクリスチアーネを訪ねてきました。夫が家を出ている間に、彼はデュッセルドルフからフランクフルトにやって来ました。ウーヴェとクリスチアーネはベッドを共にしました。彼らは数回このような機会を持ちました。それは極めて刺激的かつ興奮させるものでした。彼女は依然としてオルガスムスを感じませんでしたが、彼女は誰かといっしょにいることでとても幸せでした。彼女は一人になることをひどく怖がっていたからです。ウーヴェは彼女に、自分は妻に依然として責任があるし、どうしたら自分たちが結婚できるか分からない、と言いました。これは彼が彼女とベッドを共にした後に話したことです。その性交渉は彼女の不安度を弱めました。彼女はときどきパニック寸前の状態でおびえ切っていたからです。この間に、何度か臨時の分析治療を行い、数多くの電話のやり取りがありました。また、この時期に彼女は非常に動揺し、事態が一向によくならないと頻繁《ひんぱん》に絶望感を訴えました。彼女は夫と別れましたが、実際には何も事態は変わりませんでした。彼女は依然として非常に孤独を感じ、本質的にはまったくこれまでと何も変わらないと感じていました。私は、一人でいて見捨てられるという彼女の恐れについて話しました。そして、あたかも両親に完全に依存する子どものままであるかのように、見捨てられると感じるようなタイプの恐怖について彼女と話し合いました。

幼児性との直面——率直な指摘の必要性

フロム　私はここで他意はないものの、言葉尻をとらえて些細なことを論じますが、ただ、その「あたかも……」という言い方は、お分かりと思いますが正確ではありません。というのも、クリスチアーネはまさに、いまだに両親に依存する子どもであるからです。三歳の子どもであるのです。彼女はまさにそのような存在なのです。彼女が二十八歳という生物学的年齢の持ち主であるということは、過激な言い方をすれば「一分で」三歳児から二十九歳の人間に変身できる可能性があるという事実は、また別の話です。しかし、この論点では彼女は子どもです。これは確かに重要なことで、というのも私が誰かに「あなたはあたかも子どものように行動している」と言っているうちは、「そのような子どもっぽいことをしてはいけない」と言う。これは友好的な検閲者も同然です。しかし私が、「あなたは三歳の子どもである」と言ったとしたら、これはずっと衝撃的な発言です。なぜなら、それは真実にずっと近いものであり、ふつうの紋切り型の表現ではないからです。「あなたはあたかも子どものようである」が型通りの言い方です。ところが、この「あたかも」という言い方は、真実を半分しか語っていません。彼女はまさに子どもである——それは彼女が目を醒まさねばならない衝撃的な事実です。したがって、「あたかも」という表現で事実をたいしたことではないように言う傾向は、あなたの言明の重要性を低下させるものです。

言うまでもなく、それは総じて分析相手への話し方と関係しています。話し方について一般的に語りたかったのは、それがとても複雑な問題だからです。当然ながら、二十歳の人に向かって「あなたは三歳児である」と言うことは、ずっと大胆な行為と言えるかもしれません。そのように言うことが、とてつもない侮辱《ぶじょく》に聞こえるからです。しかし、実際にはこの患者はまさにそのとおりであると分かっていて、それは完全にどう言われるか次第です。非難めいた言い方もでき、さんざんなものになるかもしれません。しかし、ひとたび患者が、セラピストは批判しようとしているのでなく力になろうとしていると認識すると、同じ言い方でもその衝撃的な性質ゆえに極めて有益なものになるかもしれません。なぜなら、相手は長い間そのことが分かっていたとはいえ、しっかり自覚してはいなかったからです。分析者もそれを理解し当然のことと受け止めていることで、彼女はとても安心しています。一方で彼女は自分の最も恐ろしい秘密の一つとして、自分は今もなお子どもであるというこの気持ちを抱えています。彼女はそういう言葉では表現しませんが。

自分を三歳児であると感じている一方で、それと同時に、生き抜くために両親に依存していない現時点に至るまで、三歳のときの経験を引きずっていることをこの患者に伝えるだけが、我々の目的ではありません。これは非常によく説明する根拠でありますが、それだけでなく可能なかぎりこの人が感じている現実に近づくこと、つまり、より深層レベルでの恐れの感情にもっと近づいて話をする必要があります。恐れの深層レベルにおいては、「あたかも」といったものは存在しません。「不確実なこと」を加えることは、すでに理論的根拠の範疇《はんちゅう》なのです。クリスチアーネは、自分が三歳児であると感じていて、恐れを抱いているということを知っていながら、それをあえて意識しようとしていないのです。

報告者　この時点で、クリスチアーネはもう一つの夢を見ました。彼女はこの夢を分解して持ち込んできました。

第二の夢　私の結婚式の数日前のことだった。数名の親しい女友だちが泊まりに来た。私たちは近くのプールに泳ぎに出かけることにしたが、気がかりなひとときだった。何名かの女友だちがプールに行きたがり、他の娘たちは家の周辺にいたがった。私は水着を着たが、どのような水着を着たかは分からなかった。一人の女友だちが、私の水着が昔風の水着であり、また年数も経っていると評した。それは、黄色でほぼ全身を覆うものだった。母親が着るような水着だった。洋服ダンスからビキニの水着を探したが、見つけることができなかった。皆が急いでいたので、私はビキニの水着なしで出かけなければならず、古い水着をつけた。プールは大き

く誰もが満足していた。私は近づく結婚式のことを考えると、舞い上がるほどの気分だった。突然、その夢は（私を育ててくれた）昔の家政婦であるマルタの病床に置き換わった。彼女はひどく患っていて死にそうだった。悪い病気で、内臓がすべて見えていた。とても動転する出来事だったが、母は気に留めていないようであり、この事態すべてを事務的な調子で受け止めていた。母がマルタに関心がないことを実感して、私は大変に動揺した。

この夢に対する私の反応は、彼女の母親への認識に関係がありました。彼女は、母親が他の人間やクリスチアーネに関心があるというのは口先だけのことであり、本当はそうした類のことに興味はなく、自分自身のことに心を奪われていると考えていました。これは、当たらずとも遠からずといったところと思われます。またもや、クリスチアーネ自身はこの夢について何の連想も思いつきませんでした。

母の人間への無関心――娘の不自由

フロム　その感想は、夢の前半の部分に注意が向けられていません。前半では、クリスチアーネは何よりも彼女が自分の母親になってしまった、もしくは、母親と同じになることを強《し》いられていると感じていると言ってもよいでしょう。ここに逆説が見られます。彼女は結婚しようとしていますが、それは自己の権利によって自分自身の人生がある女性になることを意味します。一方、この衣服に象徴された夢は彼女に、母親のようにならねばならない、あるいは母親にならねばならない、母親に従わねばならない、縛られているということを告げています。いわば、彼女は母親の制服を着るように強いられています。この時期に彼女は結婚しており、これは申し分のない上手な描写です。彼女は母親が彼女に着るように押しつける男性と結婚します。彼女が真に自分に言い聞かせている、もしくは真に表現していることは、「私は私としてではなく、私の母親として結婚した。私がこの男性と結婚したのは、母親が私を彼と結婚させたからだ」ということです。彼女は自由な女性として結婚したのではなかったのです。自由な選択や、自身の感情に基づく結婚でもありませんでした。彼女はこのことを母親についての批判的な考えと対比させています。つまり、母親がどのような人間にもまったく無関心であるという考えです。夢のこれら二つの部分において、二つの異なった象徴体系のレベルで、彼女が言っているのは、「自分が望まないのにこの男と結婚しなければならなかったのは、母が私自身を含め他のいかなる人間存在にもいささかの関心も払わない人だったからだ。だから私は彼と結婚したのだ」ということです。この思いが、これら二つの夢の部分に表現されています。

　私はここで分析の手続きに関して、一つの重要な問題を指摘したいと思います。今その時点では二つの違った言い方ができます。分析者は、「それがあなたの感じていることです。あなたは、母親がこうである、こうである、あるいはこうであると感じている」と言うことができます。もしくは、「それがあなたの感じていることであり、あなたはまったく正しい。そのとおりです」と言うこともできます。これら二つには大きな違いがあります。なぜなら、この女性は自分が感じていることが正しいとか、自分にはそうする権利があるとはあえて考えないからです。母親についてそのように感じるのは不敬行為であり、何か恐ろしいことであると見るからです。彼女はそれを現実ではなく夢のなかでだけ思い切って表現します。さて、分析者が、「あなたは間違っている。これはこういうことだ。あなたの母親はほとんど怪物である」と言うとしたら、それは実際まったくの新体験となります。なぜなら、はじめて彼女が思い切って自分自身の印象、自分自身の考えが正しいと考えることになるからです。それは、彼女が人生で一度も、自分自身を含めて誰にも言わなかったことです。

夢のリアリティ――意識の虚構性

もう一つの問題は、夢には二つの部分が存在しますが、「これら二つの夢の部分は、分析においてて必ずいっしょにされるべきものなのだろうか」ということです。方法論的な理由からは、必ずしもそうである根拠はないだろうと思います。これらすべての解釈は、夢の解釈者の経験に依存し、夢の明晰《めいせき》性に依存します。私の経験から言うと、一晩に見る二つの部分からなる夢のほとんどが一つの単位を形成し、互いに解釈し合うことが多々あるという大きな利点がありますｏ一方の夢は他方の夢をふくらませるものです。実際、夢を話すように求められなければ小説や詩など三つの文すら書けなかった人が、睡眠中なら象徴的な言語によって、実にみごとに正確に美しく、芸術的に考えをまとめることができるのです。それは驚くべきことです。我々の多くは、夢のなかでそれを行っています。クリスチアーネはここで、見事に調和する二部形式の劇を選んでいます。彼女は一幕を使うだけで、それは偽装の経緯の役にも立っています。夢を見る者の立場からすれば、これが主要な利点です。つまり、二つの異なる出来事を別々の象徴体系を使って夢に見ることによって、存在すべきでないこと、意識にのぼるべきではないことを、自分自身に対してより巧妙に隠しているのです。

この夢はまた、空想現象の古典的表現でもあり、私は驚きを禁じえません。私は何年も、どのくらいになるかも分からないほど夢の分析に関与してきましたが、人はどうして意識して気づくことなくすべてを知ることができるのでしょうか。どうして我々は睡眠中に物事を偽装しながら知るということができるのでしょうか。クリスチアーネの夢は、彼女がこれをすべて知っていることを明らかに示しています。それなのに人生を目覚めるうえで彼女は、夢を強く否認しており、夢の知識はまったく使えません。だからこそ、夢は目覚めているときの考えよりもはるかに現実的なのです。我々が目覚めているときの考えは、ほとんどが嘘と作り話です。

はっきりさせるために少々より強い言い方をするなら、我々の意識する大半の考えはまともで真実であるというより、嘘と作り話であると言うほうが的を射ていると思います。

第二の夢の第二部で、クリスチアーネは彼女の母親の役割と彼女を育ててくれたマルタの役割とを対比しています。私は、これら二つがクリスチアーネの対照的要素だとは考えません。彼女は自分の母親を脚色しています。彼女が言っているのは、この母親には感情のひとかけらもないということです。また、その証拠に、どうやらクリスチアーネが本当に愛していて、向こうも彼女を大事にしてくれる女性を挙げ、母親はその一人の女性に関して存命中は無条件に冷淡であると言っているのです。この夢は、私が（マルタ同様の）病気になったら、母親はたいして世話をしてくれないだろうと暗示していると言ってもよいかもしれません。

内臓が表に出てくるという病気の描写が、自分の感情を吐露《とろ》する象徴であると考えるのは、夢の第二の部分の解釈のしすぎでしょう。この事例で夢が示しているのは、自分の感情を露わにするのは命とりとなる思慮を欠く行為であると母親が信じていたということなのでしょうが、私見ながら、これは一種の解釈のしすぎです。理論的にはありえますが、真に体験の問題であるような経験的要因が現れてきます。多くの夢の解釈が可能ですが、それにもかかわらず、ここではこの意味になりそうだというある種の感覚は、実践のなかで最も培《つちか》われるものです。私は、これは一つの概念構成であると感じます。なぜなら、これはとても証明しがたいものですが、ここで強調されているのは苦しみであり、病気のつらさであるからです。それが現実にここで表現されていることです。内臓の滲出《しんしゅつ》が、同時に彼女の感情の披瀝《ひれき》と関連しているはずであるのは、この年配の婦人について言えば、あまり現実的には感じられません。とはいえ、論理的にはそれは完全に可能な解釈です。

総じて夢解釈における大きな問題は、どこか素材に強くこだわることにあります。夢は、人間の感情表現を描くうえで極めて豊かな素材を提供してくれます。ですから、私はどちらかと言えば、理論的な概念構成なしですぐに分かる部分に強くこだわり、概念構成ができるものは忘れるようにします。なぜなら、どちらにも何も付け足さないからです。我々はクリスチアーネがそれを恐れていることをすでに承知しています。

翌月と第三の夢

報告者　この時期に、多くの微妙な変化が起きました。第一に、クリスチアーネは家族のこと以外の自分の人生について話し始めました。彼女が職場の環境に悩んでいたのは、彼女の配置状況を統括していた極めて権威主義的な上司のために働いていたからであり、彼女はしばしばその状況に身動きがとれないと感じていました。このことについていくつかの議論を重ねて、彼女はより高い地位の上司に話を持ちかければ配置転換や昇進を相談できるだろうと結論を下しました。彼女は自分の給与は低く、もっと面白い仕事をする能力があるとも感じました。かなり不安でしたが、彼女は交渉する機会を持つことができ、極めて短時間のうちに別部門に栄転できました。クリスチアーネは今は人事部を離れ、四十人から五十人の部下を担当する上級管理職につきました。このとき、彼女は非常に喜んで、家族に電話をし、母親に報告しました。母親は当然ながら、別の業務につくことが妥当かどうか疑問を呈しましたが、父親は、「上出来だ。お前は間接部門から現場の直接部門に異動するわけだが、ビジネスの訓練のうえでとてもよいことだ」と言いました。父親のお墨付きを得て、彼女はこの栄転を受け容れ、新しい職務につくことをとても喜びました。彼女は実にその仕事を楽しみました。同時に彼女は、ウーヴェとの束の間の関係を断念しました。どうなるというあてもなくなぜ夢中になってしまったのかと感じたからです。もちろん、大きな不安に陥るだろうことは承知していました。これも我々がまさに議論してきたことでした。しかし、彼女はウーヴェから去るやいなや、あるいは数週間後に、父親の会社の重役であったペーターと付き合うようになりました。

このような時期でしたが、ペーターと付き合う前、彼女は以前より精神分析の言い回しを使って考えるようになり、さまざまな状況について議論することに大変興味を持ち、自分なりの洞察や解釈をし始め、やる気が起き出しました。

ペーターはハンブルクからデュッセルドルフにたびたび飛行機で来ては、クリスチアーネと連絡をとっていました。ウーヴェとの訣別《けつべつ》後ですが、以前から彼は彼女を夕食に誘っていて、結局彼女は求めに応じました。彼女は承諾することが少し心配でした。自分がとても傷つきやすく、また、やけになって、交際相手を欲していることが分かっていました。彼女は一人になることへの大きな不安を確かに感じていたのでペーターと連絡をとっていました。数週の間、彼女は毎晩次から次へと友人宅に出かけるのに多忙でした。それも彼女を退屈にさせました。やがて彼女はギターを習い始めました。

その後、クリスチアーネはペーターと情事を持ち、およそ、週に一度彼に会うようになりました。一月経つか経たないかのうちに、彼女とペーターは互いに深い恋に落ちました。二人は自分たちが恋愛しているのだ、と思いました。ペーターは、既婚者であり三人の子持ちです。彼女の父親の会社の四人の副社長のうちの一人でした。ペーターは、彼女の父親がこの巨大組織体の会長職を譲ったときに、副社長の一人が跡を継ぐことを知っていました。およそ二カ月後、彼らは極めて親密な仲になりました。ペーターは、週に数回フランクフルトまで足を延ばし、二人の関係がついには熱く、激しく、情熱的なものとなったので、彼女は家族がこの事情を知るべきであると感じました。どっちみち分かってしまうだろうからです。

クリスチアーネはペーターに、家族はこのことを知っておくべきかどうかを尋ねました。

ペーターはそのとき彼女に夢中だったので、「両親にすべてを話すべきだとは思わないが、互いに会っていることは話すべきだろう」と言いました。彼女は、二人が気軽に会っていて、どちらかというと互いに好意を持っていると家族に話しました。両親は非常に動転しました。そして、「考えてもみなさい。ここで何かが起きたなら、お前はとんでもない過ちを犯すことになる。彼は既婚者で家族持ちだ。彼には将来がある。彼は明らかにお前の相手ではない」と言いました。

この会話の後、彼女は次の夢を見ました。

第三の夢　私は海辺にいた。あたりには人がいなかった。静寂で、陽がさんさんと降り注ぐ場所にいることは幸せだった。緊張感はなく、完全に現実から離れている感じがした。それから、突然、ある権威ある人物が（彼女はその人が男であったか、女であったか分からなかった）、その同じ日の午後に私が行事を催さねばならないと告げた。どのような行事なのかは分からなかったが、海辺を離れて行かねばならなかった。私はなぜ出て行くことに同意したのか分からない。私は友だちに会った。子ども時代の二人の女友だちだ。彼女らは、「心配しないで。できるわよ。私たちもそこに行くの。大丈夫よ」と言った。彼女たちはあまり真剣に受け止めていないと思った。それから、私たちは故郷の教会の教区の信徒会館にいた。私は信徒会館の舞台を眺めていた。次の場面に変わった。私は自宅の裏庭にいた。あたりにたくさんのトラックとサーカス小屋が一つあった。たくさんの楽器が並べられていた。私が主催することになっているのは、高校で行ったような劇だと思った。ところが、私は主催者ではなく、演じる立場になっていた。それなのに何を演じるのかは分からなかった。私はとても不安だった。誰かが「あなたはここで踊るのよ、この赤いメリーゴーラウンドの上でね」と言った。藤紫色の象のついた、あたり一面に赤い座席のついた赤いメリーゴーラウンドがあった。とても広かった。はじめは踊れてうれしかった。しかし、窮屈な感じはなかった。

報告者　私はここで彼女にこう言いました。この場面であなたは自由の感覚、つまり自分自身で何かを行うという感覚を持っているにもかかわらず、両親の影響力を引きずり、親の言いつけを実行し、それに従って生きることをやむをえないと感じている、と。彼女は自分を貫く生き方ができる自由を感じていません。

クリスチアーネは依然として非常におびえていました。彼女はペーターとの関係を続けることに完全におびえ切っていました。彼女はこれがすべての終わりになると感じていたからです。ペーターが昇進できなかったら彼女のせいでしょうし、彼はクビになるかもしれません。彼女はきっと両親の手ひどい怒りを買うことになるでしょう。両親が怒ると、とりつく島がないと彼女は言いました。というのも、彼女がただ悪いというだけでなく、親を失望させたと言い出すからです。彼女は、「私は常に母親の人生がうまくいくように生きなければならない」と言っています。彼女が幸せそうにして見せるといつも、母親は不幸せそうに見えました。彼女がより実社会に関わることになったり、その恐れがあるような何かを行うときは、決まって母親は非常に狼狽し、「ごらんなさい、あなたがしていることときたら」というような不快な表情を浮かべたものです。

人間への無関心、判断力の欠如

フロム　私はもう少しこの話全体の意味について論じたいと思います。ここで何が起きているのでしょうか。何よりもまず、次のようないくつかの疑問が浮かびます。ペーターは何を考えているのか。結局、彼は離婚してクリスチアーネと結婚し、それによって社長になるという秘めた計画でもあるのでしょうか。そう考えても、さほど強引なこじつけではありません。むしろ一か八かのゲームです。なぜなら、そのような成りゆきのなかで彼はお払い箱になるかもしれないからです。しかし、そうでなければ、なぜペーターは自分の職を失う危険を冒すのでしょうか。二人が頻繁に会っていることを彼女が両親に告げても、なぜ世間知らずにも、何も気づかれないと考えるのでしょうか。一つおかしなことがあります。つまり、両親が世間知らずであることです。あまりにも気遣いをしないため、あまりにも世間知らずです。娘が突然やって来てペーターに頻繁に会っていると言えば、正常な知性を半分でも持っている者なら誰でも、明らかに彼らは情事を始めている、そうでなければ、なぜやって来てこのことを告げるのか、と言うでしょう。彼女が頻繁に彼に会っているというのは、真実を隠す作り話です。しかし両親はそれを極めてまじめに受け止め、そのまま突き進んだら何が起こるかと言って、彼女をただおどかしているだけなのです。

私はここで一つのことを指摘したいと思います。それは、非常によくあることですが、世間知らずであるとか、奇妙なまでの無知などと呼ばれるものは、単にほとんど人への気遣いがないことの結果だということです。この人たちにとって、娘の全人生は、そして彼女が何をするか、彼女がどのような関係を持っているのかは、本当は重要なことではないので、それが実際は何を意味するのかしっかりと見つめようとせず、馬鹿げた作り話に満足し、それをそのまま放っているのです。こうした親は、極めて容易に騙《だま》されます。彼らに二十年間娘がいたことに、何の意味もありませんでした。この二十年、明らかに彼女は本当に自分が家庭にいると感じられる体験が十分にできませんでした。そのことは、少なくとも家庭にいるということに関して、「私には分からない」という深い感覚を彼女に与えました。こうした親たちは、子どもが何か突然予期しないことを行うと非常に驚きます。なぜなら、子どもは親のために生きていて、親を失望させることを望まないものだと心底思っているため、子どもが生き生きして、極端なことであれ何であれ、馬鹿げたことであっても、自分のしたいことをする可能性があるとは考えないからです。したがって、この人たちは何も気づきません。同じことはしばしば結婚についても言えます。私は三十年も結婚生活をしていながら、相手の男性がイライラさせられていたことにまったく気づかなかった婦人を思い出します。

世間知らずとか、判断力の欠如とか呼ばれるものの実例を見るとき、常にとても重要なのは、そうした判断力の欠如について語るのではなく、「彼らは無関心すぎてより好ましく生きることが分からないだけではないのか」と自問することです。娘の人生に関してひどく世間知らずの人が、自分自身の問題となれば決して世間知らずではいられないということを、簡単に示すことができると思います。この父親だったら自分の会社に何が起きているかについて、いささかも世間知らずなところはないでしょう。従業員が彼のところに来て、会社の件に関する物語を聞かせたら、彼はこれは作り話だと即座に気づくでしょう。ところが、娘が来たときは、煩わされたくないし、葛藤に引き込まれたくないので、娘の言うことを信じるのです。

孤独と不誠実な冷笑主義

この女性が絶望と不安にかられていることは極めて明白です。というのも、これはいったい何なの、ということです。ペーターは彼女に、妻子のもとを去ることを考えているとだけ告げました。考えているだけでは、口先だけの話です。「あなたが結婚してくれるなら、私は直ちに離婚する」と男が言わないのであれば、聞くに値しません。問題は、通常そうした立場になるのは女性ですが、舞い上がってしまったり男を客観的に見られなくなったりする女性がいることです。ロマンスに酔いしれ、現実を見つめることができず、「本当に結婚を考えている」という男の言葉を、まるで何か意味があるかのようにと信じます。いわば正常かつ健全な皮肉屋になるためには、実にかなりの人生経験が要ります。私は健全な皮肉屋になることをどなたにもすすめたいと思います。それは人生をずっと明確にし、多くの過失を犯すことから守り、感傷的な善意に満ちたあらゆるペテンに騙されないことを意味します。人はこのペテンのために互いに騙し合い、自分を騙しているのです。

この二人が死に物狂いで恋しているという話をあなたが聞いても、私は動じません。それが何だというのでしょうか。彼は孤独、彼女も孤独であるから、恋仲になっています。それにいったいどういう意味があるのでしょうか。そのことにどのような実質があるのでしょうか。そのことにどのような現実があるのでしょうか。おそらく彼の胸中には主に仕事のことがあり、彼は葛藤状態にあり、そして彼はかなり愚かな人間だと、私なら言うでしょう。彼はなぜ愚かなのか。この問題に関して、彼にどういう計算があるのか、私は非常に興味があって知りたいと思いますが、それはこの男がここで危うい状態になっているからです。彼が何を計画しているのかは私には分かりませんが、明らかに彼はあまり真剣に考えていません。真剣であれば、彼は違う話し方をしたでしょう。ひょっとすると、彼は非常に危険な遊びをしているだけかもしれません。

このことでのクリスチアーネ自身の感情は、完全に困り果てた状態と言えるものです。再び、私だったらこう言うでしょう。「もちろん、あなたは困り果てている。なぜなら、あなたは手に負えない状況にあるからです。あなたは、両親におびえています。これまで、この男性はあなたとベッドを共にし、今のところあなたにとてもひかれているという意味以上に本当にあなたを愛しているという何の意思表示もしていません。それは恋愛関係にとって、どういう根拠となるのでしょうか。それはどれほど真剣なのでしょうか。あなたは二十八歳ですよ」と。十七、八歳だったら、大丈夫だと言う人がいるかもしれません。体験をしてみて、ひょっとしたらそのことで大きな痛手を被ることはないかもしれません。でも、少々遅いです。（本当に混乱した状況ですが、十七、八歳であっても、私ならそういうことはすすめません。）

この男の状況は混乱していますが、根本的には不誠実です。これほど根本的に不誠実な状況に、なぜ自分を置くのでしょうか。それは必要なことではなく、誰にも役立ちません。ただ大きな失望と、持つべきではない冷笑主義に導くだけです。冷笑主義は強い信仰とともにあるべきだと私は考えます。信仰なき冷笑主義はただの失望であり、自己破壊にすぎません。問題は、この少女が何を——少女と言ってしまいました（「子ども」と呼ぶのがここでは最も当を得た表現でしょう）——この女性が何をそのことについて実際に言っているかです。

報告者 クリスチアーネは今、人生ではじめてオルガスムスを感じていると言っています。ペーターはペーターで、今までで一番すばらしい恋愛で、最も強力かつ官能的な関係であると主張しています。私は彼女に、あなたはいまだに自分で生きていくことを怖がっていると言いました。彼女は再び、できるだけ早くウーヴェと親しくなろうとしました。それがまたもやうまくいかなくなったとき、彼女は非常におびえ、ペーターにしがみつきました。彼女は自分が何をしようとしているか分からず、依然としてもがいています。でも、それはたいてい、このようなバラバラの安全確保行動に関係するもので、つまりさまようことも、自前で行動することもない安全地帯を彼女に与えてくれる人たちと手を組もうとするものです。

フロム しかしながら、事実を軽々しく受け止めるべきではありません。クリスチアーネがペーターのもとでオルガスムスに達したということも、まったく無視してはなりません。理由が何であれ、彼女は前より自由になっているのです。もしかすると、性的禁圧があまり抑制的でなくなっているのは、より好ましい恋人によるもので、違った種類の気分を持っているのかもしれません。奇妙なのは、親の立場から見ると大変複雑なこの事例において、彼女が本当に火遊びをしていることです。そこでは彼女は、抑制が少なくなり、実際には以前のほうが簡単に行動できる状況だったのに、今のほうが自分をよりいっそう自由に行動させることができています。特に夫といればまったく安全だったでしょうが、夫はやり直すチャンスを与えてくれませんから、それに関しては忘れてかまいません。ウーヴェとの関係についてもです。それゆえに、言ってみればこれは一つの症状であって、彼女がそれぞれの問題の本質的な点において、依然としてまったく進歩の跡が見られないことを示すものと受け止められます。これは少なくとも調べてみる価値のあることです。この四カ月間に基本的に、彼女の両親に対する関係に現実に何らかの変化があるのでしょうか。

遺棄不安と存在感の欠如

報告者　ええ、両親がどのような人間であるか、両親はクリスチアーネのなかの何に関心があるのかについて、彼女がいくらか懐疑的になったという点で、わずかな変化があります。週に一、二度、父親は彼女に電話しています。ふだん彼はときどき支社の一つに出かけ、よく旅をします。フランクフルトに戻ると、彼は娘に電話をかけ、二、三週ごとに夕食のために彼女に会うこともあります。彼女は父親が実際には少々表面的であると感じています。彼女は父親を以前ほど威厳のある存在と見なさず、母親へもかすかな敵意を示し始めています。その意味は、この母親を自分の興味を最優先させることによって娘を従属させてきた人物として、よりはっきりと理解しているということです。したがって、彼女の家族観にはいくらか変化が現れています。とはいえ、彼女の不安と恐怖に変わりはありません。彼女は何らかの理由で、両親がただただ彼女を見放そうとしていることを相変わらずひどく恐れています。

フロム　他方でクリスチアーネは、今なおいわゆる自分自身の生き方がない三歳児の自分自身の生き方を抱えていると言ってよいでしょう。彼女が家庭にいるときに何らかの意味を人生に与えてくれる両親が、彼女を見捨てる可能性があることを恐れて当然です。依然として彼女は、両親によって置き去りにされることを死ぬほど怖がっていますが、これはどのように生きるか、どのような存在になるか、どのような人間になるかについて、彼女が何も分かっていない結果でもあると言ってよいでしょう。彼女は仕事に出かける。それは、かなり決まり切った日常業務であって、やがて彼女は立ち往生します。彼女は分析に通います。それは彼女にとって、ささやかな家庭を持てる一つの場所であるに違いありません。それから彼女はあの男性と寝て、それはわずかながら家庭にいるような感情を彼女に与えます。しかし、この女性はどう見ても、自分が存在しているという感覚、自立した人間であり、何かを行うことができ、生きていけるという感覚をまったく持っていません。彼女は完全にもがいているだけです。

生の展望と理念――人生を使って何をするか

当然ながら両方の道があると言ってもよいでしょう。こういう議論も可能です。クリスチアーネはひどく両親に縛られているので、自分自身の人生について考えることができないからである、と。それは通常の分析の見方でしょう。しかし、ちょうど同じくらいかそれ以上に逆であると言う必要もあると私は考えます。なぜなら、彼女は生きることについて何も分かっていないからです。彼女は人生で自分が成しうることを何も感じていません。人生はどのような意味を持ちうるはずであるかにまったく気づいていません。彼女が何の展望も持てないかぎり、おびえ続けたままで生きる必要があります。私が言っていることは理論上の展望ではなく、これぞ人生、彼女自身の人生であるという感情です。それは、この人生において彼女が何かを行うことができ、何かを表現でき、自分自身であれ、ということです。

ここで我々は大きな問題に突き当たります。分析をすればそれで十分なのでしょうか。言い換えれば、自らを探究する人は、つまり自分の生き方によって何をするかという理念、生き方を学ぶことが必要ではないか、ということです。この女性は砂漠で地図を持たない旅行者のようです。彼女のもとに現れて、砂漠から連れ出してくれるかもしれない人を探しています。なぜなら、彼女は渇きで死ぬことを恐れているからです。それは文字通りそのような状況にあることを意味し、比喩ではありません。彼女は地図を必要としています。この地図は、すべてにおいて彼女が隷属《れいぞく》していることを確かめるだけのものではなく、どこに彼女が行くことが可能かを知るためのものでもあります。この「生きる」こととは何でしょうか。

彼女は何者でしょうか。彼女は何が行えるでしょうか。これは、実務的な仕事という意味ではありません。我々は、彼女がどのようなことに興味があるのかをまだ尋ねてはいないのではありませんか。

報告者　クリスチアーネは音楽にとても興味を持っています。どんな音楽も好きですが、楽器は弾きません。しかし、ここにきて音楽において何かを表現したいと感じました。彼女はずっとギターを気に入っていたので、ギターのレッスンを受け始めました。ポピュラー・ギターにはそれほど興味はなく、楽器としておそらくクラシック・ギターかオペラ・ギターです。

フロム　彼女が音楽にとても興味があると言うとき、（しばしギターのことは置いておいて）彼女が本当に言いたいことは何でしょうか。音楽が好きだということにどのような裏づけがあるのですか。

報告者　その証拠は、クリスチアーネがよくオペラ観劇に出かけており、フランクフルト・オペラ座の切符を手に入れることができるという事実に示されています。それは地位の高さを満足させる感情や行動によるものではないと私は考えます。彼女は純粋にオペラを楽しんでいます。また、オペラ、物語、作曲家についても結構知っています。私はオペラにあまり精通していませんが、それでも彼女の話の内容から、単なるアマチュアの域を超えていると感じました。

私生活に限定された関心——趣味の無力さ

フロム　そのデータは私に言わせればまったく説得力がないものだと言わねばなりません。「オペラを見に行く」ことそれ自体が、音楽への大きな関心を示す表現になるのかどうか私は疑わしく思います。とりわけ、フランクフルトではオペラ鑑賞は明らかに地位を表すためのものになっていますから、私にはあまり説得力がありません。ある人がとても音楽に興味があると言ったら、私が次に尋ねるのは「あなたの一番好きな曲を教えてください」ということです。これは当然の質問であって、これによってはじめて相手の話の意味が分かるわけです。だから、もし答えが「そうですね、どれもこれも好きです」というものだったら、音楽への興味に関することの発言が単なる月並みな口癖であることが私には分かります。それに、我々はどれほど多くの人が音楽を聴きに行ったり、美術館に足を運ぶかを知っています。相当数の人が本当に興味を持っているのは確かだとは思いますが、特定の教育ある階級に属する人であるなら、今日では誰もが最も品のよいやり方で時間をつぶすように努めるものです。したがって、近代のものであれ古典であれ、絵を見に行ったりコンサートに出かけても、これは本質的に芸術に対する大きな関心の表れではなく、型にはまった慣習です。だから、「彼女はオペラ鑑賞に出かける」という以上の説得力が必要です。

音楽は自分にとって重要なものであるとクリスチアーネは考えていますが、私は総じてこうした物言いには極めて懐疑的です。彼女がギターのレッスンを受けていることは何を意味するでしょうか。多くの場合、それは単なる時間つぶしの一つの方法です。私はそれが必ずしも強い音楽への興味であると考えません。年配の世代の人がピアノを習っていたのと似ています。今日ギターを習うことが、どれほどありきたりのことなのか私には分かりかねますが。

報告者　クリスチアーネがそういうふうに音楽に関わっているとは私は感じませんでした。しかし私は、彼女が人生のどのような局面にいるのかを考えると、彼女がギターを始めたいと思うとき、たとえ些細な興味であるにせよ、それは彼女の感情的な反応を表したいという強い願望であり、週数回、朝に、それと週末にやっていた乗馬を再開したのとちょうど同じだと思いました。またしても、それは彼女を多忙にするかもしれませんが、大きな喜びを与えるものであり、乗馬は実際に自然と触れ合う体験です。事実、それは彼女がはじめて愛を感じた対象でした。

フロム　クリスチアーネはずっと乗馬が大好きでした。それはとても健全で楽しい体験であり、彼女が生気を喪失していないことを示しています。しかし、この領域で彼女が何かを真剣に受け止めているということは、それほど示されていません。彼女は読書についての報告をしないので、分析治療の場に来て、読んだ本について一時間話すことは、彼女が胸をときめかせ、いくらか夢中になるほどの大事な話題ではないのでしょう。総じて大変興味深いことに、多くの人は私がしばしば空疎だと呼ぶことについて語ります。ボーイフレンドが何を言ったか、彼女が何をしたか、あれやこれやと日々繰り返されることを話しますが、彼らはどちらかといえば意味のない個人的な出来事の極めて空疎な領域以外には、通常まったく興味をかき立てられることがありません。

視野を広げ、生を導く文化の富

クリスチアーネに関して、我々は尋ねなければなりません。この女性はかつて文学を研究することに非常に興味がありました。両親はそれによく協力しました。今はもう彼女は文学に大いに興味があるというものではないようです。したがって、彼女が本当に興味があった一つの対象は失われたようです。彼女は、ある意味で実に知識に養われた豊かな心で物事を見つめる視点を欠く生活を送っています。と言うのは、その人生には、仕事や両親に対する関係といった狭い範囲のことを超えた内容がなく、関心を広げようといくつか貧弱な試みをしてみるものの、結果として大きなトラブルに彼女を巻き込むことになっています。

問題は、そのことについて本人には何ができ、分析には何ができるか、あるいは何をするべきか、ということです。クリスチアーネが実りある興味深い人生の経験という点でひどく貧弱であるかぎり、まったく退屈というわけではない人生をどのように構築できるでしょうか。彼女は両親へのこの依存をどのようにして捨てることができるでしょうか。私はそれが取り上げられるべき重大な論点であると考えていますが、私見では全体分析において、関心があまりにも払われていません。なぜなら、問題であると思われていないか、問題とするにはあまりに小さなことと思われているからです。我々が生活する文化の富や、書物やもろもろの科学や我々が暮らす経験によって開かれる可能性の富があるというのに、あたかもそうしたすべてが存在していないかのように、重要なものが何もない空虚な世界が広がっているかのように生きるならば、純粋に些細な個人的な出来事以外に、真に興味あるものなど何もないことになります。

四つ目の夢と、このセラピーに関する一般的な考察

報告者　次の夢は、我々のセラピーの協働作業における最悪の状況を示すものです。それはおよそ一カ月後に起きました。この間に起きたことは、以下のとおりでした。ペーターとますます関係を深めることについて話し合いながら、二人は今や週にほぼ三度会っていました。ペーターは必要以上に頻繁にフランクフルトに通いましたが、彼はこれを正当化することができました。最終的に、彼らは両親に話そうと決めました。この時点でペーターは、彼が強くクリスチアーネを愛していると確かに感じ始めました。彼は、これはただのありきたりのことではないとはっきり言いましたが、たぶん自分たちはいっしょに暮らせるように工夫できるはずだと、とてもまじめに彼女に告げました。しかし、彼は自分のキャリアを傷つけずに何とか乗り切れるはずと感じたにせよ、そのような思いを希望しただけのことです。彼はそれが極めて重大であると感じ、彼女のためにそれをあきらめたくないと感じていました。クリスチアーネも、彼

が仕事を断念することを望まないと言いました。

しかし、クリスチアーネは、おそらく父親に関しては、何があろうと彼女の味方になると言ってくれていたので、たぶんこの状況下でもうまくやっていけるだろうと感じていました。それから、彼女はハンブルクまで飛行機で行く段取りをし、家族に対して、両親ともいっしょにいるときに話をしました。両親は極度に取り乱して反発しました。事実、彼らはひどく憤慨しました。その気持ちは、「君らはどうしてこんなことができるのか」というものでした。

フロム　途中で口をはさんでよければ、それは何よりも彼女の失敗です。まず父親に単独で話しておくべきでした。母親の面前でいきなり切り出したのは、すでに負け戦でした。

報告者　それから父親は翌日、ペーターと話し、ペーターは父親に――二人が後にクリスチアーネに報告したところでは――とても率直に話したそうです。ペーターは「私はクリスチアーネを愛しています。私は彼女と結婚したい。私の結婚は、あまりいいものとは言えなかったのです……」と言いました。このようにして、彼は自分の意向を明らかにしました。両親は相談したうえで、その翌日の日曜日にペーターとクリスチアーネに会い、「考えてもみなさい。我々はとにかく賛成できない。組織に物議をかもす。それは、間違いなく君の将来を危うくさせるし、おそらく昇進は望めない。我々が暮らしている世間の状況を考えると、君がここに留まることができたとして、それが快適なものになるか私には分からない」と言いました。両親はそろってこの結婚には完全に反対であると明言しました。父親は実際のところ、ペーターに次の妥協案に合意しなければ、クビにすることを伝えました。妥協案は、二人が一年間互いに話をしないというものでした。互いに口をきかないで一年経ったところで、彼らの意志が依然として堅いと感じるのであれば、いわば結婚の嘆願を家族に改めて申し出てよいというものです。

クリスチアーネにとっては、これは笑い事ではありませんでした。彼女がフランクフルトに戻ったのは日曜日の晩でした。私は翌月曜日の朝に彼女を診察しました。彼女は前夜に次のような夢を見ていました。それは彼女にとって、これまで見た夢のなかで最も重大なものでした。

第四の夢　私は部屋にいる。会議室だ。私はおよそ十二名の男女といっしょに壇上にのぼっている。誰かがその会議を評決のように取り仕切っている。私たち十二名はある背信行為で告発されているが、はっきりしていることは何もない。私たちは実際に告発されており、私たちの罰は医師の注射による死刑である。両親は会議室にいる。娘のリーザは、両親といっしょである。ハインリヒ（彼はクリスチアーネが少し知っているいわば旧友で、彼女の家族を知っており、彼女とは友人関係である）は、その部屋にいないが、集会場のすぐ隣の記者室のような近くの部屋で座っている。集会所は古めかしい木造の粗末な部屋である。それはどことなく彼女に教会を想起させる。

私たちは死ぬことになっている。殺される順番が決められていた。私は最後の組の一人である。最初はリーダーシップを発揮した人々で、主に男性。その次に女性という順番で殺される。私が最後ではないのは、私は少しばかりリーダーシップを発揮したからだ。死刑になる十二名の順番が図表に示されていた。各人の名前の隣にアンク十字〔上が輪になった十字章〕の符号があった。これはエジプト人の生命の象徴である。それは次のようなものである。この図のアンク十字は逆さまだったが、四十五度回転され、小円は上向きになっている。人々には五つ、四つ、三つ、あるいは二つのアンク十字が付いていた、私には二つか、三つしかなかった。彼女は最後の順番に近かったようだ。最初に死ぬ人は、待たねばならない人よりずっと気楽だった。残っている人は他の人が死ぬのを見なければならないからである。舞台の隣に部屋があり、医師がいて大きな寝椅子があった。献血の際に用いるようなもので、違うのはただそれよりも詰め物が多めでクッション性がよかった。病院にある献血用の緑色の長いすに似ていたが、それよりたっぷり詰め物がされた布張りだった。色は濃い緑だった。夢全体は、緑色、茶色、灰色で彩色されていた。

死の手順として、まず二本の大きな注射を打たれた。最初に一本、次に二本目、しばらくして最後の三番目の注射が打たれ、死に至る。その部屋にいる誰もが礼儀正しく上品で、うわべは同情的だった。両親は親切であったが、よそよそしかった。両親は、リーザの面倒を見ると私に告げた。私はときおり友人のハインリヒに会おうとして部屋を出たが、彼は冷淡であまり思いやりがなかった。彼は、「こんなことが起きると君に話したよね」と言い続けた。彼は人ごとのように私に説教した。私は彼の愛と親密さを強く望んだが、彼は与えようとしなかった。私は二本目の注射を打たれてから、最後の散歩にリーザを連れ出した。私たちは私の勤め先の近くの暗く薄汚れた通りの歩道を行ったり来たりした。リーザはすべて白のレースつきの服を着て、見事な白と濃紺の色のベビーカーに乗っていた。私は途方もない不安と恐怖、深い苦痛を感じたが、泣かなかったのは不思議ではなかった。私は戻って、鏡を覗《のぞ》き込んだ。ひどく白っぽい生気のない死人のように見えた。あたりからは泣き声とささやき声がした。人々が立ち話をしていた。とうとう、私の注射の番が再び回って来て、医師が私に三度目の注射をするやいなや、私は目を覚ました。

我々がこの夢について話したときは、クリスチアーネの不安はとてつもなく大きなものでした。彼女は、このような家族の対応によって死を宣告されたと感じました。ともかく両親は彼女には何の助けにもなりませんでした。両親は判決に同調し、何もしません。医師は彼女を助けているのではなく傷つけていると彼女は感じており、両親や諸事実が量刑した罰に同意する他に道がないと感じました。我々は、彼女が依然としてどのくらい強く縛られ、両親に従順であり、おびえているかという問題について話し合いました。

親からの解放、革命としての成長

フロム　この夢はカフカの物語であってもおかしくないもので、この上なく巧みで、深い思いが込められています。今ここでクリスチアーネは自分の状況を、カフカのような本当に偉大な詩人、偉大な作家だけが表現できる深さを持ったものとして見つめています。彼女は文字にできなくとも、これを大変な正確さと強烈な感情、見事な美、その一切合切を表現することができます。この夢には、ほとんど何のコメントも要りません。これは彼女が完全に打ちのめされたと感じているという状況です。彼女は八方ふさがりです。それは両親の反応に対する反応として見られているのであり、彼女が今では失ってしまっている感情です。最終的に行き場がどこにもありません。ここに彼女が分析者と両親をいっしょにしている節が見られます。彼女はただ、「彼は私を助けてくれなかった」と言っているだけではありません。彼は両親とつるむ役回りを演じているると言っているのです。つまり、彼女は分析者を両親に対抗する人物と見たのではなく、両親の側についていたもう一人の人物と見なしているのです。問題は、そのような構図がこれまで避けられてきたかどうかです。いわば両親に対抗するより能動的な関係、直接的なパートナー関係によって。

そのような状況では、私だったら自分がこのような両親をどのように体験しているかをはっきりさせます。つまり、母親は不人情であり、父親は人間関係に関するかぎり弱くて役に立たないということです。私がはっきりさせたいことは、彼女がこのことをもはや感じようともしない状態にまで両親が圧力をかけてきたことに、私が驚きを禁じえないことです。言ってみれば、すべての真の成長とは、革命行為であり、個人的な革命です。それは、他人の人生を支配したがる人々から自分自身を解き放つことを意味します。その支配があからさまであるか、穏やかであるかは問題ではありません。いずれの場合でも、どんな人の発達においても、真の成長のためには、自分自身であるという点で、解放の問題なのです。つまり思い切った勇気と、苦労をすることであり、苦痛を意味することであるかもしれません。すべての問題の核心は、あえて人の支配を受けずに自律的に生きるか、あるいは自律的に生きることを断念し他人によって動かされ続けること、この人生の生き方への降伏を隠蔽する方法を見つけるかということなのです。それはたいていの人がやっていることで、彼らは自分が降伏したこと、彼らが直面した難問を放棄してしまったという事実を覆い隠します。彼らは自分が管理されることを許す一方で、それから目をそらす方法や手段を見つけます。

ここで問題となるのは、どちらに与《くみ》するのかということです。この問題に中立性などなく、価値判断という極めて興味ある問題に通じます。フロイトは、そしておそらく多くの人は、それはこれらの親についての価値判断をすることになってしまうと言うでしょう。さて、ある人が、がんにかかっていると診断されたなら、それは価値判断でしょうか。彼がこの病気でおそらく死ぬかもしれないとか、ある人が実行しているかなりとんでもないダイエットのせいで死ぬかもしれない、あるいは、病気になるかもしれないと言うのは価値判断でしょうか。価値判断ではありません。これは、事実の言明であり、因果関係を述べたものです。それは身体に関してと同様に、精神についても有効ですが、違うのは身体に関してはそれを証明できることです。精神に関しても、人生の終わりには証明できます。しかし、当然ながら人はそれを知ることを望みません。

人間の解放のための分析、教育

問題は、分析者がこの革命のプロセス、つまりある人間の解放の過程を手助けするために何ができるかです。分析者はどのような積極的な手助けができるでしょうか。彼はどのようにこの過程に力を貸し、影響を与えることができるでしょうか。私はそれ自体、本質的にすべての教育、すべてのセラピーの極めて重大な機能であると考えます。教育は異なる話であるにもかかわらず、私は教育を含めます。通常、教育は社会的制度であって、人々を解放し、自立した人間になるように導くことを明らかに意図して作られたものではまったくありません。それは社会的に支援された制度の目的でもありません。だからこそ、総じて教育は人間の成長にほとんど寄与していないのです。分析においては状況がいささか異なっています。なぜなら分析者は自分自身でいられ、比較的独立していられる自由があるからです。

これはただ、私がついでに言及しているだけの包括的な問題です。というのは、この少女（クリスチアーネ）は依然として別の世界を見ておらず、敗北を味わったという以外に何も見ていない状況にとどまっているからです。私は、両親がこのとんでもない条件をどういうつもりで提示したのか、彼らの心の動きについてまったくの好奇心からのみ興味をそそられます。両親は二人が互いに会い、ベッドを共にするのをどのように阻止するのでしょうか。探偵を派遣するのでしょうか。若い二人は、それをどうやって遵守《じゅんしゅ》するつもりでしょうか。この条件を聞いたとき、ペーターの反応はどのようなものだったのでしょうか。

報告者　ペーターの反応は大きな不幸の一つでした。彼はおよそ一カ月間、フランクフルトで人目を忍んでクリスチアーネに会い続け、そして、二人の関係をあきらめました。彼は、「仕方がない」と言いました。

フロム　両親がどれほど有害であるかが極めて明快に避けがたいものとして明らかになったとき、自分のキャリアを失わないためにクリスチアーネを捨てたペーターの決断に、彼女はどのように反応したのですか。ペーターは他のどこかで別の仕事を見つけることはできるはずですから、彼は要するに一等賞をあきらめる気がないだけです。

報告者　ペーターが父親の決定に従うことを決意したとき、クリスチアーネは最初とても傷つきました。私は彼女にどのような傷であるかを尋ねました。彼女は、「動転した」と言い、私は動転が何を意味するのかを尋ねると、やっと彼に腹を立てることができました。彼にもっと勇気があれば、能力があるのは分かっているのですから、別の何かを行うことができたはずです。しかし、私が推測するに、彼女は怒っているし失望もしたものの、弄《もてあそ》ばれたとかひどい目に遭わされたといった類の怒りではありませんでした。彼女は自分自身に過失があったとも感じています。

フロム　それは言うまでもないことで、クリスチアーネは再び自分をぶざまにとりつくろいました。なぜなら、ペーターのことを話してしまったのだったら、現実的な戦略は、物分かりがよくて彼女を受け入れてくれる父親をまず味方につけ、取り込んだ後に、「今の私には、母さんを説得するには父さんの助けが必要なの」と言うことでしょう。父親はそれでもなお求めに応じてくれなかったかもしれませんが、両親を冷たく対峙《たいじ》させたら二人がどう反応するのかが明らかになります。したがって、クリスチアーネは、最善を尽くせなかったのです。それは文学系の大学院を志望したときの繰り返しで、彼女は自分が望んでいることに本気で挑戦していません。むしろ、分別をわきまえるほどの知力があるのに、無益な方法で挑戦しているのです。彼女は父親をかなりよく知っているはずです。言うまでもなく、これは彼女の自尊心を高めるものになっていないのです。

ペーターは彼女と深い恋愛状態にあると装ってきたけれど、予想されたように、ゆくゆくは社長になるという問題が浮上すると、それが大恋愛よりはるかに重要であると考える男です。統計的に言えば、私は今日ほとんどの人がこのように行動すると思います。しかし、クリスチアーネにとって大変気の毒なことは、これ以前に一人の男性におそらく強力にひかれ恋に落ちたはじめての関係の時点で、それを体験しなければならないことなのです。当然ながら、その体験が彼女を今のような気分に駆り立てているわけです。

質疑応答――成長への抵抗としての失敗

質問　ことによると、これは何も得られなかったことが最初から分かったうえでのクリスチアーネの選択だった可能性があります。言い換えれば、自分が敗北すると分かっていたのです。たぶん彼女は、未来の状況に実際に対応することができなかったのです。

フロム　ええ、彼女にはできません。それはまったく同じ図式の一部です。つまり、方向感覚を失って、ニワトリのようにあわてて走り回り、なすべきことは何か、どちらの方向に行こうとしているのかも分からず、行動を起こしています。ちょうど、両親のところに行って新しいもっといい仕事を得たと告げたのも同じことです。クリスチアーネは母親に電話をかけています。何と愚かなことでしょう。いや、もっとよい方法が分からなかったから愚かなのではありません。それは彼女が一目置かれる唯一の居場所であり、そうでなければ砂漠のような人生です。いわば、砂漠に留まっているわけで、両親が唯一のオアシスになっています。このオアシスから抜け出せば、渇きで死んでしまうことを彼女は分かっています。彼女に手を貸してくれる人はいません。また、彼女は地図も羅針盤も、何も持っていません。それは文字通りそうであって、彼女の感じ方なのです。彼女はこれが行動し働きかけのできる環境であると感じながら、どうして違う行動をとることができるでしょうか。

質問　もし可能であるなら、彼女にエネルギーを与えるために、つまり反抗を始めさせるために、彼女にどのような手助けができたでしょうか。

フロム　私ならクリスチアーネが反抗するように非常に強く仕向けたでしょう。どんな場合でも、私ならそう試みたでしょう。言うまでもなく、人に反抗するよう仕向けたときに何が起きるかは誰にも分かりません。しかし、私ならそれが最初の試みになるでしょう。なぜなら、反抗しなければ、彼女は決して元気になることはない、あるいは、幸せな人生をつかめないということが、私には分かるからです。彼女は、暗示されたことを実行しなければならない後催眠の状態〔催眠から覚めた後も暗示効果が持続している状態〕に置かれているようなものです。

質問　ペーターとの関係は、たぶん親の支配に反抗したいという何らかの無意識的な欲望に動機づけられたものだったという可能性はあるでしょうか。

フロム　ありえます。しかし、これらはやはり新たな敗北を招くだけの無益な効き目のない反抗です。これは今までとは違うものであり、そういうものは人生で何度も、何度も観察できるものです。人々は反抗したいのですが、自分たちが確実に敗北するような方法で反抗します。彼らは手の込んだ方法で、やっぱり反抗は無意味であることを自らに証明します。たとえば、息子は父親に対してこれ見よがしに反抗し、怒鳴ったり、責めたり、おかしな振る舞いをしたりします。翌日、息子は我に返って詫《わ》びます。彼は詫びねばなりません。なぜなら、彼がひどく子どもじみた道理の分からない振る舞いをしたからです。息子が父親に本当に思っていることを、明快な言い方で、しかし的を射た形で話していれば、勝利をつかんだことでしょう。なぜなら、そのように指摘を受けることで、父親は気まずくなっただろうからです。詫びられて、父親は再び優越的な立場に返ります。これはよくある話です。

それゆえ私だったら、クリスチアーネがそこまでペーターと深く関わる前に、これは無益な別の形の反抗であるということを、極めて明確にセラピーの初期段階で彼女に問い質《ただ》したことでしょう。私は、この男性がとる可能性のある戦略に関して話したかもしれません。私は、恋愛があのように終わると予想できることを指摘したことでしょう。なぜなら、この人物は基本的に出世を追求する男であり、しかも、ただの出世や生計を立てるといったものでなく、最高の出世、最高の成功を収めることのほうが、これまで求めてきたのと同じような恋愛をするよりも、重要だと考える男だからです。

私がこうしたコメントをするのは、セラピーに関する私自身の考えを示すために、症例を扱う機会を活用したいだけです。私自身のセラピーを振り返るならば、五年前に行った分析のやり方には、たいてい恥ずかしい思いがします。あれこれの間違いを犯してきたからです。セラピーは恐ろしく複雑な過程であり、当然ながら短い記録による説明では内容の半分も伝えられないことはよく分かっています。たくさんのことがどうしても欠落してしまうからです。したがって、私がこの場で言ったことは、提示された症例に対する感想を述べるのが主ではありません。分析において、分析的セラピーに関して私が考えていることを述べるために、この「資料の原文」を用いたのです。私は実際にはこの素材に対して、あまり余計に多くを語りませんでした。私はいくつかの考えを述べるという自分自身の目的のために、この素材を使っただけです。それ以上のことを意図したのではありません。

第十章　近代の性格神経症を治療するのに特化した方法

［近代の性格神経症には、人間が自分自身に悩むという典型的な特徴がある。このような近代的神経症を治療するには、古典的精神分析を超える補助的手段が必要である。最終章では、これらの方法に焦点を当てる。］

自分自身の行動を変えること

何よりも第一に、自分の行動を変えること、そして自分自身を分析するだけでなく自分自身に気づくことが必要であると私は信じます。自分自身に気づくだけでなく、同時にこの新たな気づきの帰結として前に踏み出すことができないなら、どのような気づきも役に立ちません。自分自身を分析し、長年にわたってすべてを知ることは可能ですが、それが結果を生まなければ、同時に生き方の実践面で変化を伴わなければ、実効性はないでしょう。これらの変化は小さなものかもしれませんが、一部の左翼哲学者たちに見られるような方向へ進むわけにはいきません。彼らは「革命が到来すれば、我々はよりよい人間になるであろう」と言います。こう言ったのはマルクーゼ*ですが、革命前はよりよい人間になるいかなる試みも、ただの反動的な行動にすぎないわけです。私見ながら、これはまったく荒唐無稽《こうとうむけい》な話です。なぜなら革命が来たとしても、それまでに誰も変化していなければ、その革命は過去に起きたあらゆる悲惨を繰り返すだけになるからです。より好ましい人間の生き方がどのようなものか分からない人間によって、革命が成されることになってしまいます。

自分自身に起きるどのような変化も、とても微妙なものです。あまり大きくは変化できませんが、慎重すぎてもなりません。私が分析において極めて重要な義務だと考えるのは、自らを刺激し、その感情を体験することによって新しい発見を刺激する方法を、常に頭に入れておくことです。人が次の一歩を踏み出してこれまでとは異なる行動をとるときに体験すること、特に抵抗を探索する必要があります。そうでないと、いくら主体的な体験をしても、どこか現実感のない状態にとどまることになります。こうした変化がどのようなものになるかは、完全に

* ヘルベルト・マルクーゼ Herbert Marcuse（一八九八〜一九七七）ドイツのフランクフルト学派に属する社会哲学者。ナチス時代にアメリカに亡命。『エロスと文明』で新フロイト派を批判し、フロムとも論争。既存体制の全面拒否を唱え、『一次元的人間』は一九六〇年代後半の学生反乱において新左翼のバイブルとして大きな影響を与えた。

状況に依存します。精神分析の持つ大きな危険は、すべてが分析の下に置かれるということで、分析が終わってはじめて変化が起きて完了すると、人々が信じていることです。私の確信では、それよりも前に変化し始める必要があります。問われるのはただ、何が変化するか、変化が漸《ぜん》進《しん》的かどうか、本人がどのような変化を起こすことができるかです。つまり、非現実的ではない変化、現時点での能力を超えない変化です。これは、言うまでもなく極めて深刻かつ困難な課題です。

世界に関心を広げること

第二の要点は、自分自身への過剰な関心をやめることです。ここでも精神分析には大きな危険があります。本当は自分にだけ興味がある人々は、ナルシシズムを実践する途方もなく豊かな活躍分野を見出します。彼らには、自分の問題以外にこの世界に重要なものは何もありません。症例史に出てきた女性［クリスチアーネ］を見てください。彼女の興味をひくものは何でしょうか。彼女の苦悩、夫、両親、子ども以外には、実際何もありません。しかし、そこにいるのは、研究に携わったことがあり、教育のある一人の女性です。人間の文化資産が本、音楽、芸術であれ何であれ、すべて彼女の前に開かれている時代に生きています。何と言おうと、この世界でこれまでに書かれた最高に美しい本をすべて読むことができ、あらゆる音楽を聴くことができ、計り知れない選択肢があって、歩くことも旅することもできるのです。にもかかわらず、自分の問題以外に何らの興味も持てない人がここに座しています。

自分自身の問題だけに興味を持つことは、健康を取り戻す道、あるいはまったき人間存在になる道ではありません。唯一の自分の関心が自分自身であるなら、その人は自分自身の力で、強く喜びに満ちた方法で生きることはできません。人は両足を地につけて立たねばなりませんが、その大地はピンや針であってはならないのです。なぜなら、中世の思弁によれば、その上では天使のみが踊ることができるからです。* 人はそこに立つことができません。大地が広く豊かであり、生産的かつ興味のあるやり方で周囲の世界とつながっていてはじめて、地に足をつけて生きることができるのです。

「興味がある〔interested〕」は、貧弱な言葉です。この種の関係を表現する言葉は、実は今日の英語にはありません。「interested」は言い得て妙な言葉で、〔ラテン語の〕inter-esse〔「中／間」

* 中世のスコラ哲学で、「針、もしくはピンの上で天使は何人踊れるか」という問題をめぐって議論がなされたことを示唆している。その直接の典拠はなく、スコラ哲学の些末さを嘲笑するためのエピソードではないかと言われる。ただし、トマス・アクィナスは、天使は身体を持たないので、その活動範囲は針先であろうと一大陸であろうと大差ないとしている。

の「存在」から生まれ、「人々の間に在ること」「その中に在ること」という意味でした。しかし、「interest」は今日、ほとんどその反対の意味になっています。誰かが、「私はこれに興味がある」と言うなら、実際には「私はそれに退屈している」と言っているのです。「それはとても興味深い」は、ある本やある考えについて誰もが言うことですが、実際には「どうでもいい」と言っているのであり、それを丁寧に言っているだけです。[…]

分析に依ろうと依るまいと回避されねばならない危険は、ある人が自分自身の問題に関心を集中したままで、世界から切り離された状態になっていることです。つまりは、自分の周囲のすべて、つまり人々や思想や自然に、私心のない態度で関わることから切り離される危険です。

[…]

人はどのようにして人生を豊かにするのでしょうか。多くの人々が味わうもろもろのみじめさは、たいていの場合、彼らが病んでいるということではなく、人生において興味深いもの、うきうきさせるもの、美しいものすべてから引き離されているという事実にあります。彼らは数あるいろいろなやり方で、座ったままでも人生を楽しむことができるはずなのに、自分の問題やら、罪、失敗、症状やら見当のつかないものについて、へたり込んで思い悩んでいます。ふだん彼らは、「でも、私はあまりに鬱々《うつうつ》とした気分でそうすることができない」と言います。それは、ある意味で本当なのです。しかし、その答えはすべてを表してはいません。彼らは人生を豊かにする試みなどしていません。あるいは、十分にしていません。なぜなら、自分自身を癒《いや》す最良の道は、自分自身の問題に完全に集中することだと考えているからです。しかし、それは最良でないどころか、最悪の方法です。

自分自身の問題に集中することは、人生への関心をますます拡大し強化させることと両立させるべきであり、また、両立させねばなりません。この関心は技《アート》にも、また、多くのことにもなりうるものですが、私は、それは思想でもなければならないと考えます。私はそれが単なる知的な娯楽であると考えるつもりはありません。この一点で、いつも私はサマーヒル・スクールのアレキサンダー・サザーランド・ニイル*がほとんどまったく精神の形成に重きを置かないことに同意できなかったのです。私が純粋に重視するのは、単なる知的な側面の精神形成というよりも、精神を豊かにすることです。問題は非常に具体的になります。すなわち、人は何を読むかです。読書を始めるべきだと私は思います。それも意味のある本を真剣に読むべきであると言いたいのです。私の印象では、現代の読書法は、あまり努力して読むべきでなく、気楽で、短時間で、すぐ楽しめるものであるべきだという考えに支配されています。

* アレキサンダー・サザーランド・ニイル Alexander Sutherland Neill（一八八三〜一九七三） イギリス人の教育家。子どもによる自由と自治を基本とする「世界で一番自由な学校」のサマーヒル学校を設立。著作に『自由な子ども』など。

もちろん、これらはどれも錯覚です。まったく努力せず、いくらかの代償すら払わず、修練も積まずに、価値あるものを実践したり学んだりすることなどできません。簡単な八つのレッスンで楽器の演奏であれ他の何であれ学べるという考えそのものが、ただの金もうけのためのものです。それは完全に馬鹿げたことですが、この錯覚は露骨な形ではなくとも大衆全体のなかで幅を利かせる精神であり、極めて多くの本が出版されているという事実にもかかわらず、真剣に読まれ、人の心に食い込み、人生を真に変えさせる本は、今日では極めて稀有《けう》であると私は考えます。それゆえに、ここに、どのように読むか、何を読むかという大きな問いがあるのです。

読書に関する最も重要な点は、言うまでもなく、人が自分自身の信念を形成し、価値観を持ち、自分の望む人生の方向性を持つようになるということです。そうしなければ、もがき苦しむに違いありません。人は伝統が伝えてきたものを実際に何も読んでいないように私には思われます。自分でそれを見つけなければならないというのが理由です。私は、それは非常に愚かで無知な考えであると思います。一人の人間が世界の最も偉大な数々の精神を結びつけ、独力ですべてを見つけるという考えは、実際は真剣ではないことを表しているからです。偉大なこと、新しいこと、胸をときめかすことを追求していないのです。そのうえ、ほとんどの人は、何か新しいものを見ること、何か新しいものを求める発見が持つ、強いときめきを体験していません。人生や、方向性、価値観、信念といった概念は、他人に与えられるものではなく、自分自身の体験の結果であって、人間精神の偉大な案内書の数々に含まれるすべてを積極的、生産的、批判的に読んで丹念に集めてくるものでもあるので、もし最終的にそうした考えに到達しなければ、安全や安心を感じ、自分の芯になるものを持つという次元に至ることは決してできないと私は思います。

これは、まったくのところ今日では、あまり流行らない考えです。人々はそれを教条的であると考えるでしょうし、自分でそれを見つけたいとか権威主義であるなどと言い訳するからです。人類が創造してきた偉大なものから学ぶのを放棄することは、基本的に無教養なことです。私の所見では現にそのとおりになっており、愚かしいことです。しかし、人は自立の名のもとに、権威の拒絶の名のもとに、自分から大事なものを奪い取っています。栄養を与えられること、影響を受けること、水をもらうこと、陽の光を浴びること、そして人間精神が発達するために必要とするすべてを自ら放棄しているのです。食物に関するかぎり人は菜食主義者でいられるかもしれませんが、精神的、霊的な食物に関するかぎり、菜食主義者のように目の前にあるものをほとんど拒絶するなら、まったくのところその人の精神活動は大幅にやせ細ってしまいます。

批判的に考えることを学ぶこと

もう一つの本質的な論点は、私見では、批判的に考えることを学ぶことです。批判的に考えることは、人生の危険に対抗して人間が持てる唯一の武器であり防衛手段です。批判的に考えなければ、私が生まれたその日から教え込まれ、行き渡ってきたすべての影響、すべての示唆、すべての間違い、すべての嘘に屈することになります。批判的に、あるいは冷笑的と言ってもいいですが、そのように考えることができないのであれば、自由な存在でいられることも自分自身でいられるはずもなく、また、自分自身の芯を持てるはずもありません。

批判的思考とは、物事に気づくことを意味します。それは子どもたちに現れているとおりです。子どもは大人よりもはるかに批判的思考ができます。母親がある婦人に、「あなたにお目にかかれて何とうれしいことでしょう」と言い、このような調子の会話に終始した後、その人が去ったあとで、「彼女が帰ってくれてやれやれだわ」と夫に言うのを子どもが目にしたら、どうでしょうか。その子はこの食い違いを見て、ひょっとしたらそれでもなお思い切って質問するかもしれませんが、やがてそのような批判的な思考は少しずつ抑えつけられます。母親はごまかすか、怒るか、悲しむか、それとも「あなたには理解できないことなの」と言うかのいずれかです。そうして、子どもの批判的思考はゆっくりと息の根を止められ、もはや批判的な考えは出てこなくなります。

この批判的思考こそ、人間固有の能力です。操作的思考、すなわち、どのようにすれば手に入るか、あれこれを手に入れるには何をすればいいかを考えることは、チンパンジーもとても上手です。チンパンジーどころか数ある動物には、優れた操作的知能があります。実験でチンパンジーが、私も他の多くの人も解けなかった複雑なパズルを解いたことがあります。重ねて私が思うに、純粋に生物学的な観点から言って、現実に近づけば近づくほど、ますます自分の人生を適切に生きることができるようになるのです。現実から遠ざかれば遠ざかるほど、ますます錯覚を抱き、ますます人生に適切な方法で向き合うことができなくなります。

かつてマルクスは、精神分析のモットーにしてもよい発言をしました。「状況に関する錯覚を捨て去れというのは、錯覚を必要とするような状況を捨て去れということである」(K.Marx, MEGA I.1.1, pp.607-08)。すなわち、錯覚を取り除かないことで、不健全な、ただ存在し継続するだけの状況を生かし続けているのは、自分でこうした錯覚をすべて作り出しているからなのです。

批判的に考えることは道楽ではありません。それは、一つの能力です。批判的思考は、哲学者の立場だから適用するというものではありません。哲学者であるときには批判的に考えるけれど、家に戻れば批判的思考を放棄し、脱ぎ捨ててしまうといったものではないのです。批判的思考は、一つの資質であり能力です。それは、世界への、そしてあらゆることへの取り組み方です。それは決して敵対的、否定的、虚無的という意味で批判的であることではありません。その反対に、批判的な考えは人生に奉仕するものであり、我々を個人的かつ社会的に機能麻痺させる人生の障害を取り除くことに役立ちます。

批判的思考が妨害される世界に住んでいる場合は、勇気を必要とします。とはいえ、必要とする勇気を過大評価するべきでもありません。わたしは今ここで批判的に話したり、批判的に行動することを言っているのではありません。批判的に考えることは、独裁体制下の人間にとってさえも可能です。自分の生命を危険にさらしたくなければ、批判的に話さないかもしれませんが、批判的に考えることはありうるでしょう。そのうえ、自分の思想に囚われている人間や、自分が信じない思想体系の囚人になっている人間よりは、はるかに幸せであり、自由であると感じるでしょう。批判的思考と心の健康、神経症、幸福の関係について、その気になれば多量の本を書くことができるはずです。総じて哲学者がより個人的に〔ad personam〕、哲学が私やあなたの人生において意味するものにもっと関連した形で語るのだったら、実際に批判的思考は、また哲学は、明らかに個人にとって大きな意味のある分野となるでしょう。ソクラテスであれ、カントであれ、スピノザであれ、最も重要なことは、彼らが批判的思考とは何かを教えてくれるということです。

自分を知り自らの無意識に気づくこと

私は、近代の性格神経症の治療のために、古典的な精神分析法にとって非常に重要な補足となる三つの点に触れたいと思います。第一の方法は、自分自身を知り、自分の無意識に気づくことです。この言葉自体は、純粋に知的な意味で用いられるときは、まったく何の意味も持ちません。それは今日ではとても容易なことです。自分自身、つまり意識や無意識に気づくこと――これらは今やスローガンになっています。最も低俗でケチなビジネスの信条でさえ、デルフォイの神託である「汝自身を知れ」を利用します。この言葉自体は、単なる理論的、知的な概念になっています。

これらの言葉が何を意味し、何を語っているのかを本当に考えれば、すべてが鮮明になります。絵画を見るときと、実際には同じことです。つまり、レンブラントの絵を見るとすると（彼の名を挙げるのは、私の好きな画家の一人であるからです）、百回同じ絵を見ることができ、その絵はいつも新しく、いつも新鮮で、あなたに活力を取り戻させます。あなた自身もその絵に生命を吹き込みます。ところが、「ああ、レンブラントの『兜《かぶと》をつけた男』か」と言って通り過ぎ、次の絵画のところに移動することもできます。あなたはその絵を目にした。確かに目にした。しかし、見てはいなかったのです。

同じことは人間関係にも言えます。他人を本当に見ている人はいるでしょうか。ほとんどいません。私たちは皆、表面だけを見たり見せたりして、しごく悦に入って満足しています。ですから、我々の触れ合いは貧しく、まさに貧弱そのものであり、この貧弱さに抗《あらが》う触れ合いなどほとんど存在しないのです。そして、一種の仲間意識と親近感、絶え間ない愛想笑いによってお茶を濁されているのです。

次の問いは、自分自身を知るとは何を意味するのかということです。自分自身を知ることは、私たちが行っていることに気づくだけでなく、我々にとって無意識的であるもの、知らないことについて気づくということです。これはある意味で、フロイトの偉大な発見であり、彼はこのことを実証し、それを極めて明確に、おそらくこれまでになされてきた以上に明確にし、それによって自己知の領域を大幅に拡大させました。百年前は、「自分自身を知る」とは、本質的に「自分自身について知っていることのすべてを知る」ことを意味しました。今日では、それは、我々が自分自身について気づいていることと、気づいていないことの両方に関して、自分を知ることを意味します。つまり、我々自身の精神的生活の最大領域を明らかにすることです。これはすなわち、通常の意識的思考から分離したところで機能する領域であり、夜夢を見ているときや、精神病になって幻覚を見るときに舞台に現れる領域です。

違う方法で描写してもいいかもしれません。この新しい次元において、自分の無意識の生活という第三の次元において自分自身を知ることは、自由に生きること、目覚めることを意味します。事実、我々は目覚めていると自分自身信じているにもかかわらず、我々の大半は半ば眠っているのです。我々は実際には、生計を立てるのに必要な仕事を行うに足りるだけ、目覚めているにすぎません。生計ために十分なだけ我々は目覚めているのであり、なかにはやたらと目覚め切っている人もいます。しかし、自分自身である〔being ourselves〕という課題、動物的な機能を超えるという課題、自分自身を感じるという課題、有為の状態〔doing〕――つまり稼ぐ機械や愛する機械として存在すること――を超えるという課題、こうした課題のためには別の洞察が必要です。半覚醒状態で持ち合わせているような洞察では不十分です。仏陀が「覚醒した人」を意味していることを考えてみてください。それは私が言おうとしていることの象徴的表現となります。自分自身に真に気づいている人、人間存在の表層を通り越して根源へと突き抜けている人――それが覚醒した人です。

ほとんどの人の人生を眺めると、彼らがどれほど半ば居眠り状態であるのか、奇妙なことです。何も見聞きしても何も分からないし、自分が行いたいことも、その結果がどうなるかも、ほとんどの人が自分を分かっているつもりですが、まったく分かっていません。人々は、人間存在の問題への取り組みに関しては無知なのです。ビジネスに取り組むときは、とてもよく分かっています。彼らはどうやって成功を収めるか、どのようにして他の人間や自分自身を使いこなすかを知っています。しかし、それが生きるという問題になると、彼らは半分かそれ以下しか目覚めていません。

私としては、目覚めているということに関する私自身の体験に基づく印象をお伝えしたいのです。これは自分自身のことや他者について、関心のある人々に持っていただきたいものです。人々が自分はすっかり目覚めていると思い込んでいるときに、この半覚醒の状態に気づくのは、時間がかかります。実は、逆説的なことに、私たちは起きているときよりも眠っているときのほうが、自分自身に対していっそう目覚めている状態にあります。私たちは眠っているときや正気を失っているとき（少なくともある段階の狂気では）、確かに自分自身を、主体として、感情を有する人として、人間として、恐ろしいまでに気づきます。ただ、この気づきは外面的な生と分離されたままになっているだけです。それは暗闇のときだけ存在する、あるいは生物学的に言えば、生物が外界を操作し、自分を守り、食物を探しに行く機能から解放されているときに限って存在します。

しかし、私たちは起床するやいなや眠ってしまいます。そして、すべての洞察を失い、感情や知識のより微妙な過程への目覚めをことごとく失い、すべてに対して眠った状態になります。それが我々の生き方です。人が自分の生き方についてほとんど意識しないことは不思議なことでしょうか。豊かさのただなかにいて不幸を感じることは不思議でしょうか。最高の生活をするために必要なすべてを持っている人間が差し出すもがきが、不幸、不満足、失望、そして人生の幕切れに、生きてはきたが決して生き生きと生きてはこなかったという非常に苦い悲しい思いをしばしば抱くことが、不思議でしょうか。目覚めていたけれど、決して目覚めてはいなかったということは不思議でしょうか。それが、自分自身に気づくことの意味するものです。

自分の無意識に気づくために分析を受ける必要はありません。真に体験するためには、いくらかの関心と勇気さえあればよいのです。体験する勇気とは、たとえば、「長年にわたり私はこの人が好きで、これこそ立派な人であると信じた。でも、思いがけず、それはでたらめだったと分かる。私は彼を好きではなかった。彼が立派な人間でないことは常に分かっていた」といったものです。

実に奇妙なことに、私たちは自分が何を抑圧しているのかをも知っています。私たちが持つこの知識を表す言葉は、現実にないのです。自分が抑圧してきた物事についてのこの気づきを表す用語はないのです。それは言うまでもなく、フロイトが意味するところの「前意識」ではありません。なぜなら、前意識は意識に近いものであるからです。しかし、私たちの意識体系から完全に分離されているという意味で、どちらも抑圧されてはいないのです。確かに、いわゆる抵抗を通して保護されていることがほとんどですが、実に奇妙なことに、人が分析を受け、分析者が何かを告げる、もしくは分析をせずとも、何かが見え、洞察が得られ、思いがけずに分かることがとても頻繁に起こるのです。「しかし、私はいつもそれを知っていた。これまでずっと知っていた。それは目新しいことではない。私はそれを知っていたが、同時にそれを知らなかった」ということです。

このような気づきの現象が存在しますが、それは意識的なものでもなければ、古典的な抑圧状態という意味で完全に無意識的でもありません。この現象は、精神分析の技法にとっての確かな必然的結果でさえあります。患者の抵抗については、非常に多くのことが語られています。それは完全に正当化されています。抵抗は、我々が意識することを恐れているものに対する防護として、極めて強力です。しかし、頻繁に起きることですが、たとえば分析者が自分の見ている何かを患者に単刀直入に告げるとします。つまり、「これは私が見ているものです。私はそれをあなたに証明することはできませんが、これは私が聞いているものです」と言うのです。すると、患者が「そのとおりです。私はそれをまったく分かりませんでした。しかし、分かってもいたのです」と言うことはそれほど珍しいことではないでしょう。誰か別の人物によって、このように感じているということが、強力に、鮮明に、実に誠実に、しかも奇妙な超理論的な用語を交えずに表現されるとき、その人は、「ああ、そのとおりです、それは私です。おっしゃるとおりです。それは本当です」と答えるかもしれません。

それがどれほど頻繁に生じるかは抵抗の深さ次第です。抵抗が堅固であるなら、それは役に立ちません。しかし、抵抗が堅固ではなく、砦《とりで》が軽微にしか守られていない症例の場合には、無意識的な何かが、それに気づき、それを感じ取ることが、すぐに頭に浮かぶかもしれません。他方、「いいですか。これが私が見ているものです」と分析者が最初にはっきりと述べることができなければ、その抵抗を乗り切るにはより時間がかかるかもしれません。言えるとき、言えないときを見極めるのは、分析者の技量《スキル》の問題です。一部の症例では何の違いも出ません。なぜなら、抵抗があまりにも大きいと、「先生がおっしゃっていることは十分に分かっています」と答え、それに付け加えることなど何もありません。一部の症例では、それは危険なことになりえます。患者が「違う。それはまったく馬鹿げていませんか」と言っているという事実にもかかわらず、彼の無意識のなかでは反発している何かがあって、それは単に「これは馬鹿げている」というような反発ではありません。それで、翌日、あるいは一時間後に、この人にひどい抑うつ症状があるのは、それは突然示された真実に耐えられなかったからです。さて、このこと全体がそれほど抑圧されているなら、なぜ彼はこのように反発するのでしょうか。彼の中の何かがそれを聞いたからです。

「私がそれに気づいていないのなら、それは抑圧している。抑圧しているなら、たぶん私は一年間、精神分析医のもとに通わなければならない。分析に通うことができないか、通いたくないなら、放っておけばよい」――と我々が個人的に考えることは、いつだってあまりにもお手軽です。しかし、それほど単純なことではないのです。私が本当にそれに対して敏感であるよう自分自身を訓練したなら、何かを発見できるかもしれません。それは、分析者の助力などなくとも分かることで、私はある日、「ああ、それはまったく私が考えるようなものではない」と気づくのです。

自分自身の無意識に気づくために必要な感性は、我々にとって周知のことです。たとえば車を運転するのであれば、考えなくてもその車の音にひどく敏感になります。ほんのかすかな異音、気にならないほどのかすかな違いにも気づきます。私たちはまったく違うことを考え、前方の視界に完全に集中することができますが、騒音レベルや音質にわずかな変化でもあれば、たちまち気がつきます。

自分の身体に気づくということ

近代の性格神経症を治療するもう一つの方法は、自分の身体への気づきです。私が言わんとしているのは、ときに感受性と呼ばれるものです。私が言っている身体への気づきはほとんどの人が持っていないものですが、それは痛みがあるときにだけ身体を感じるからです。しかし、我々は痛みがなければ自分の身体を感じません。ほとんどすべての人が感じません。自らの身体に気づくということ、それも息をしていることだけでなく、身体がこわばっているときに自分の身体の全体や姿勢に気づくことです。それは、自分の心に気づくということにとって、非常に重要なものを付け加えます。分析場面で行われる心の分析の非常に重要な補助的手法として、私は誰にもそれを強く推奨します。

身体への気づき、身体的体験の再構築、そしてより大きな調和と身体のこわばりをほぐすことによって気づきを広げることには、極めて大きな重要性があります。私はエルザ・ギンドラーの方法に何年も取り組み、今やかなりの年月、太極拳を学習してきました。太極拳は、大変骨が折れると同時に大いにくつろげる一連の中国式体操であり、それから多くの恩恵に浴してきました。場合によっては、ゲオルグ・グロデックやヴィルヘルム・ライヒが発見したある種のマッサージが、非常に効果があります。

実際に自分自身を内面から解放する方法を学んだら、身体の姿勢においてもそれが分かるでしょう。抑圧している、内向きに堅苦しくしている状態と、すっかり打ち解けた後の状態のその人との間には、大きな違いが分かります。身体的姿勢や動作のなかにもそれを観察することができます。身体の感受性を高める方法について、特に訓練を受けていないにもかかわらずです。身体でもある気づきが、内面を打ち解けさせ内面の自信を持つことに効果があるだけではなく、双方向に働くのです。患者が内面的により自由になれば、その分だけ身体的により自由になるでしょう。

非常に大事なのは、身体の息抜きを図るだけでは十分でないことを忘れないことです。身体的姿勢の完全な調和という点では、実にとてもよくできている人――あるいはそう見える人――を私はかなり多く知っています。しかし、それと比べたら、彼らは深層に及ぶ問題、自己の主体性、自己感覚、親密さ、対人関係の深さと現実については、たいして解決できていません。したがって、私は分析的な意味での自己体験を依然として最重要視します。この分析的な自己体験は、それと同時に身体的な自己体験をもたらし、より大きな調和と身体をくつろがせるように導く方法によって、大いに促進されます。

私は自分の姿勢を観察することで、内面的な心の状態を量ることができます。それは状態に応じ変化します。調子がよくないと感じるなら、私の姿勢は疲労姿勢である前屈みになります。調子がよい、内面的にもよいと感じるなら、私の姿勢は違ったものになります（とはいえ私は、姿勢はどうあるべきかを人に見せられるような模範では決してありません）。言うまでもなく、身体を使うすべてを表しています。人の所作、座り方、さらに歩き方もそうです。背中を見れば、その人物が分かります。多くの人は顔を見るより歩き方を見たほうが、より容易にその人物の確認ができます。歩き方は最も意図しない、意識しない動作であり、それゆえに最も正直なものです。

同じことは所作にも言えます。もちろん、大根役者のように所作を身につけた人もいます。しかし、それなりの感覚を有する人であれば、何がまがいものであるか、何が身につけたものであるか、見分けることはできます。

ついでながら、同じことは字にも言えます。ときに筆跡がまさに美しいということもあります。とても美しく芸術的で感動的なもので、「何ときれいな字だろう」と漏らすほどの達筆です。しかし、非常によくあることですが、すぐれた筆跡学者にはこの達筆が完全に計画されたものだと分かるのです。つまり、その人はとても芸術的センスがあり、大いに才能を開花させたすばらしい人物であると自分を見せる印象を与えるような書き方を身につけたのです。それを身につけることはできます。それに、必ずしも意図的に、計画的にやっているとは限りません。でも、こうしたたくらみは見抜かれてしまいます。優秀な筆跡学者は、その種の書き方をされた字と、純粋な肉筆との違いが分かります。ときに、あなたは筆跡学者にならなくとも、それを見抜くことができます。ふだんは当人が美しいと考える特定のやり方で字を書いている人が、急いでいて突然何かを書いたのを見ると、「おやおや、まったく違う字ではないか」とその違いが分かります。なぜなら、その瞬間には文字を飾って書く時間がないからです。

いずれの身体表現も、最もかすかなものでさえ、私たちの魂を直接的に表現しています。ロートシルト博士は、最も才能ある精神科医の一人で、現在エルサレムに精神分析家として暮らしていますが、もっと若かった頃、人の性格をその人の靴底を見ることで分析できました。靴底のすり減り方から歩き方を極めて直感的に再現することができ、その人が歩くのを観察するまでもありませんでした。彼は靴底の摩耗の具合からその人物がどのように歩くか、その歩き方からどういう人であるかを推察できました。このような才能があるかどうかとは無関係に、我々の誰もがしぐさの意味、姿勢の意味、歩き方の意味を察知する感覚を養わねばなりません。やがて人は、この人物が何者であるかという立場で、身体全体や、人の身体の鼓動の意味という、より難しい問題へと進むことができます。機能として外に現れている事柄が我々の内的生活を表しているというだけでなく、ある程度は我々の身体の成り立ちが現在の自分の何がしかを象徴しているということです。しかし、それは非常に難しい問題です。たとえばクレッチマー*やシェルドンの類型論において、体格と躁鬱質や統合失調病質との関連性が極めてはっきりと示されているものの、いまだにほとんど見極められていない問題だからです。

集中し瞑想すること

他の方法は、定期的に大いなる修練をもって成される集中と瞑想の実習です。何千何万もの印象や刺激によって常時影響されている生活は中断される必要があり、自己を静寂かつ不動の状態に置くという経験をする必要があります。集中は近現代的生活のなかには、ほとんど存在していません。人々は心が散漫になっています。ラジオを聴きながら話をしたり、三つのことを同時にしたりします。会話に耳を傾けるときでさえ、この集中という一つの特長を欠くことがしばしばです。

集中を身につけること、行為のすべてに集中することは、もちろんどの分野でも物事を達成するための条件です。疑問の余地なく言えることですが、よい大工、よい料理人、よい哲学者、よい医師になることであれ、あるいはただ充実した人生を送ることであれ、物事を達成するためには、本当にひたすら集中する能力が必要です。「本当に集中する」とは、その瞬間は、あなたが行っていること以外には頭に何もなく、その他の何もかも、ほとんど忘れている状態を指します。集中はまた、他人に語る価値ある会話の核心でもあります。その瞬間、二人の語り手は話の内容とお互いとに対して集中します。

自然は、ある意味で一つの例を提供していました。なぜなら、性行為は最低限の集中なくしては不可能であるからです。別のことや株式市場について考えていたとすれば、性交は失敗し

＊　エルンスト・クレッチマー Ernst Kretschmer（一八八八〜一九六四）ドイツ人精神医学者。体格と精神病の関係から、肥満型の循環器質、痩身型の統合失調気質（分裂気質）、闘士型の粘着気質という性格・気質の類型論を展開した。

ます。なぜなら、ことの性格から言って、一定量の集中がなければ機能すらしないからです。しかし、それは、いわば自然的本性が我々に与えてくれたヒントであるにすぎません。たいていの人はそのヒントの意味とは受け止めていません。自分たちの人間関係に彼らは集中できないでいます。

極めて単純なことを例にとりましょう。アメリカ人は一、二名ではなく、少なくとも四人から六人を招く習慣があります。彼らがそうするのは、他人が二人だけになることは、親密さやもしかしたら集中が必要になるのではないかと恐れるからです。でも、六人いれば、集中は存在しません。これについては、大きな三つの円形舞台で同時にショーを行うサーカスのようだと言われます。十人なら、当然のことながらいかなる集中も消えます。一方、二人がともに語り合う場合ですが、仮にほとんど話さなかったり、何か極めて単純なことしか話さなかったとしても、真のコミュニケーションがまさにその瞬間に存在するのなら、一対一で語ることは比類のない重要性を帯びるものとなります。二人きりの対話がそこに存在しないというのは、真の意思疎通がないということに等しいのです。

集中の練習を開始するにあたって最も単純な方法は、ただ座って、目を閉じ、自分自身の呼吸を感じるだけにして、何も考えないことです。呼吸していることを考えてしまうと、その途端に感じられなくなってしまいます。つまり、身体で呼吸に気づくという状態ではなくなってしまうのです。いったん考え始めると、今は呼吸に気づけなくなります。なぜなら、自分の呼吸について考えてしまうからです。それは実際にすべての体験に言えます。考えた途端に、体験することをやめてしまうのです。

考えることと体験することの違いを明らかにするために、簡単な例を挙げましょう。ダンサーはダンスの動きを覚えていますが、頭のなかで覚えているのではありません。ダンサーの身体が覚えているのであり、その記憶は体のなかにあります。もちろんそうは言っても、記憶は脳のなかに収まっていますが、次にどう動くかを考えているわけではありません。実際に複雑なダンスで、次の動作が何であるかを考え始めたら、迷ってしまいます。ダンサーの身体は、動作への気づきと優れた記憶の持ち主です。同じことは楽譜にも言えます。次に何が来るかを考えるのではなく、それが聞こえるのです。記憶はここにあるのであって、思考のなかにあるのではありません。体験するとはどういう意味なのかは、実際には明白なことですが、よくあるように人は最も明らかなことを忘れるのです。

腰を下ろして何も考えないように努めてみると、それはかなり難しい、いや、非常に難しいことに気づきます。多くのことが心に浮かぶのに気づくでしょう。本のことや、その他もろもろのことについてです。それは、とりもなおさずあなたが集中していないことを意味します。なぜなら、多くのことに心を奪われ、気持ちが散漫になっているからです。やがて、頭にどのような考えが現れ、あなたの頭に現実に何が浮かんでいるかを見つめることができます。これは自己分析の好例です。それから、自分の仕事のことや、あれやこれや、自分が何をしているかを考えるでしょう。しばしば直接ではなく、間接的にですが、ある意味で自分にとって重要な事柄が頭に浮かぶのが分かります。

頭に浮かぶものは、どのようなものであっても実際に分析しなければなりません。集中していることを身につけるのは練習の問題です。あなたが腰を下ろし、そこに咲く花々を眺めるとしましょう。五分か十分の間そこに腰を下ろし、何もせずにこれらの花を眺めます。さまざまな考えが浮かんでも、興奮も落胆もせず、「ああ、集中することができない」とも言わず、「大丈夫、自然に考えが現れる」と言います。これを実践し、一週間、四週間、四年間もすると、集中することを身につけているでしょう。

集中の実践を身につけるために、とても役立つと思う本を皆さんに推奨したいと思います。その書『仏教的瞑想の心髄』は、私のよく知っているニヤナポニカ・マハテラ*が仏教における気づき、瞑想について書いたものです。彼はドイツ生まれの仏僧です。スリランカに住み、仏教をドイツの学問的伝統に結びつける非常に学識豊かな人物です。彼は多くの仏典をパーリ語やサンスクリット語から翻訳しました。ニヤナポニカは極めて興味深い人物でもあり、彼自身の人生で多くのことを達成しています。彼はとても活き活きとした、極めて刺激的な人物であり、いささかたりとも彼が生命力を失っている瞬間はありません。彼の『仏教的瞑想の心髄』は、仏教教典に関する利用しやすい卓越した解説であり、仏教的瞑想が心髄としているもの、つまり、念処《ねんじょ》〔マインドフルネス〕について記述しています。念処は気づきを意味します。つまり、自分はいかなる瞬間も自分の身体について、姿勢を含め、身体の中で起きるいかなることにも完全に気づいているということです。自分の思いについて、自分が何を考えているかについて完全に気づいているということです。「私は完全に集中している」というのは、正確にはこの完全なる気づきなのです。

自分自身のナルシシズムを発見すること

フロイトのナルシシズム概念の発見は、彼自身のリビドー論の準拠枠で説明したことで、その概念を狭《せば》めてしまったにもかかわらず、彼の最大の発見の一つになっています。とはいえ、フロイトによれば、これは、まず一次的ナルシシズムについて論じなければなりません。そこでは、すべてのリビドー〔心的・性的エネルギー〕が依然として自我のなかにあり、後にエス〔無

＊　ニヤナポニカ・マハテラ Nyanaponika Mahathera（一九〇一～九四）上座部仏教に所属するドイツ人僧侶。スリランカで得度し、複数の仏教書を著した。

意識的な本能的欲動の領域〕となり、やがてナルシシズムは対象に向かって送り出されます。そのナルシシズムがエゴやエスに再び引き戻されると、二次的ナルシシズムを論じることになります。このフロイトの見解は、リビドー説全体がそうであるように、極めて機械論的な概念です。他のいくつかのフロイトの概念のように、ナルシシズムの概念をリビドー概念から解き放ち、また、実際にユングが行ったように心的エネルギーというずっと広い意味でリビドーを用いるならば、ナルシシズムの概念はおよそフロイトがこれまでに発見したもののなかで最も重要な概念の一つであることが分かるでしょう。

私の理解では、ナルシシズム的人間とは、現実が主観的に進行する人にすぎません。その人自身の考え、その人自身の感情等々が現実であり、それらが現実を代表しているのです。それゆえ、小児は極端にナルシシズム的です。なぜなら、そもそも自分の外にまだ現実はないからです。精神病者が極端にナルシシズム的であるのは、自分の唯一の現実が自身の内的経験によってできているからです。また、我々のほとんどは、多かれ少なかれナルシシズム的です。つまり、大なり小なり自分自身のなかにあるものだけを現実と受け取る傾向があり、他人に関することはそうだとは思わないのです。私は、人間の理解にとって、すなわち、自分自身を理解することにとって、ナルシシズムの理解は最も重要なことの一つであると思いますが、それは正統派の分析においてさえ、実際に注目されてきませんでした。

私は、ここでもう少しはっきりとこのナルシシズムとは何かを我々の体験から説明しなければなりません。あなたは日刊紙の記事を書いたか、もしくは書いている最中で、二ページからなる最初の草稿を読んだとしましょう。すばらしい出来であるとあなたは思います。どうかしていますね。友人にそれを見せると、友人は今世紀最高の記事とは考えてくれないため、あなたはひどく傷つきます。翌日、あなたはそれを読み直し、「なんだ。これでは意味がまったく通らない。意味のないものだ。まとまりは悪いし論旨もはっきりしていない」と考えます。これは単に、記事を書いている間はナルシシズム的気分になっていたからだと説明できます。ここでいうナルシシズム的気分とは、私の考え、私の感情、私の身体、私の興味といった私に付随する何もかもが現実味を帯び、その他の私に関係のない世界は現実味を帯びない、色彩のないモノクロであり、何の重みもないことを意味します。私は完全に異なる二つの物差しで比べています。すなわち、私のもの、私に帰するものが私の見方であり、それは大きな字で書かれ、色彩を持ち、生き生きとしています。そう感じるのはそれが真実だと私が言っているからであり、証明する必要はありません。私は自分自身のとりこになっている——自分の仕事、自分の考えに魅了されているという意味です。しかし、自分の外にあるものは、何の印象も残らず、ほとんど感じることができないのです。

次の例は極めてよく見られるものですが、また同時にナルシシズムの別の側面についてのよい説明となっています。既婚者でありながら、多くの情事をしないではいられない男を例にとりましょう。彼は、妻のところで見事な口説き話を全部すると、妻が喜ぶと期待しています。彼は分析家のところに来て、「妻は私を愛していません。なぜなら、彼女は私の口説き話に満足してくれず、私がしていること、何人の女が私になびいたかに興味が持てず、無関心だからです」と言います。この男の馬鹿げた議論は、彼が自分、すなわち自分に関係することだけを体験する能力しか持っていないということを示しています。つまり、彼自身はそうした類のことが必要なので大満足ですが、妻の実感《リアリティ》を理解する能力は完全に欠けています。極めて当然ながら妻はあまり愉快でないことが分からないのです。彼女がそこに座って夫の話に耳を傾け、その話をとても喜んだとしたなら、彼女は神経症であると言えるでしょう。なぜなら、彼女は母親のように振る舞って、サッカーで何試合勝ったかというような自慢話をする少年であるかのようにこの男を見なしていることになるからです。

ナルシシズム的人間は、自分のナルシシズムを肥やしにして生きているのです。ナルシシズム的人間は、ひどく不安定な人間です。なぜなら、すべての感情がしっかりとした根拠を持たず、これらのどれもが現実に基づいていないからです。発言をしても、それは考えた末に成されたものではありません。思慮深さや仕事や実体のあるものとの接触によって達成された発言ではなく、単に言葉を発しただけです。それが自分の発言であり、自分の発言だからこそ真実であると考えます。ところが、本人は自分のナルシシズムを確認してもらいたいという強い欲求があるので、確認してもらえないと、すべてを疑い始めます。それじゃあ自分は何なのだ、と。もしナルシシズム的な人間の発言が、それが本人の発言であるがゆえに真実になるとすると、一歩退いて、「そうか、次回はもっとうまくやろう」と言うことはできません。例を挙げます。ある人がパーティの席で何かを話した。彼はとても知的な人物だとしましょう。彼は常に賞讃されてきた。次に、彼がちょっと馬鹿げたことを言ったか失敗をして、人々に気づかれたとします。それほどまずいことではなくても、彼はひどくふさぎ込んでしまうでしょう。彼を守ってくれる鎧《よろい》に穴が開いてしまいました。というのは、自分が行うことは何事もすばらしいと信じられなくなったからです。彼の存在すべて、安心感すべては、彼の確信、主観的な確信に基づいているだけなので、もし彼を批判する人や期待外れであると見なす人に会うと、攻撃されたと感じます。すると、彼の自己信仰、自己肥大の全体系に穴が開き、非常に意気消沈するか激怒することになるのです。

ナルシシズム的人間のナルシシズムを傷つけたときにまさる激怒はありません。ナルシシズム的人間は他の何もかもを許すことがあっても、自分のナルシシズムを傷つけられることは決して許せません。それは、実際のところ我々が常に忘れてはならないことです。ナルシシズム的人間に対してはほとんど何でも行うことができますが、そのナルシシズムに切り込んだり傷つけたりしたら、表に出すか出さないかはともかく怒りを招くでしょう。そして、復讐したいという意識になるでしょう。それはナルシシズム的人間を殺すに等しいものであるからです。

非常にナルシシズム的な人間がしばしば大変魅力的であるのは、自分自身にとても自信があるからです。彼らには自信が滲《にじ》み出ています。そのような魅力的な男性がいて、女性が彼に恋してしまうと想定しましょう。彼女は彼を賞讃します。彼が非常に自信を持っているためです。彼ほど自信のある人はいません。それほどナルシシズム的でない人なら、自分に関しても、何事に関しても自信が持てません。数カ月経って、彼女はあることで彼が間違っていると考え、非難します。この時点で、彼が彼女を愛したのは、彼女が他の娘よりも彼を賞讃したからに他なりません。たいていの場合、それは選択の問題です。つまり、誰が最も賞讃するかという競い合いがあるのです。彼女は最も彼を賞讃しましたが、今は彼を非難することですべての状況を悪化させています。彼にとってそれは、「彼女は私を信じてくれない。彼女は危険だ。脅威だ」ということを意味するからです。彼はありとあらゆる種類の反発を示すでしょう。非常に意地悪くなって、彼女が再度批判する勇気がなくなる可能性もあるし、彼女を捨てることもできます。そしていつもどおり、彼女は自分を理解していないと不平を言います。相手の人間が自分を理解しないという不平は、特にナルシシズム的人間には標準的な不平です。そのような不平は、彼らが自分は理解されていないと考えるから起こるのです。

ナルシシズム的人間はまた二人精神病*〔folie à deux〕になることがあります。私はある母親と娘の症例を思い出しますが、二人とも自信家で、この国全体のなかで、自分たちだけが清潔でたしなみがあり、料理法をわきまえているのだと言っていました。誰でもそれは狂っていると言うでしょう。彼女らの偉大さと無謬《むびゅう》性へのこの完全に無批判な信念は、紛れもないナルシシズムの現れだからです。ある男が、「我が国は最もすばらしい国であり、我々は他のどの国の人々よりも優れている」と言うとき、彼は愛国者で忠誠心があり、よき市民であると言うことができます。頭がおかしいと言う人はいません。なぜなら、同じ信条を皆と共有できているからです。他の人も皆そのように感じることを好むし、他国の人間もまた自国についてそう感じることを好むからです。このような両者が相まみえたときに、そこにすさまじい憎悪が生じるのは、どちら側も、自分が偉大であるというすばらしい感情を他者と共有できる集団ナルシシズムを維持する必要があるからです。

集団ナルシシズムは、貧しい人間のナルシシズムです。金持ちや権力を持つ人間には、その財力によって、権力によって、また権力があるという感覚を与えてくれるもろもろの現実的諸要素によって、自らのナルシシズムを支えられる十分な現実があります。貧しい人間――私は

* 二人精神病は、ある患者の精神病の症状がその人と密接な関係にある他の一人（ときに複数の人）に同一の形で現れる精神病。

単に貧しい人間のことではなく、平均的な人間のことを言っています――には何があるでしょうか。どこかで雇用され、主張もなく、競争相手を恐れていて、その全人生は激しい生存競争です。彼は誰に感銘を与えることができるでしょうか。おそらく彼の幼い息子や愛犬に対してはできるでしょうが、息子も大きくなり、妻もまた自立できるようになっています。しかし、彼が集団ナルシシズムに加わることができ、この国家の一員と感じることができるときには、私は最高だ、私は他の誰よりもすばらしい人間だと感じます。そのようにして、彼はこのナルシシズム的体験に酔うことができるのですが、この体験が集団に広がると、この集団の全成員のなかに意見の一致といった総意が生まれます。事実この体験は、自分たちの並外れた素質への信頼を広く表明できるとき、人々を一つに束《たば》ね、強固にさせます。これがいわゆるナショナリズムであり、たいていの戦争の根底にあるものです。

おびただしい量の集団ナルシシズムなら、家族ナルシシズムに見出すことができます。秘められた家族のナルシシズムがあります。こういう家庭のことを考えてみたらどうでしょうか。母親が少し上の、一段高い社会階層の出身で、自分は夫の家族よりもよい出自であるとずっと感じ続けるとします。あるいは逆に、それが父親の場合でもいいです。子どもはすでに生まれたときから、コーエン家やスミス家がいかにすばらしいか、もう一方の家族がそれほどではないかを聞いていています。そして、それが彼らの階級意識となります。なぜなら、その家族は同時にはなはだしい階級のナルシシズムを引き継ぐからです。別の階級の人と結婚しないのは、同じ背景を持った人同士のほうが理解し合えるからと理由づけされます。しかし、結果としてそのようにならないのは、同じような出自同士の結婚は、自発性や喜びに欠け、彼らの不幸に輪をかけるからです。

それにもかかわらず、ナルシシズムの程度は人によって大きく異なります。極度にナルシシズム的人間で、狂気とは言えず、正気を逸しているとも言えない人がいます。精神病者は、世のなかにひどく傷つけられたために極度に引きこもっています。世の中との接触を刷新することをあまりにも強く願ってきたがゆえに、かえって引きこもるのです。しかし、彼は精神病ではないナルシシズム的人間よりは、人に対してずっと繊細です。ナルシシズム的人間はしばしばひどく無神経です。なぜなら、他人のなかに起きているものを見たり、知ったり、考慮したりすることができないからです。

非常にナルシシズム的な人間は、事態がどうなっているか心配しないので、確信し切っています。彼は確信を持って話すことができます。なぜなら、彼の確信のどれもが彼が考えている事実に依っているからです。もしそれが彼の考えであるなら、それは真実です。偏執症《パラノイド》現象を例にとりましょう。ある人が、別の人を自分の敵であるか、その人が自分を嫌っていると考えているとします。これは完全な真実かもしれません。彼はときに相手の人物が自分に何か危害を加えるかもしれないと、少し恐れることさえあるかもしれません。この偏執症の患者はどう反応するでしょうか。彼は相手の人物が彼を殺そうとしていると確信します。この確信が揺るぎのないものであるのは、他人の敵意を感じたという主観的体験が形を変えたものだからです。彼にとってはそれが事実なのです。事実であるゆえに彼はその事実の存在を信じています。それは他人の敵意という彼の主観的な感情が事実同然となっていて、現実がその病像に入り込めないからです。

同じことは妄想にも言えます。ある人が、彼の母親がライオンになったという夢を見るとしましょう。これはしばしば男性の夢の主題になります。さて、それは夢においては正常なことです。もちろん、フロイトが述べたように、夢は一時的な精神病であり、そこではあるがままの現実は見られず、我々自身の主観的な体験が現実となります。しかし、ある人がおびえと恐怖に満たされ、「母はライオンだ。私を喰おうとする」と言い、そのライオンが入ってくるのが見えて、「ライオンがやって来る」と言ってそれが現実であると考えると、我々は、彼は狂っている、正気でないと言います。彼は妄想を抱いています。つまり母親がライオンだというわけですが、実際に、彼の現実は母親への大きな恐怖でいっぱいなのです。しかし、彼の主観的恐怖が現実と同じになり、彼の感情が現実となるため、彼女がライオンだと言うことができ、彼女のなかにライオンを見ることができます。彼の全感覚器官と現実感といったものは、完全に姿を消しています。

ナルシシズムを理解することは、人間の不合理な行為や自分自身を理解するための一つの鍵です。人間の不合理な数々の反応は、だいたいにおいてナルシシズム的な現象に基づいています。極めてナルシシズム的な人間を分析することが極度に困難なのは、相対的に近づきがたい存在であるからです。ナルシシズム的人間はたいてい、自分の偉大さが保持されないような気持ちにならないよう、分析者は頭が悪く、敵意を持っており、嫉妬《しっと》深く、愚かであるなどと言いたい放題言って、反発するでしょう。なぜなら、自分のイメージを保持することが彼には重大問題であるからです。したがって、分析は極めて注意深く、極めてゆっくりと実施するしかありません。

ナルシシズムの程度は人によって大きく異なります。狂気とは言えず、正気を失っているとも言えないけれど、極度にナルシシズム的な人たちがいます。さらに、狂っているとは言えない人のなかには、極端にナルシシズム的な人だけでなく、ナルシシズムの程度はさほど劣らないが、銘々が自己観察や比較、他人の観察などによって、自分のナルシシズムを自覚している人たちがいます。自分のなかのナルシシズムを体験せずに、また他人のナルシシズムを明瞭な形で見ることなく、ナルシシズムを語るのは理論的に不可能です。したがって、ある意味で人は実際にナルシシズムを理解でき、それにラベルを貼るだけではありません。そうした体験なしにナルシシズムについて語るのは、まったく無意味です。なぜなら、月の裏側について語っているようなものだからです。

ナルシシズムは人間の発達に関する極めて重大な問題です。仏教、預言者的なユダヤ教、キリスト教、あるいは人間主義的な言明と受け止めることができるものであるかどうかはともかく、それらの教えのいずれもが、本質的には自分のナルシシズムを克服することに尽きると要約できるはずだからです。それは、あらゆる愛、あらゆる兄弟愛の始まりです。なぜなら、人はこのナルシシズムによって互いに疎遠になるからです。ナルシシズムは、自己愛〔self-love〕と混同されます。* 哲学の伝統において、ナルシシズムあるいは自己中心性は、自己愛とまったく違うものであることが極めて明快に分かります。なぜなら、自己愛も愛であり、愛においては、私の愛の対象が誰であるかはどちらでもよいからです。私自身も一人の人間です。

人は自分自身を肯定し、愛するような態度を持たねばなりません。自己中心的な人は、実は、自分を愛しておらず、だからこそ貪欲《どんよく》なのです。総じて、貪欲な人は満足していない人です。貪欲は常に深い欲求不満の結果です。満足した人間は、権力や食物やその他何であろうと貪欲ではありません。貪欲は常に内面の空虚さの結果です。そのため、たとえば、強い不安やうつの状態にある人々が、衝動的、強迫的に食べ始めることがあるのは、彼らに空虚感があるからです。

各々の個人が発達や成長を望むのであれば、重大な取り組みの一つは、自分のナルシシズムを認識することでなければなりません。挑戦しなければなりません。ゆっくりとそれを認識すれば、ゆっくりながらすでに健全な一歩を踏み出しており、前に進んでいます。そして、あなたの認識が向上するなら、それが最も好ましいのです。しかし、ナルシシズムを認識するのはひどく困難なことです。なぜなら、あなた自身が自分を裁く判事だからです。つまり、自分の考えることを信じているのですが、そうするとあなたを糺《ただ》すことができるのは誰でしょうか。あなたの間違いを示すことができるのは誰でしょうか。あなたの視点からは、ナルシシズムに気がつかないし、自分がどこを向いているのか分かりません。

練習をするダンサーにも同じことが言えます。ダンサーにとって重要な問題は、その練習がどれだけうまくできたかが主観的には分からないことが多いことです。そのため、彼らは鏡を見なければなりません。純粋に主観的な感じからは、美しい動きをしたか、タイミングは正しかったか、素早く動けたかといったことはダンサーには分からないからです。主観的基準では判断しようがありません。それは、スピードについての感覚に似ています。位置を測るための別の地点がなければ、どれだけ速く動いているかまったく分かりません。さて、ナルシシズムにおいては、他人が基準点となりえます。つまり、他人に何かを告げて、その人が「いやあ！

＊〔原注〕この混同については、以下で書いている。*Man for Himself*, 1947a, pp.119-141.

それはまったく馬鹿げていますよ」と言う。そう言われて、あなたがそれを信じるのは、ひとえにあなたがそう考えているか、あなたの関心事であるから信じるのです。普通、人はそういうことはしない。しかし、分析者は、自分自身のナルシシズムについて十分な経験を有していれば、それを行うことができます。ナルシシズムを克服することは一生の仕事です。誰かがナルシシズムを完全に克服するなら、その人はキリスト教徒が「聖人」と呼び、仏教徒だったら「覚者」と呼ぶ人間であると言って差し支えないでしょう。あるいは、エックハルトなら「正しき人〔just man〕」と呼ぶでしょう。しかし、克服の程度はあまり重要ではありません。大事なのは、どの方向に進んでいるかなのです。

自分自身を分析する

最後に、自己分析に言及したいと思います。分析が成功に終わるのは、自己分析を今後一生毎日続けると一歩踏み出したときです。その意味で、自己分析は一生を通じての絶え間ない活発な自己への気づきであり、気づくこと、ますます自分自身に気づくこと、自分の無意識的な動機や、精神のなかの意味あるすべて、自分の目的、自分の矛盾や食い違いについて気づくことです。ごく個人的なことを言わせてもらえば、毎朝、私は一時間半の間、集中と瞑想の訓練を結びつけた自己分析を行っていて、それなしに暮らしたいと思いません。私はこれを自分が実践している最も重要なことの一つであると考えます。しかし、それはとても真剣でなければ、それが有する大切さを重視しなければ、成し遂げられるものではありません。

自己分析は趣味としてたまに、あるいは気分が乗ったときに行えるようなものではありません。何事も気分が乗ったときに行うことは、いただけません。気分が乗ったときに音階の練習をするというのでは、よいピアニストにはなれません。音階の練習をする気分になることはまずありませんし、ほとんどの音楽家もそうです。彼らが練習をするのは、しなければならないからです。彼らは音階の練習をしなければ、決してバッハを弾くことはできないことを知っています。人生を真摯《しんし》に受け止めたいのであれば、やらなければならない多くのことがありますが、それはそれ自体が楽しいものだからではなく、他のことにとって必要だからやるのです。

私はこれを自己分析や、集中、瞑想に当てはめるつもりはありません。これは音階の練習ではありません。反対に、これは言葉のより深い意味で、ことのほか喜びに満ちた活動です。それは、とても満足感をもたらしてくれる活動です。それは学習されねばならないし、練習を積まねばなりません。したがって、分析を受けた体験がなければ、より難しくなります。分析を受けたことがなくても可能であるとは思いますが、その人がより厳しい難題に苦しんでいるなら、非常に難しくほとんど不可能となります。というのは、あまりにも自分自身の問題に巻き込まれていて、抵抗が大きすぎるからです。要は、自分自身を分析したいなら、基本的な抵抗が弱まっていなければならないということです。つまり、巨大な抵抗があるという気づきに逆らうものが生活のなかにあるのならば、私は当然、自己分析ができません。合理化などを用いて、これは違うと自分自身を納得させるだろうからです。それは本質的には、抵抗の深さあるいは強さの問題です。さらに、このようなことを可能にする他の多くの要素が問題です。たとえば、生活の状況、本当により幸福な人生を送りたいという欲望の強さです。

自己分析の実践は、精神分析を受けたことがあれば、より容易になります。しかし、その分析は幼児期の問題だけに集中するのではなく、その人の実存全体の観点から人生全体をとらえたものでなければなりません。すなわち、自分は人生のどこにあるのか、自分が行っていることの結果とは本当は何であるのか、自分の基本的な目標とは何か、そしていかなる真の目標があるのか、あるいは真の目標の欠落は何か、というふだんは意識されていないことについてです。この種の分析があれば、自己分析はずっと容易なものになります。自己分析に関するカレン・ホーナイの本は興味深いものですが、私にはそれがあまり役立つとも、あるいは実に役立っているとも思いません。なぜなら、彼女は自分自身の分析的知識を基礎として自己分析をしているからです。

自己分析は、実際には単純なものでなければならないし、単純にすることができます。毎日三十分間を充て、歩きながらじっくり考えてもいいでしょう。たとえば、「昨日は疲れた。十分に眠ったのに、なぜ疲れたのだろうか」と。そして、「私は実は不安だったのだ」と発見するかもしれません。さらに進んで、「なぜ私は不安だったのだろうか」と自問するかもしれません。さらに、本当は怒っていたことに気づくかもしれません。あるいは、頭痛がして、自らに問うかもしれません。頭痛を感じると決まってこう自問したらよいかもしれません。「私は誰に怒っているのか」と。それが分かれば、たいていの頭痛は消えます。若干の頭痛が消えないのは、その痛みは身体の器質的な理由があるからです。たとえば、偏頭痛は、周知のことながら、抑圧された怒り、絶え間なき抑圧された怒りや非難が原因であり、同時に自分自身に緊張を引き起こすものです。多くの心身症には、そのような作用があります。

自己分析のためには、「私の子ども時代に何があったか」のような漠然とした問いをするべきではありません。ひとたびありふれた質問を自分にし始めれば、いろいろなことが頭に浮かんでくるでしょう。自分が本当はどう感じているか知ろうとするようになるでしょう。たとえば、あなたがある人物に会ったとして、「私は本当は何を感じていたのだろうか」と自問するとします。あなたは意識上ではその人物を好ましいと言うでしょうが、心の奥底ではいささか疑問を持っているかもしれません。自己分析は、じっくり時間をかけて、ゆったりした気分になって、いろいろと感じ始めるということを意味します。ここでもまた重要なのは思考ではなく、自分の感情を使って実験することなのです。「私は、本当は何を感じているのだろうか」そう問えば、あなたはこの人物を非常に嫌っていたり恐れたりしていることに気づくかもしれません。あるいは、気にも留めていないことに気づくかもしれません。または、よい気分で微笑《ほほえ》んで、彼に好感を抱いていたことに気づくかもしれません。というのも、この人が重要人物とされていて肩書きか何かであなたによい印象を与えたからとか、母親の兄弟か何かだったからとか、とにかく理由は何でもいいのです。思うに、誰であれ非常に簡単なことから始めて、たいそうな計画や理論武装なしで、極めて直接的に単純に毎日三十分を充てて、前日に自分のなかで何が起きたか感じ取り、意識しようと努めるなら、次第に多くのことが発見できるようになるでしょう。

たいていの人は、そうする時間がないと言います。それではことはすでに終わりです。これが際立って重大なことであれば、当然ながら人はそのための時間を作るものです。人が何かにつけて「私には時間がない」と言うとき、それはすでに一つの決断なのです。それはさほど重要ではないという決断の言い訳です。金を稼がねばならないのであれば、「私には仕事に出かける時間がない」とは言いません。両親が救いの手を差し伸べてくれなければ、あなたは解雇され、食べていけなくなることが分かっているからです。両親がいなかったなら、誰も助けてくれません。自己分析を試み、それを実践し、忍耐力を持てるなら、何かそれ相当のことが起きてくるのに気づき、より自立したより自由な人間になることでしょう。なぜなら、他の誰かに何もかも吐き出すことがなくなるからです。絶えず打ち明け話をするのでなく、自分自身の胸の内に収めておく一定の能力が人にはあります。

自己分析に関連して日記をつけることは、若干ながら自己分析から生き生きさを失わせます。もちろん、日記を毎日検討吟味《ぎんみ》するならば役に立つかもしれません。やってみたらよいのは、自分の夢を日記に書き留め、それらが本当は何であるのかを見つめることだと思います。人々を分析的に扱うより、ただ夢の解釈者であることを習慣とする精神分析家がいるはずです。ある期間に見た夢を書き出すことはできるはずです。私が分析家に強くすすめたいのは、被分析者に夢を書かせて、四週間に一度持ってこさせ、これらの夢の解釈の助力を求めさせることです。分析者は最初の二、三時間の面談の後に、解釈を差し出すことができるはずです。そうすれば、話している被分析者がどのような人であるのか、自分たちの状況がどのようなものであるかが分かります。しかし、それを実行する際には夢の解釈者としての役割を愚直《ぐちょく》に務めることです。私はそれが非常によい方法になるだろうと考えるのですが、それは、それ以上の強力な助けを必要としない多数の人は、自分の夢を分析すれば自力で自己発達を大いにうながされるはずだからです。そこには次のような大きな利点もあります。つまり、そのような人は分析者に依存しないで、自立した自分でいられるということです。

第十一章　精神分析的「技法《テクニック》」――あるいは耳を傾けるという技《アート》

技法〔technique〕とは、ある技〔art〕の規則を対象に応用することを指すものだが、その過程で、技の意味は、微妙だが重大な変化を被ってきた。技法的なものは、機械的なもの、生きていないものを扱う規則に適用されてきた。それに対して、生きているものを扱うのに適切な言葉は「技」である。このような理由から、精神分析的「技法」という概念には欠点があると言える。なぜなら、それは生きていない対象にふさわしいものなのであり、したがって人間には応用できないように思えるからである。

我々が確かに言えることとは、精神分析は人間の心、とりわけ意識されていない部分を理解する手続きである。それは詩の理解にも似た技＝アートである。

すべての技と同様に、この技はそれ自体の規則と規範がある。

・この技を実践するための基本的な規則は、聴き手の完全な集中である。

・聴き手は、重要なことが何も頭に浮かばないようにしなくてはならない。貪欲だけでなく不安からも、最適な形で解放されていなければならない。

・聴き手は、自在に働く想像力――言葉で表現できるほど十分に具体的な想像力を持たねばならない。

・聴き手は、相手に感情移入する能力を備え、さらに他者の経験を自分の経験のように感じられるだけの強さを備えていなければならない。

・そのような感情移入を可能にする条件は、愛する能力にとって決定的な一面である。相手を理解するとは、相手を愛することを意味する。それは性愛的な意味での愛ではなく、相手に手を差し伸べ、それでいて自分を見失う恐怖を克服しているという意味での愛である。

・理解することと、愛することは不可分である。この二つが分離しているなら、それは知的過程であり、本質的な理解への扉は閉ざされたままとなる。

セラピー的過程の目標は、無意識的な（つまり抑圧された）情動や思考を理解することであり、その原点と作用について、気づき、理解することである。

その不可欠な規則は、患者に、できるだけ何でも言うように指示することである。何か言わないようにしているものがあるなら、患者はそのことを述べるべきである。特に強調されるのは、患者にはいかなる種類の道徳的義務もなく、真実を言う義務さえないということである。

（患者が嘘をついたら、最終的には分析者が気づくべきである。気づかないのは、分析者が適性を欠いている証拠なのだから。）

分析者は、公的記録に記載されている自分自身に関する事柄、たとえば年齢、訓練履歴、社会的出自など、患者が知る権利があるような事柄については、質問されたらすべて答えなければならない。その他の事柄については、患者はなぜ正当な請求権があるのか、もしくは、患者が立場を逆転させ、精神分析家を分析したいのかどうかを示さねばならない（たとえば抵抗のためである、とか）。

セラピー的関係は、礼儀正しい会話や世間話の雰囲気ではなく、率直さを特徴とするものでなければならない。いかなる嘘も、精神分析家は表明してはならない。分析者は、患者を喜ばせようとしたり、印象づけようとしたりしてはならず、自分の領分にとどまり、自分を見失わないようにしなければならない。そのようになるためには、自己分析を積み重ねていることが必須《ひっす》である。

訳者解説――総合的理解のために

堀江宗正

本訳書はフロムの死後出版本である『*The Art of Listening*』の全体訳である。その成り立ちについては編者序文を参照してもらいたい。この訳者解説では、本書で示されているフロム最晩年の思想を体系的に解説することを目指す。初期の著作はフロム自身がその思想を体系的に記述していると思われるが、後期の著作はやや断片的である。さらに本書の場合、フロム以外の人間がさまざまな機会での講演を編集したものであるため、一貫性や体系性に乏しい。だが、初期の著作に劣らず、本書の内容は重要な価値を持つ。何と言ってもフロムが生前に公表しなかったものの、相当の時間をかけて到達した彼独自の精神分析の方法論が開示されているのである。しかし、本書を漠然と読んだだけでは、その意義がよく伝わらないのではないかと訳者は恐れる。

この訳者解説は、本文に先立って読んでも、本文を読んでから目を通してもらってもかまわない。どちらにしても、フロム自身の語りに「聴く」という体験を、いささかでも深めるものになることを願う。

一．フロムの人間論

人間と生とリアリティ

本書を訳していて頻繁に出会ったのが、「real」「really」「reality」などの言葉である。通常であれば、文脈に応じて「本当の（に）」「実際の（に）」「真の（に）」「現実の（に）」「現実」などと訳し分けるところだろう。しかし、フロムはこれらの言葉に特別な意味を込めているようだった。それは「実感」、つまり「媒介《ばいかい》を経ずに何かを実際に体験したときの生き生きとした感じ」である。これは日本語では「リアルだ」とか「リアリティがある」といった言い方ですでに浸透している意味であろう。そこで本訳書では、「リアリティ」「リアル」などと訳すことが可能な場合はそのようにし、それほど強い意味を込めていないときには、文脈に応じて訳し分けることとした。

フロイトの場合、ことは簡単である。「現実原則」という用語があるが、これは要するに「欲求の充足よりも現実の社会的生活を重視すること」ととらえればよい。また、「現実検討」という用語もあるが、自らの観念を社会的現実と照らし合わせて検討することととらえればよい。いずれにしても、フロイトが目指すのは物理的、社会的な「現実」への適応である。

ところが、フロムは本書で、そのような社会生活の「現実」よりも夢のほうがリアルだと言う〈本書一七一頁〈以下同〉〉。フロイトにも「心的現実」という言葉はある。それは物理的現実とは別の、心にとっての現実のことである。フロムの言うリアリティはそれに近いが、「心的」という言葉はついていない。むしろ、それこそがリアリティだと言い切るのである。

つまるところ、フロムにとっては、生き生きとした生の実感こそがリアリティである。そして、それを物や制度に肩代わりさせることは、生の外面化、物象化、疎外に他ならない。それは生気のないもの、死んだものである。そのような外的な「物」を所有することによって自分の存在を規定する近代人特有の存在様式を、フロムは〈所有 having〉とし、そのような物へのとらわれから脱し、主体的に自立的に生きるような存在様式を〈存在 being〉として区別した。生から遊離したシステムに順応し、権威に服従することを「正常」とする社会は、かえって病的である。それに適応できない神経症者のほうが、ある意味、正常なのであり、そのような社会に適応することで「健康」と見なされている人々こそが、実は神経症的なのである。

フロムにとって何よりもリアルなのは、「生」そのものであり、本書でも「生」はキーワードである。それは何かと問われれば、人間が生きることそのものとしか言いようがない。なぜなら、それは「死んだもの」でない以上、生と別の「物」に置き換えて定義することができないからだ。

だが、外面的な物を全否定し、生の実感のみを重視するような生き方は、刹那的にならないだろうか。フロムはそのような極端な主張をしているわけではない。生を使って何をするかが大事だとも言っており、恒久的な価値の実現を目指すのである。とはいえ、それは生以外の物を残すことを意味しない。生そのものが、作品、芸術作品 work of art、あるいは技 art のなす仕事 work である。

生が目指すもの、その成果とは、財産や富ではなく、人間の十全な発達full development of manなのである（一二三頁）。

このような仕事＝作品を残した後はどうなるのだろうか。結論から言えば、それは別の誰かに技として学ばれることによって、また別の生の発達につながってゆくのである。

本書ではほとんど登場しないが、フロムは初期においては「生産するproduce」「生産的productive」という言葉を多用していた。物質の生産を連想させるせいか、後期においてはあまり使われていない。一方、日本語の「生み出す」という言葉は「生」という漢字を含み、フロムが「produce/productive」に本来込めたかった意味をくむだろう。つまり、機械が物質を生産するのではなく、生命が生命を生み出すイメージを喚起する。生は何かを生み出す。それが新たな生につながる。生物学的な生殖に限らず、人間は自らの生を通して、後代の人々の生を導くような理念を生み出す。生を導く理念は、反復する本能とも、刹那的な衝動とも異なり、蓄積され、継承され、学習されることで、理性として個人個人のなかで発達するだろう。

人間の生き様は、技として完成し、文化や宗教の教えとして残される。それを理想として学ぶことで、後世の人間は、今度は自分自身の生き様を技として完成し、残す。しかしその教えは、形骸《けいがい》化し、非合理的な権威として人間に服従を迫ると、支配の道具と化す。人間はそれに支配され、また他人を支配する道具と化してゆく。

関心――間に存在するということ

フロムは人間主義、ヒューマニズムの思想家と考えられる。人間が人間らしさを失うような社会を批判し、人間が人間らしく生きることを説くのである。

それにしても、「人間」とは何だろうか。それを理解する鍵となるのが「人間への関心」という言葉である。フロムによれば、「関心 interest」という言葉は、本来はラテン語で「間に存在すること inter-esse」を意味していたという。人と人との間に存在するがゆえに、人は他の人に関心を抱くのである（二七五～六頁）。この「間に存在すること」は、フロムの「人間」規定の根本に関わる。

フロムによれば、人間とは、実存的二分性の状況のなかで理性と愛を発展させる存在である。実存的二分性とは、世界や自然の一部でありながら、それから自立していること、あるいはどこまで発達しても、世界の一部でしかないという人間の条件を指す。それはジレンマを強いる。人間はそのなかでどのように生きるべきかを模索しなければならない。そのために必要なのが理性である。また、他の人間や自然と調和して生きなければならない。そのために必要なのが愛である。こうして理性と愛を発達させるのが人間という存在である（『人間における自由』東京創元社）。

フロムは明確化していないが、以上の二つの人間規定を合わせると、人間は、自然と自己の「間に存在」し、他の人間との「間に存在」し、そうであるがゆえに、自然や他者に「関心」を持ち、衝動だけでなく理性と愛をもって関わろうとする存在だということになる。それはごく親しい身内だけに限られる関心ではなく、人類と世界への関心に発達する。そして、そのような人間は、死んだ生産物への関心よりも生き生きとした生命に関心を持つことで、自らも生き生きとした存在となるであろう。

関心の喪失と回復

フロムによれば、「interest」という言葉にあったこのような深い意味は現在では失われ、「興味がある interested」と言えば、表面的で取るに足りないことだと言っているのと同じになっているという。日本語でも、「興味がある」「興味がない」という表現は、事柄そのものの重要性より、移ろいやすい個人的好き嫌いから物事を取捨選択する際に使われる。

ところで日本語では、このような「interest」の現代的意味を「興味」と訳し、フロムのいう「間にある存在」として抱くような「interest」を「関心」と訳し分けることもできる。日本語の「関心」は「能動的に関わろうとする心構え」であり、「interest」の原義に近い。それに対して、日本語の「興味」は、「感覚を通して受動的に心をかき立てられ、引きつけられる様」を表し、フロムのいう現代的用法に相当する。したがって、訳文では文脈に応じて訳し分けることにした。

人間や世界や生への「関心」から退却する形態としては、表面的な「興味」以外にも、「無関心」「関心の狭隘化《きょうあい》」「ナルシシズム」が挙げられる。

本書の第九章ではクリスチアーネという女性の症例が取り上げられている。そのなかで両親の無関心が問題とされている。フロムによれば、子どもへの無関心――つまり愛情の欠如――は、子どもを不安にさせるため、かえって自立を妨げる。なぜなら、親の愛を得ようとして、親に従順になるからである。クリスチアーネは裕福な両親の顔色をうかがいながら、夫と別れ、昔の恋人と会い、それがうまくいかなければ父の部下と結びつく機会をうかがう。症例ではこの親子関係がもっぱら問題になっているのだが、実は彼女自身にも子どもがいる。にもかかわらず、その子どもへの言及はほとんどない。両親が裕福なので、子どもがいても離婚は容易だ、という文脈で登場するのみである。彼女もまた、自分の子どもに対して無関心なのである。この症例は、「人間への関心」を欠如した人々が、狭い親子関係のなかで右往左往し、集団単位で人間らしさを失っていく物語として読める。

フロムは、被分析者のなかに人間への関心が目覚めることで、被分析者が人間になる、と言っている（二七四〜五頁）。被分析者には人間への関心が欠如しているというのが前提である。それは臨床的な観察に基づいているだろう。人間への関心を失った親に育てられた子どもが人間らしくなるのは、子ども自らが人間への関心を取り戻すときなのである。

同じ症例でフロムはクリスチアーネの音楽に関する「趣味」を表面的なものだと切り捨て、彼女の関心は私生活に限定されていると指摘する（二五三〜四頁）。フロムにとって「趣味」は先述の「興味」と同様、人間精神の所産である文化としては認められない。代わりにフロムは人間文化にじかに触れられるような読書に価値を置く（二五六〜七頁）。フロムは確かに「生」を重視するのだが、私的な生への関心の集中は、かえって「人間への関心」からの退却になるのである。

自己への関心の狭隘化が病的に進んだ状態を、フロムはナルシシズムと呼ぶ。ナルシシストは、自分に関わるものにしかリアリティを感じられず、そのため広い「人間への関心」に至らない。それに対して、フロムは「自己愛 self-love」そのものは健全だという。それは人間への関心、つまり人間愛の一種だからである。しかし自分しか愛せないナルシシズムは不健全であり、宗教も、人間のナルシシズムの克服を課題としてきたという（三一〇頁）。（ちなみに、日本の精神分析関連文献では、ナルシシズムを「自己愛」と訳すものが多いが、フロムはナルシシズムと「自己愛 self-love」を区別しているので、従来からフロムの翻訳では、ナルシシズムはカタカナのままで表記されている。）

以上述べてきたことから、フロムがいかに「関心」を重視しているかが分かるだろう。「間にある存在」として、世界や自然や他者あるいは人間一般に関心を持つことを、フロムは、愛、エロス、バイオフィリア（生への愛）などと呼ぶ。それと対比させられるのがネクロフィリア（死への愛）である。また、先に示した関心の狭隘化、ナルシシズムや私生活主義（場合によっては近親相姦的固着）である。つまるところ、これらは「関心」の喪失の諸形態である。これらが極度に進むと悪性神経症に至り、治療が困難になるとフロムは考える。そして、精神分析の適用範囲を、悪性でない良性神経症に限定する（第二章）。

だが、良性の場合でも、関心、とりわけ人間への関心の回復が、治療の鍵だと考えているようである。フロイトは何百時間も一人の人間に関心を払う価値があると考えていたが、それこそ人間主義の表れである、とフロムは言う（一七五頁）。被分析者の「人間への関心」を回復するためには、被分析者に関心を払うことが何よりも大切であり、そうして両者の間で「人間への関心」の連鎖が生じるのがフロムにとって理想的な精神分析なのである。

それと逆に、「技法」に従って被分析者を機械的に扱い、理論を適用して解釈することは「知性化」であり、愛なき理解であるという（一六二～三頁）。被分析者は、主体的な人間らしさを回復するどころか、物のように「対象」化されてしまう。それに対して、本書の主題である「聴くこと」は愛ある理解である。フロムの言う愛はやはり「関心」と関係がある。技法や解釈の機械的適用は、被分析者という人間への無関心を意味すると言ってよい（三一八～九頁）。「人間への関心」の欠如ゆえに人間らしさを失っている相手を、さらに非人間化してどうするのだ、とフロムなら言うだろう。誰が誰に適用しても効果のある治療を目指す近代医療や、エビデンス（効果の証拠）を重視する昨今の心理療法の傾向にも、フロムがもし生きていたら異を唱えることだろう。

二　聴くという技――生を活性化するために

「技」「芸術」「技術」「技法」の意味的差異

フロムが「技法 technique」の代わりに打ち出すのは、「技 art」である。それは訳者なりに定義するなら、〝先人の教えに従って、かつ実践を通して、長年の経験を経て身につく、人間として他者に接する際の振る舞い方〟である。

従来のフロムの訳では art は「技術」とされることが多く、「技法」と混同される恐れがあった。一般的には「科学技術 technology」を連想させる言葉でもある。

現代的用法を主に掲載する中辞典の『*Oxford Advanced Learner's Dictionary*』、および古い語義や用法を含む大辞典の『*Oxford English Dictionary*』を参照しながら、「art」「technique」「technology」という三つの語の関係を整理しよう。この三つは、いずれもギリシア語の tekhnē やそれに対応するラテン語の ars から派生し、歴史のなかで多様な意味に分化してきた。英語で最も古いのは art であり、十三世紀にさかのぼる。

art は総じて〝知識と実践と訓練を通して発達する人間の技量〟を意味する。日本語で言えば「技」や「術」に近い。それは複数形の arts で「学芸《アーツ》」を意味することもある。一方、特に「魔術 magic art」や「医術（癒しの術）healing art」などの形をとると、「精神よりも手や身体との関係が深い」art を意味する。フロムが「the art of being」とか「the art of loving」とか「the art of listening」などという形で頻繁に用いる art は、このような用法を念頭に置いている。それは身体性と主体性と習熟を含む art である。

それに対して、「精神や想像力が主に関係する」art は、「fine art」と呼ばれる（今日では「美術」と訳される意味）。そこから十七世紀以降の近代的用法として現れるのが、「詩、音楽、舞踊、演劇、修辞、文学的創作などの趣味の題材への技能の適用」という意味である。これは今日の日本語の「芸術」に当たる。普通の英和辞典ではartという言葉の第一の意味として「芸術」が記載されている。近代的「芸術」概念が作られるとともに、フロムが本書でも使っている、日本語で言えば「技」に当たる語義は、ずっと下のほうに追いやられてしまったのである。

artの意味が想像力に軸を置く「芸術」にシフトしていく一方で、十九世紀に登場するのがtechniqueである。それは、「art のなかの機械的・形式的な部分」として生まれ、今日では「あることをするための特定の方法であり、とりわけ特別な技能のために必要となるもの」という意味を持っている。これは日本語の「技法」に当たるだろう。

さらに同時期に登場したtechnologyという言葉は「art に関する言説、論説」という意味から始まり、今日では「あることをするために必要な科学的知識」という意味で用いられている。art のなかにも含まれていた学芸という意味が、学問、科学へと発展、ないし枝分かれした結果、technology、つまり日本語の「科学技術」に相当する意味が生まれたと見ることもできるだろう。

以上は、西洋の社会や学問や芸術の歴史的発展と関連させて理解するべきである。art はもともと、〝人間が身体を能動的に使って長期間にわたって何かに習熟すること〟を必然的に含意していた。科学が未発達の時代では、そのような学びのほうが一般的であろう。ところが、職人の工芸かから「芸術」が自立するにつれて、「芸術」は想像力の領域に固定化する。もちろん、芸術にはひらめきや創造的想像力だけでなく、技能の熟練も必要である。だが、そのような技能は、芸術の発展とともに技法 technique として定型化し、蓄積する。それは、身体的な関わりを含むものの、決まり切った型を習得し、一般的に適用することを前提としている。したがって、本来の「技」としての art よりも形式的で機械的とならざるをえない。実際、フロムは、精神分析が「技法 technique」になったと述べ、「技法」は機械に当てはまるものであり、人間にはふさわしくないと退けている。他方、学芸としての art のなかの実学が、近代科学として発展すると technology になる。そこではもはや人間の主体的な関わりは問題とならない。誰が適用しても同じような結果が出るようでなければ、科学的知識とは言えないからである。むしろ、人間性が徹底して排除される。

こうして、極度にイマジネーションに偏った芸術、決まり切った技法、非人間的な科学技術が、art から分化、生成した。そして奇妙にも、身体性と主体性と習熟とを含意する本来の art の意味である技が、art という語の二義的な意味に格下げされることになった。

翻《ひるがえ》って、国語辞典の『広辞苑』および『大辞林』のこの文脈に相当する語義を拾って総合的に見てみると、「技術」は〝科学を実地に応用して自然の事物を改変・加工し、人間生活に利用するわざ〟であり、technology に近い。「技法」は〝芸術・スポーツなどでの表現技巧上の手法〟であり、technique に近い。「芸術」は〝一定の材料・技巧・様式などによる美の創作・表現〟で art の現代における一般的な用法に近い。最後に、「技（業《わざ》）」は、古くから使われているだけあって多様な意味があるが〝習慣となっている行為、重大な意味の込められている行為、一定の型に基づく動作〟などの語義がある。これは、フロムが art に込めている意味に近い。それゆえ、本訳書では「技」

という訳語を採用することにしている。

長くなったが、これまでフロムのart概念をどのように訳すべきかについてきちんとした議論がなかったので、訳者解説を借りて述べさせていただいた。

本書の主題の「聴くこと」もフロムは「技」としてとらえている。しかし、本書は死後に編集された講義録なので、このテーマを体系的に展開しているとは言えない。最終章で総論が抽象的にまとめられているものの、具体的な話は全編に分散している。そこで、以下ではそれらの各論を整理し、「聴くという技」の全体像を明らかにしたい。

セラピーにおける聴くということ——感情移入、追体験、人間としての連帯

フロムは、セラピーにおける被分析者への感情移入や追体験を重視する。仮に空疎なことしか語られなくても、そのなかにすら「人間のドラマ」を見ることはできるという。なぜなら人間は誰もがドラマの英雄だからである（六五～六頁）。いわば物語を見抜く力が、聴く技にとっては必要ということになる。

感情移入、追体験は、慈悲の心を伴うが、しかし感傷的なあわれみとは区別しなければならない（六五頁）。それと関連して、精神分析では、転移が注意と分析の対象となり、逆転移が戒められる（転移と逆転移の定義については一九五～六頁の本文および訳注で解説）。転移も逆転移も、いわば色眼鏡を通して相手を見ることだが、フロムはそれがすべてではないと強調する。人間と人間がリアルに

出会い、相手をリアルにあるがままに見ることは可能だと主張する（一九九〜二〇〇頁）。なぜなら、すべての人間の体験、人間的体験は、自分自身のなかに潜在しているからである（一六七頁）。もちろん、人はそれぞれ違うのだから完全に理解することなどできないという批判も成り立つ。だがフロムなら、こう反論するだろう。にもかかわらず、共通している部分があるからこそ対話も分析も成立する。ならば、その共通性を最大限に生かせばよい。

その結果、分析者は被分析者と、「人間としての連帯」に入る。被分析者「について」論じるのではなく、つまり、被分析者を物のように対象化するのではなく、人間として被分析者と共有しているもの、「人間的なるもの」をともに語るのである（同前）。

このことを、フロムは端的に「聞こえたことを言う」と表現する（一六二頁）。おそらく、これが「聴くということ」のミニマムな核心部分に当たると思われる。それは、被分析者の体験を自分のなかで追体験したら、それを被分析者に戻すということである。これによって、分析者が被分析者を一方的に対象として分析するのではなく、分析者自身をも分析の俎上《そじょう》に載せることになる。「聞こえたことを言う」といっても、それが自動的に真理であることが保証されるわけではない。分析者が返した言葉も検証され、分析者自身も自己分析を迫られるのである。

以上で、「聴くということ」の具体的なプロセスが明らかになった。いわば〝同時的で相互的な自己分析〟が起こるセラピーでは、（一）「人間への関心」と「人間らしさ」を失った被分析者の語りのなかに、「人間なるもの」が感情移入と追体験を通して聴き取られ、（二）分析者と被分析者とがすべての人間的体験に開かれ、(三) 自分自身の内面に聴くという構え、自己分析し続ける構えが、分析者から被分析者に移るような形で習得され、技として結実する。(四) それを通して、被分析者は、「人間への関心」と「人間らしさ」とを回復する。それがフロムにとって真の意味での回復——十全に人間として存在すること——ということになる。

視覚優位の近代社会

「聴くということ」の意義は、「見るということ」との対比によっていっそう明らかになる。生前のフロムはそのような議論を展開していないが、その主要概念は視覚中心主義への批判を含み、本書における「聴くということ」の布石であった。

とりわけ「偶像崇拝」に対して、フロムは一貫して批判的な態度をとっている。フロムによれば、偶像崇拝は、神という生成し続ける存在(「ありつつあるもの」)に、地上的な名前や恒久的な外見を与えて崇拝することである(このことからフロムにとって神概念とは生成する生のリアリティを指示するためのものであることが分かる)。そして、その表象を、それが指示すると称する本質と同一視する。それは、神を神でないものにおとしめることである。偶像崇拝に対する一神教の批判は、神を描くことの禁止という形をとる。フロムはそれを拡張し、目に見えるものを絶対視すること一般をも偶像崇拝として批判する。偶像崇拝批判は、固定的なものへの執着からの解脱をすすめる仏教のなかにも形を変えてある(『自由であるということ——旧約聖書を読む』河出書房新社)。とはいえ周知のごとく、東西の宗教史においてはさまざまな像が制作され、崇拝されてきた。

一方、近代に近づくにつれて視覚優位が際立つということが、美術史、芸術論、近代社会論で指摘されている。遠近法の歴史と成立を論じたパノフスキーは、知覚された心理生理的空間が、幾何学的な遠近法によって、近代的数学的空間に置き換えられたと指摘する。それによって、主観的なものの客観化が進むと同時に、逆説的に意識の重要性が高まった（パノフスキー『〝象徴（シンボル）形式〟としての遠近法』筑摩書房）。メディア論の観点から、オングは識字（文字の習熟）によって言葉の記録・外在化が進み、思考そのものが概念操作に特化したことを指摘している。文字とはいわば思考の可視化である。それが進むと、身体から分離した精神の領域が概念として成立する（オング『声の文化と文字の文化』藤原書店）。身体感覚とは「見る」と「触れる」の往復と総合を通して成立するが、クレーリーによれば、視覚が優位になりすぎると触覚から分離し、触知によって成り立つ身体的リアリティが薄まるという（クレーリー『観察者の系譜』以文社）。ローティによれば哲学史でも、視覚を通して取り込まれた心像を表象として「見る」ことで認識が成り立つとするような認識論が成立した（ローティ『哲学と自然の鏡』産業図書）。リアリティの認識は何より視覚によって可能になると考えられるようになった。こうして、精神と身体が分離した。見ることが精神を構成する。それが触知から分離してリアリティの鏡となり、ついには身体的リアリティに取って代わる。

視覚の優位は、表象や概念の操作を容易にするだけでなく、人間精神の操作や支配をも可能にした。監獄では常に監視されているという意識を植え付けて規律を確立する技術が開発された。それは学校や工場にも応用される。それが相互監視をうながせば、大規模な集団生活が可能となる（フーコー『監獄の誕生』新潮社）。このような議論の組み立ては、フロムが属していたフランクフルト学派の道具的理性の批判に通じる。つまり、自然支配の道具としての理性が人間支配の道具になったという批判である（ホルクハイマーとアドルノ『啓蒙の弁証法』岩波書店）。

こうして、近代社会では「見ること」、つまり物を像においてとらえ、パースペクティブ（遠近法、観点）のなかに配置し、序列化し、操作する態度が顕著になった。

目に見える部分を絶対視する「偶像崇拝」は、物質的なものの所有に固執し、自らを〈所有〉する存在として規定することにつながる。フロムは、これを〈所有〉Havingによる存在様態とし、所有にとらわれない存在様態を本来の〈存在〉Beingとして区別する（『生きるということ』紀伊國屋書店）。〈所有〉は、人間自身の物象化、商品化に行き着く。他者のみならず自分自身をも商品として売り出し、購入を待つような態度を、フロムは市場的方向づけと呼ぶ（『人間における自由』）。あらゆるものを自分の外にある物として「見る」ことは、巡りめぐって自分自身の「物」化につながる。本書でも、フロムは「it seems」（〜と見える）という言い方を例にとり、自分の問題を突き放して眺め、他人事のように言う表現だと指摘する（二一六頁）。それは、責任をとらずにすむ言い方かもしれないが、結果として、物事に主体的に取り組むことを妨げるのである。

見るよりも聴く

フロムの生前の議論は、偶像崇拝から〈所有〉、市場的方向づけなど、「見る」ことによるリアリティの物象化への批判であった。このことから、本書において「聴く」ことを重視するようになった意味も分かってくる。偶像に閉じ込められた神的とも言える〈存在〉に気づくために、フロムは、偶像の彼方から響いてくる声に耳を澄ますのである。

このような視点に立つと、精神分析はなお視覚偏重の面を残している。それは確かに被分析者の語りに耳を傾けるのだが、フロムも言うように、被分析者の心を対象化・物象化し、図式的な理論を構築し、機械的に技法を適用する傾向があるからである。

それに対して、フロムは見えないものに耳を澄ますという「聴くこと」の本来のあり方を強調する。フロムの精神分析は、可視化されない内面的本質を聴き当てようとする。それは、「見ていることと違うものの可能性に開かれる」ということである。見ていることと違うものとは、スピリチュアルなものである（七三頁）。したがって、分析者に求められるのは、「自己と他者の内面的本質＝スピリチュアリティ」への開かれである。

とはいえ、本書では「見る」という言葉が一貫して否定的な意味を帯びているとまでは言えない。フロムは、見ることには二つの種類があると言う。第一は、操作の対象として見ることで、第二は「主体的に見る」こと、「主体を通して見る」ことである。フロムは第二の見方を肯定する。「主体的に」の原語の「subjectively」は「主観的に」と訳してはならないだろう。日本語の「主観」だと「この人を使って私は何ができるだろうか」という第一の見方に近づく。フロムが言いたいのは、むしろ人としての感情を伴いながら接することを通して、自分には操作できない他者の最奥の根源、「その人の本質を丸ごと、あるがままに見る」ことである（一三〇頁）。フロムは「X線を通して見通す」というメタファーも使っている（九三頁）。これは通常の意味での「見ること」ではない。むしろ、表面に見えないことを知覚することであり、「聴くこと」に近い。

「取るに足りないおしゃべり」と、集中、静寂、瞑想

聴くことの核心は、主体として他者に接して「聞こえたことを言う」ことである。これは単なるおしゃべりとは違う。フロムが言う「取るに足りないおしゃべり」とは、物象化された死んだ事柄についての、生と関わりのない、リアリティのない語りである。これは分析においては避けるべきことであるという。というのも、真理の探究のための対話というより、真理に直面することへの抵抗の一種だからである（一九二頁）。

取るに足りないおしゃべりとは対照的に、フロムは集中、静寂、瞑想を、自己分析の前段階として重視している（二九四〜五頁）。これは、物象化された世界についての「取るに足りないおしゃべり」の連鎖を寸断することだと訳者は考えている。こうした一種の瞑想状態においてフロムの言う「聴くこと」は可能となるのである。

批判的思考、二者択一的決定論——生か死か

以上のことから、フロムは、「取るに足りないおしゃべり」と「聴くということ」を対比させていることが分かる。分析者に必要なのは、率直さ、嘘を受け入れず、本物と偽物、真正性と見かけ、語りが空疎なことかどうかを識別する批判的思考である、という（一六九頁）。したがって、聴くこととは、被分析者の「おしゃべり」の無批判な受容ではなく、語りの奥にあるリアリティを識別する批判的実践である。

そのような批判的思考は、被分析者にも学ばれなければならないだろう。なぜならフロムにとって、批判的思考とは、他人の思考に服従せず、さらに自分自身の思考へのとらわれにも批判の目を向けるものなので、自立をうながし、心の健康と幸福にも関係してくるからである。

それでは、フロムの言う本物と偽物、真正性と見かけの違いとは何か、またそれらを識別する基準とは何だろうか。フロムはそれをあまり明確化しているとは言えない。フロムがそれを明らかにしなかったのは、知的な客観的基準のようなものではないからだろう。おそらく、生き方の方向性のようなものではないか。本書のなかでは、生あるものを愛するか、死んだものを愛するかが、その基準に当たるように思われる。

死んだ物象化された世界を好む人間は、見かけ、うわべにとらわれ、それを操作し、所有することで全能感を得るが、実際には自分自身も操作され、コントロールされ、所有される対象となる。

それに対して、生きた人間の生に関心を抱く人間は、他者の内奥から人間なるものが生き生きと働きかけ、成長することを喜ぶ。この二つの様態を、フロムはネクロフィリア（死への愛）とバイオフィリア（生への愛）として対比する（三〇頁）。フロムが、人間的か空疎か、真正かうわべかを見極めることを要請するときには、この二分法が背景にあるだろう。

それは、フロムの言う「二者択一的決定論」に接続する。つまり、我々は常に、生を選ぶか死を選ぶか、物象化された世界からの調和ある自立かそれへの固着や服従か、を問われている。そして、自分では自由だと思っていても、自らの性格や方向性によって選択は決定されており、死んだ物象化された世界を好む人間は、それを常に選択し、その結果、ますます死んだ世界の道具的連関にからめ捕られてゆくのである（一四〇～一頁）。

この視点からすれば、真に自由になるためにするべきことは、おのずから決まってくる。フロムは、こうした人間の自由に関わる状況を逆説的に決定論と呼ぶ。「二者択一的決定論」は、二者択一の蓄積が自由の幅を狭くし、結果を決定するということと、それ以上に、我々は真に自由であるために物事を切り分け、選択することを常に問われているということを意味するのである。

健康への生得的希求、バイオフィリア（生命愛）

しかしながら、フロムは、バイオフィリアとネクロフィリアとを、まったく対等なものだとは考えていない。ネクロフィリアはあくまで例外的であり、多くの人間においては、バイオフィリア、愛と世界への関心、〈エロス〉という情念、そして健康への希求 striving for health が基本的なものとして潜在していると見る。それはネクロフィリアに対抗するものであり、それを強化するのが精神分析の目標だという（三一〜二頁、一五三〜四頁）。

フロムは、被分析者が直面することを避けていた葛藤を、「聴くこと」を通して暴露する。この葛藤を体験することによって、被分析者の側では、成長か停滞か――端的に言えば生か死か――という二者択一への直面が起こる。物象化された世界の連関に埋没していた被分析者は、そのような連関を寸断され、自分が生気を失った物のような存在であり続けるか、それともそれを打ち破って自ら成長しようとする存在になるかという二者択一を突きつけられる。そのとき多くの人間は成長と健康、つまり「生」をおのずから希求するようになる。これがフロムの治療論のなかでも最も重要なポイントである。

しかし、これがうまくゆくのは良性神経症に限る。フロムは、治療困難な「悪性神経症」があることを分析者は認めるべきだという。同時に、たとえ悪性の神経症を患っている人が治らないとしても、その分析の時間を「生に満ちた」時間にするべきだともいう（六八頁）。前訳書『よりよく生きるということ』（第三文明社）では「取るに足りないおしゃべり」をし続ける人や「悪い仲間」を避けるべきだと言うが、どうしても対面しなければならないときは、人間として真剣に関わることで気づかせることが大事だとも言っている。救い切れない悪があるという限界を認め、身を守りつつも、関わらなければならないときは人間として関わる。それがフロムの姿勢なのである。

三．精神分析論

以上で、フロムが聴くという技を中心とする極めて人間主義的な精神分析を目指していたことが明らかになった。それはフロイトの精神分析とどのように違うのだろうか。

内なる幼児と大人とを直面させる非権威主義的なセラピー

フロムによれば、先述した葛藤への直面は、フロイトにおいてはそれほど重視されていなかった。なぜなら、幼児期の葛藤を明らかにするのは、あくまで分析者であり、被分析者自身ではないからである。フロイトは被分析者を子どもとして扱い、受動的・従属的な立場に追いやった、とフロムは言う（四六～七頁）。

それに対してフロムは、内なる子どもを発見し、大人として目覚めるよう被分析者をうながするためである。成長か停滞かの選択を迫るのである。それは、分析者から離れても自立できるようにするためである。被分析者を従属させるフロイトに比べるとフロムのセラピーは非権威主義的だと言える。

フロイトの時代

だが、フロムはフロイトを全否定するつもりはない。その功績を認めつつ限界を指摘するという態度をとる。フロイトの限界は時代特有のものであり、現代に適した理論と方法で補えば、基本的アイディアは生かせると考えるのである。

フロムによれば、フロイトの功績とは、人が自らの無意識にも責任を負っていることを明らかにしたことである。それによって、人間性の本質の理解が一変し、視野が拡大した（一二二頁）。

だが、フロイトは時代の子でもあった。当時は家父長制が当たり前であり、フロイトが被分析者を幼児化したのは、その現れである（四六頁）。また、フロイトは無意識的な原因を特定してそれを意識化すれば、症状は自動的に消失するという機械論的思考を持っていた（九一頁）。加えてフロイトの時代は、現代に比べると、症状そのものが明確なパターンに従って生じていた（一〇七～八頁）。そのため、フロイトのような機械論的考えでも症状の改善に一定の効果はあったのである。結果として、あらゆる症状には無意識的な原因があり、しかもそれは被分析者だけでは分かりえないとして問題を神秘化したうえで、分析者が定型的な解釈を提示するというフロイト流のやり方が成立した（二一七～八頁）。

後のフロイト派は、環境決定論的な傾向をフロイト以上に強めた。フロムによれば、フロイト自身は体質的要因をも重視していて、そこまで決定論的ではなかったという（九六～七頁）。次第に時代が変わってゆくというのに、フロイト派は、フロイト以上に何でも親の責任にし、トラウマを意識化すれば機械的に治るという見方を広めた。そのため、自己責任の余地がなくなってしまった。それに対して、フロムは自己分析の重要性を説くのである。

自己分析への転換

フロムがフロイトの限界として挙げていたのは、権威主義、機械論的世界観、症状と原因の明確さの自明視であった。それを裏返すと、フロムの独自性も見えてくる。

フロムによれば、現代の「患者」「クライエント」の症状は、フロイトの時代に比べると不明確になっている。自分自身でも何が問題なのかが分からない不定愁訴が増加した。加えて、ある特定の原因によって一定の症状が現れるのではなく、性格神経症、あるいは今日よく使われる言葉で言えば「人格障害」が問題として浮上している。つまり、パーソナリティ全体の改善が問題となっているのである。フロムはもはや症状分析だけでは不十分であり、性格分析が必要であるとする。そして、それを通じてパーソナリティの根本的変容に導くことを精神分析の課題とするのである（一〇九～一一二頁）。

このような問題に対処するために、フロムは被分析者自身の自己分析を主軸とするセラピーへの転換を提案する（三一一～三一三頁）。

実を言えば、フロムはそれほど強調していないが、フロイト自身も自己分析は重視していた。そもそも精神分析の発見と展開において、フロイト自身の自己分析は欠かせない契機であったし、催眠術から精神分析への脱却もフロイト自身が医者の権威主義に批判的だったからである（小此木啓吾『フロイト』講談社）。頭ごなしの一方的な解釈では、被分析者の側に抵抗が起こり、治癒に至らないということもフロイトは承知している。

だが、それを抵抗だと「解釈」するのも結局は押しつけになりうる。長時間かけて被分析者自身が自らの無意識的な願望を意識化するというのは、被分析者自身の自己分析を治癒の鍵としている証拠だとも言えるが、逆に、長時間かけて洗脳するのに等しいと批判することもできる。

フロイトの精神分析の中核にすでに自己分析があったことは確かだが、おそらくそれはフロムの言うとおり不徹底なものだったのかもしれない。そして、自己分析は後のフロイト派では一層忘れられていった。そこで、フロムは改めて精神分析の本質を自己分析に求め、それを主軸とする理論と方法を打ち出すのである。

フロムにとって、精神分析の成功とは、被分析者自身が自己分析を一生続けるようになることだとも言われる。精神分析とは、分析者が被分析者を一方的に分析して、機械的に治癒が起こり、分析期間が終了すればそれで終わりなのではない。フロムは、被分析者が、精神分析的セラピーを通じて、分析の仕方を学び、正規の分析が終了しても、毎日自己分析を続けることを望ましいと考えている。フロム自身は毎日一時間半を自己分析に充てているという。その際、素材としては、日記よりも夢の記録を重視している（三一二〜三一七頁）。無意識的なものを自己分析する際には、他者からの働きかけがないのだから、自分自身が扱いやすいが意識的思考とは異質である夢という素材に耳を傾け、「聴く」ということが、具体的には作業の中心となるのだろう。

精神分析の目的——パーソナリティのスピリチュアルな変化・仏教・マインドフルネス・自己知・気づき

　フロムの提唱する自己分析を主軸に据える精神分析は、単なる症状の改善ではなく、自己のあり方全体の変化を目指すものとなる。

　フロムは、治療効果という点で精神分析は即効性のある治療に負けると断言する。即効性のある治療とは、たとえば薬物療法や、今日の言葉で言えば「エビデンス」（実証された効果）があると称するような治療法を指すであろう。ここまで潔く負けを認める精神分析家は珍しいかもしれない。だが、言いたいのは、精神分析が最初からそのような土俵で勝負するべきではないということである。

　では、精神分析の価値とは何か。フロムは、それを「パーソナリティにスピリチュアルな変化をもたらすこと」に求める。精神分析の歴史的意義は、治療そのものではなく、自己知の重要性を示したことにある、とする。それは、仏教における自己への気づき、マインドフルネスと同じようなものだという（七三頁）。

　治療効果の実証された治療法を開発するのが医療モデルだとすれば、それよりも、人間のパーソナリティ全体をスピリチュアルに変化させる宗教モデルへと、フロムは精神分析を転換させようとしている。そのようにまとめることもできよう。つまり目に見える以上のものに耳を傾け、気づいていなかったものへの気づきに開かれているような人間のあり方、そのようなパーソナリティのあり方へ導くことに、精神分析の本来の価値があるというのである。

したがって、これまでの議論を振り返ってフロムの精神分析の特徴をまとめるなら、次のようになるだろう。人間であるとは、人と人の間にあるということである。それが忘れられ、相互への関心が失われると、人は物や機械のようになる。聴くことを技として身につければ、目に見える物の連関から解き放たれ、目に見えない生成するリアリティ、スピリチュアルなものへの気づきに開かれるようになる。そのような技——いわば心の習慣——を通してパーソナリティや社会に変化をもたらすことが、精神分析の目指すところなのだ。

「気づきawareness」という言葉は、フロムの精神分析のキーワードである。フロイトは無意識的なものの「意識化」が治療につながるとした。だが、それはある特定の無意識的なものにターゲットを絞るという点で部分的なものにとどまる。それに対して、フロムの言う「気づき」は全方位的に、発見や変化に開かれた心の構えのことを指す。

またそれは「意識」しているという以上の覚醒を伴う。意識のレベルで見ているだけ、知っているだけでは、本当に見たこと、知ったことにはならない。「見ていたけれど見えていなかった」ものに気づくということ、「知っていたけれど本当には知らなかった」ことに気づくということ、これが気づきである。したがって、それは意識とも、無意識とも、前意識とも違う（二八三〜二九〇頁）。

精神分析で必要となるのは、実際に変化をもたらすような気づきである。同じ知るということでも、はっと気づかされ、人生に変化をもたらすようなものもあれば、単なる知識や情報として処理され、重視されることなく放置され、やがては忘却されるようなものもある。

古い精神分析のように無意識的なものを意識化するというだけでは不十分である。なぜならそれを精神分析の理論で機械的に導き出しただけであれば、「知性化」にすぎず、変化は生じないからである（一六四頁）。

以上のことから、フロムの重視する「気づき」とは、自分の心身に生じるわずかな変化にも注意を払い、自らを変化の可能性に開かれた状態に置く高度に覚醒した状態であることが分かる。

気づきはポジティブな発見だけにつながるとは言えない。分析を受けたということは、すべての人間的体験に開かれるようになり、非合理的なものに常に開かれた状態でいることだという（一六六〜七頁）。自分にとって都合の良いことだけに気づこうとするのは不誠実だし、批判的な態度とは言えない。だが前述のとおり、それまで気づかなかったような葛藤に直面することは、かえって健康への生得的希求を覚醒させ、成長しようとするエネルギーを動員することになるのである。

四．身体論、技論

断念分析の提唱——フロムの精神分析の実践性・修行的側面

精神分析を仏教と比較すると、どうしても足りない部分が出てくる。それは、身体的な修行や節制による自己変革の面である。苦集滅道という四諦《したい》(四つの真理)は仏教の基本的教義だが、そのうちの道諦が修行に当たる。フロムはかつて『生きるということ』で、精神分析にも苦集滅道の要素があることを論じ、仏教と精神分析、両者の共通性を指摘した。すなわち、苦諦は症状を知ること、集諦はその原因を知ること、滅諦は回復すべき状態のことであり、道諦はそれに至る治療法である。しかし、最後の道の部分、つまり修行は、意識化をゴールとするような精神分析では弱いように感じられる。自らを変革するというより、分析者によって一方的に治療されるような受け身の印象のほうがまさるのである。

『生きるということ』では、望ましい新しい社会のヴィジョンと新しい人間の条件が列挙されているが、そのための具体的な手引きとして「存在の技 the art of being」を論じる必要があると述べていた。それが、前訳書『よりよく生きるということ』(原題は *The Art of Being*)であった。そこでは、精神分析をセラピー超越的なものとするために必要な、自己分析をはじめとするかなり具体的な「技」がいくつか列挙されていた。本書はそれを引き継いでおり、修行的、実践的な側面にさらに一歩踏み込んでいるように思われる。

それを端的に示すのが、「断念分析」という考えである。

精神分析の考えに慣れ親しむと、願望を抑圧するより意識的に表出することを重視するようになる。それが行き過ぎると、無意識的な願望の行動化を許容し、それを分析しようとする考えも出てくる。しかし、フロムに言わせれば、それは合理化にすぎない。実際に願望を行動に移してみて、どうなるか見てみようというのは、願望実現のための口実にすぎないというのである。

それに対して、フロムは「断念分析」をすすめる。つまり、願望を断念したことで起こる自分の変化を分析するべきだというのである(一八六〜九頁)。これは集中や瞑想的な状態を通じての気づきより、もっと積極的に、まず変化を起こしてみるということを意味する。つまり、変化を伴うような気づきを待つだけでなく、変化を起こしてから気づきを得ようとするのである。

精神分析は無意識的なものを意識化するだけで、最終的には社会的適応を目標とする。それに対して、フロムはかねてから病的な社会への適応は病的であると批判してきた。それと比べて、断念分析は、精神分析を社会変革につなげるような方法だと言えないだろうか。これまで見てきたような理想的な人間のあり方を目標とし、それに沿って行動を変容させる。それはひいては、理想的な社会のあり方を実現する一歩ともなるだろう。

しかし、断念分析は抑圧をすすめているのではない。あくまでそれによって生じる変化をも分析の対象とする。抑圧的な行動コントロールとは異なる自己への関わり方として断念分析は理解しなければならない。

身体論という視点——能動性と受動性と技

フロムの精神分析の実践性、修行性は、身体的次元の重視にも現れている。『よりよく生きるということ』でも、また本書でも、身体をリラックスさせ、身体に生じている変化に「気づく」という訓練を通して、意識を集中し、瞑想と自己分析ができる状態にするという方法が紹介されている。晩年のフロムは、このような実践を続けていたということは知られていたが、「身体」という概念を自身の理論のなかにきちんと位置づけてはいない。そこでここでは、フロムが十分に展開しなかった身体論を、これまでの諸説を総合する形で、また訳者の補足も交える形で再構成してみたい。

身体とは何か。それは端的に規定するならば、「主体かつ客体であるような媒体」である。私たちが身体を動かすというとき、身体は客体である。しかし、動いているのはあくまで身体であるから、身体は主体でもある。そして、このような身体は、動かされ、また自ら動くということを繰り返しながら、一定の動作を学習し、身につける。この意味で、身体は動作の型を書き込まれる媒体でもある。

以上は、現象学などの身体論で議論されていることである（湯浅泰雄『身体論』講談社など）。なぜここで身体論を持ち出すかというと、フロムが本書で頻繁に使っている、能動性、受動性、技という概念を収めるのにそれが適当な理論的枠組となるからである。身体が「主体かつ客体であるような媒体」であるなら、それは能動的かつ受動的に技を習得するものであると言えるだろう。

一方、この三つを統合した状態を、フロムは理想的な人間のあり方としてとらえてきているように思われる。それはこの訳者解説の冒頭で述べた、生のリアリティを重視する態度に現れているだろう。そこでは、それから外れた状態、人間が人間らしくなくなる状態が、物質や機械のような状態、疎外された状態として規定されていた。それは、身体性を失った状態になることだと言い換えることもできるだろう。

疎外論はフロム理論の骨子でもあるから、疎外を身体性喪失ととらえるならば、それを批判してきたフロムの議論は、身体性回復を目指すものとして見直すことも可能である。

心身相関論——能動性と受動性の統合を回復するための身体的実践

身体論は、今日に至るまで心身相関論と身体拡張論の二つに分かれて展開してきている。心身相関論とは、心理的変化が生理的反応と相互に関連しているという理論である。身体の姿勢や所作には内面的なものが現れており、逆に心理的変化を引き起こすためにはリラクセーションやボディワークが有効だという。本書でフロムは、グロデック、ライヒ、ギンドラーの心身相関論を参照している。身体的リラクセーションが抑圧を解くのに役立つとも述べている(二九〇〜一頁)。そもそも、特定の身体的部位を介した他者との相互作用のパターンへの固着が性格形成と密接に関連しているという着想は、精神分析ではフロイト以来の伝統である。

フロムは、センサリー・アウェアネスやマインドフルネスに言及しながら、身体への気づきの重要性を説いている。身体をリラックスさせ、身体に起こる変化への気づきを保つことで、身体に起こっているがふだんは気づいていないことに気づこうとする構えが養われる。つまり、変化に全体的に開かれた状態を維持することができるようになる。それが、心理的な面での自己分析にも役立つというのである。

もちろん、身体的なリラックスと気づきだけでは十分でなく、分析的な自己体験を同時に行う必要があるとフロムは言う。というのも、前者ばかりで、後者がおろそかになっている身体的実践の修練者もいるからである。

身体拡張論――身体性の喪失に抗して

次に、身体拡張論とは、身体の延長線上に道具があり、さらにその延長線上には、住居や村落、メディア、社会制度があり、それらが疑似身体として機能し、リアリティの感覚を左右しているとするような理論を指す（マクルーハン『グーテンベルクの銀河系』みすず書房など）。道具は身体の延長であり、逆に道具を使う技術を習得することが、使用する人間の状況に変化をもたらす。住居と人体が重ね合わされる事例はよくあり、竈《かまど》が女性の子宮と同一視され、家父長が大黒柱と呼ばれる。教会はキリストの身体と関連づけられる。フロイトは、住居に限らず、さまざまな事物が、身体的・性的な象徴を担うことを示している。マクルーハンをはじめとするメディア論者は文字というメディアが身体の拡張であり、それを使うことが人間精神に変容をもたらしたと論じている。今日ではインターネットによって、個々人の精神が世界のあらゆる情報とつながったが、そのことがネットユーザーにある種の全能感を抱かせる。ネットを身体化することは、翻って個々人の精神構造に変化をもたらす。

このような議論は、メディア論や文化人類学や社会学でよく見られるものだが、フロムの理論とも相性がいい。フロム自身は「身体」をキーワードとしないものの、すでに見たように「リアリティ」をキーワードとし、それを可能にする条件として受動性および能動性のバランスと統合を念頭に置き、それを疎外するような社会制度や、経済、物質文化は、身体性を失った物や機械のような状態――つまり生き生きとした「リアリティ」の感じられない状態――に人間を追いやるものであると批判してきた。

人間が自己の外にあるものを身体の拡張として使用し、道具として使用する技を洗練させることは、ある面では生を充実させる。しかし、それは生の一部を肩代わりさせることでもあり、依存しすぎればそれなしではいられない状態に陥る。道具として巨大化した身体――組織や制度――を利用できる環境に身を置くということは、そのなかに自分自身を一つの道具として組み込むことを意味する。これはフランクフルト学派が批判する道具的理性による人間支配と生のリアリティの貧困化である。それを避けようとするならば、人間は、身体を拡張することを可能にする「技術」のみならず、直接的な身体性を要する「技」を磨くことで、生のリアリティを取り戻すことにも留意しなければならないだろう。

このように考えると、生のリアリティを中心に据えるフロムの人間論を社会理論につなぐ契機となるのが、身体論であるととらえ直すことができる。人間への関心、間にある存在としての人間という理論、そして聴くことを通して聴かれる側に人間性を回復させるという技――身体化された技――は、間身体性を前提としているように思われる。つまり、近代社会のなかで、能動性と受動性のバランスを欠いた——身体性を欠如し疎外された状態の——被分析者は、分析者との生き生きとした相互行為に入ることで、そのバランスを回復し、身体性をも回復するのである。

それは、ただ被分析者の能動性を分析者が受容するだけでも、被分析者を受動的にして分析者が一方的な解釈をねじ込むだけでもない。そのような受動性と能動性の組み合わせでは、フロムが否定的な意味で言うサドマゾヒズム的な「共棲」に近くなってしまう。そうではなく、人間への関心に裏打ちされた「聴くという技」を通して、「気づき」を待ち受ける構えを、被分析者の側にも育《はぐく》むことが目標となるのである。

生き生きとした受動性——気づき、耳を傾ける

フロムは、これまでサドマゾヒズム的性格の分析から、市場型パーソナリティの分析に至るまで、能動性と受動性が極端化する状況を問題としてきた。

本書ではどちらかと言えば、受動性を批判し、能動性に価値を置いているように思われるかもしれない。たとえば、フロイトは技法を機械的に適用することで、被分析者を受動的な立場に置き、能動性を発揮させないとフロムは批判している。確かに、能動性や生産性を重視するのはフロム思想の基本的路線である。能動性がシステムに肩代わりされ、あるいは媒介されているという現代社会の現状を踏まえれば、フロムが能動性の回復を訴えるのも当然であろう。

だが本書では、逆のことも言っている。来談者中心療法のロジャーズを批判する文脈では、分析

者が受動的なままでいれば、分析者自身の主体性が失われ、被分析者によって手段化されてしまう、と指摘している（一六一〜二頁）。つまり、分析者と被分析者の関係では、どちらか一方だけが能動的であると、他方は受動的な立場に固定化されてしまうのである。これは、能動性の発揮が他者の受動性を必要とするというジレンマである。被分析者を能動的にすれば、それでよいのか。それではその他者である分析者は、その役割を十分に遂行することができなくなる。

したがって、分析者も被分析者も能動的であればそれでいいというものではない。物や機械としての受動性は避けられるべきであろうが、生命あるものとして生き生きと反応し返すような受動性、十分な覚醒の結果としての鋭敏な受動性は、むしろ分析の場面では気づきや聴くことを可能にする重要な特質となるのである。

このような生き生きとした受動性を評価するのは、能動性や生産性を重視する従来のフロム理論からすれば新しい展開と言えるだろう。もちろん、それは先述のとおり一方的な受動性ではない。生き生きとした受動性とは、能動的な受動性であり、受動性と能動性の総合であるからである。

まとめると、人間への関心を強く持って、自らの主体を通して他者の語りに耳を傾け、湧き起こる変化に気づき、それを伝えるというのが、分析者のとるべき態度である。このような構えは、受動性と能動性の両方を発揮し、かつ変化を感知するための媒体として自らを供し、またそのような働きができるように修練を積むことで技として結実する。「能動的、かつ受動的でもあり、技を習得し、伝えること」とは身体を持った人間として十全に存在することを意味する。人間が本来の人間らしさを失い、物や機械や商品のようになり、支配し、服従する存在として社会を構成するような疎外的状況を、フロムが問題化していたとするならば、それを反転した理想的状態とは、生ける身体として相互に関わり合うような状態である。身体論にフロムが親しんでいれば、生き生きとした相互身体性（メルロ＝ポンティ）という概念を自らの理論にも取り入れていたに違いない。

フロム理論の展開への位置づけ――権威主義批判、社会的性格、技論のつながり

周知のとおり、フロムは初期の頃から権威主義を問題化してきた。権威主義的関係においては、支配する人間のサディズムと服従する人間のマゾヒズムが組み合わさる。この両者は個人のなかでも分裂したまま併存し、サドマゾヒズム的な性格を作っている。人間が自由を失い、物や機械のようになる疎外状態、つまり主体的な身体性を喪失した状態を、マゾヒズム的な人間は自ら望む。一方、サディストは人間らしい主体性を発揮しているかというと、他者を支配することでしか自分の主体性を感じられないという状況である。その点では他者に依存しており、真の自立した主体性を欠く。フロムは、この両者の結合したサドマゾヒズム的性格が、ドイツ社会のなかでどのように作られ、ナチズムに至ったのかを歴史的に分析した。それはある社会において共有され、家族を媒介として個々人の性格に反映する「社会的性格」として概念化された。フロムはこの概念を用いて、現代社会をさまざまな角度から分析した。

だが、このような病的な社会的性格を分析するだけで変化は起こるのか。

フロムは初期から、過去の偉大な宗教や哲学のなかに、あるべき人間の理想を求める傾向があった。さらに後期においては、そこから「生きる技」を学ぶことの重要性を説いている。推測するに、「生きる技」の習得によって社会的性格を矯正することをフロムは考えていたのではないだろうか。もっとも、善き生の技を教育すれば、悪しき社会的性格が自動的に改良されるなどということをフロムが考えていたかと問われれば、訳者はそこまで断言できない。

しかし、社会的性格と技の関連を示す根拠はある。後期のフロムが「愛するということの技」を提示したのは、与える行為を愛とせず、受け取ることを求める状態を愛とするような風潮に異議を申し立てるためであり、その背景には消費する人間を望ましいとする大量消費社会がある。また、自分を恋愛市場の商品のように提供する市場型パーソナリティの背景には市場経済がある（『愛するということ』紀伊國屋書店）。つまり、口唇受容型の社会的性格、市場的な社会的性格に対するカウンターパンチとして「愛する技」を提示したのである。同じく、「存在するということの技」は、肛門貯蓄型の所有中心の社会的性格に対するアンチテーゼである（『生きるということ』）。

したがって、フロムが「技」を強調するのは、現代の社会的性格を矯正する意図からだったと見て間違いないだろう。実際『生きるということ』では、社会改革のためには「社会習慣」を変えなければならないと述べている。もちろん、技は社会習慣よりも意図的で洗練されたものを指すであろうが、繰り返されることで体得されるものであるという点では共通する。

フロムはフロイトを批判しつつも、「口唇受容型」「口唇サディズム型」「肛門貯蓄型」などという用語は引き継いでいる。これらの社会的性格は、既存の社会構造に適応的であるような性格構造の、親からの継承であるとフロムは規定した。これはフロイトにはなかった新しい観点である。だが同時に、こうした性格が特定の身体的部位による外界との相互交渉のパターンへの固着だという考えはフロイト由来である。身体的成熟とともに、人はさまざまな型の相互行為を、他の身体を持つ人間と共有する。これらをバランスよく統合しながら、受動性と能動性が分裂せずに一致しているような性格あるいはパーソナリティを発達させるのが望ましいと、フロイトおよびフロムは考えている。だがフロムによれば、そのような発達は病理的な社会構造のもとでは十全に成し遂げられない。むしろ、そのような問題のある社会構造を超えて普遍的に真理として受け継がれている先人の知恵に学びながら、時間をかけて意図的に「技」として身体的に体得しなければならない。それは、その問題ある社会構造への適応だけでなく、その変革を目指すものとなるだろう。

すでに見たように、現代は、特定の症状よりも不定愁訴と性格神経症が顕著に見られる時代だとフロムは考えている。原因を意識化しさえすれば症状が治るという古典的な精神分析の前提が通用しない。この議論も、社会的性格論や技論と関連する。おそらく社会の複雑さが、人々の性格や症状の複雑さにも影響を与えているのだろう。このような状況において、フロムの言う「生きるという技」は、歴史を通じて普遍的に受け入れられている文化的所産に学ぶものなので、短期的な社会変動に左右されずに成熟する。

古典的精神分析の通用しない現代において求められるのは、何でも解決できるとうたうセラピーの「技術」ではない。むしろ、柔軟に主体的に他者を受容できる心身の構え、つまり能動的かつ受動的な「聴くという技」を身につけることである。これをセラピーの場面のみならず、その後の人生においても継続することを、フロムは要請していた。

しかしながら、それはフロムの生前には広く知られることがなかった。その意味で、フロムの死後出版本のなかでも本書の価値は極めて大きいと言えるだろう。なぜなら、本書がなければ「聴くという技」は世に知られることがなかったからである。それによって、生前のフロムのセラピーの場面を超えて、今必要な生き方——生きる技——として現代社会でも広く知られるようになることが期待される。

（なお、「技」ではなく、「習慣」概念を拡張して性格、徳を論じ、また社会改革を訴えるものとしては、デューイの『人間性と行為』〈人間の科学社〉、ベラーらの『心の習慣』〈みすず書房〉があり、フロムの理論構成と似た面もある。ただ、フロムは共同体主義や伝統主義というよりは、人類の精神的遺産に依拠して人間の普遍的な生き方を探究する普遍主義の傾向がある。また、社会理論としては、ブルデューのハビトゥス、フーコーの規律などとも比較可能である。）

五. フロムを現代に生かす——批判への応答から

現代の社会学や宗教学の世界で、フロムはかつてほど言及されなくなっている。そして、それにはやむをえない面もある。ここでは、フロムの理論の弱点を指摘しつつ、それに対する弁護を試みたい。

二分法的思考

まず、フロムに対してよく向けられる批判としては、あまりにも二分法的な思考だというものが挙げられる。つまり、物事を二つに分けて一方が正しく、もう一方は間違っているという論法である。かつては、権威主義と人間主義との二分法、やがて〈所有〉と〈存在〉の二分法、後期においてはネクロフィリアとバイオフィリアの二分法などがある。これらのカップリングのうち前者は批判されるべきで、後者はフロムが支持するものである。二者択一的決定論という理論になると、悪に向かう者は自由な選択を積み重ねながらも悪となる可能性を突き進むしかないとまで考えられている。

そこまで簡単に正邪を分けることができるのか。もし悪者は悪くなるしかないのなら、問題を抱える人間がそれを解決する道はあるのか。

だが、上記のようなさまざまな二項対立の二項を、あくまで理念型としてとらえてみてはどうか。それを参照点として、両者の絡み合いや、境界事例や、循環などの関係性を探ることは可能である。このような作業は、フロムではなく、むしろ後進の研究者に委《ゆだ》ねられているのである。

フロムの思考自体も、実は、それほど二分法的ではない面がある。たとえば、実存的二分性の状態にある人間が、自立と帰属の両端を往還しながら発達してゆくという弁証法的な流動性を、初期の頃から基本的な枠組としては堅持している。本書でもすでに見たように、葛藤に直面して、はじめて健康への生得的希求が起動すると述べている。つまり、二分法的思考とは、葛藤に直面するための一つの極端な見方である。それを経てはじめて、葛藤を発見することが可能になる。そして、それを突破し、変化することが可能になるのである。

ただ、フロムは、人間の変化の可能性に関しては、後期になるほど悲観的になっており、変えられないほどの「悪性」の状態をも直視するべきだという現実主義に傾いている。だが、それは死を通して再生へと向かう可能性への希望を否定しさるものではない。

本質主義的思考、恣意的独断にならないか

二分法的思考にも関わるが、フロムには本質主義的な思考が顕著に見られる。つまり、何かを本質として措定《そてい》し、それ以外を非本質として分ける傾向である。たとえば、人間の心理的な共通性を措定し、夢には普遍的象徴が含まれていると言う（二〇一頁）。夢の解釈は本質的な部分だけを行えとも言う。また、諸宗教に共通の真理があることを議論抜きに前提とすることもある。この訳者解説でも紹介したように、見かけと真正性を区別するような批判的理性の必要性を訴える。だが、そもそも普遍的なもの、本質的なもの、真正なものをどのようにして分けるのか。それは分析者の独断に陥らないのか。

このような本質主義的思考は、文化を扱う学問分野ではここ数十年来、問題になってきている。本質主義的な傾向ゆえに、フロムは、現代の研究者が参照するに値しない思想家だと見なされるだろう。

しかし、フロムの思考の根底には、鋭い偶像批判、物象化批判があることを忘れてはならない。自己自身に対しても批判の目を向け、セラピーが終わっても、終わりなき自己分析を続けることを、本書でフロムはすすめている。そうであれば、フロムの批判的理性とは、ある時点での本質性に関する判断を絶対化するものであるはずがなく、変化に開かれたものでなければならないだろう。

抽象的理想論

最後に、フロムの議論は、誰もが言われれば反対しないような理想論を掲げているだけで、現実場面に応用できるような具体性が乏しいという批判が考えられる。フロムは、現代社会を批判するときは具体的だが、その代案である人間主義であれ、〈存在〉であれ、生きる技であれ、聴く技であれ、抽象的な理想論にすぎないという批判である。

しかし仮にその代案が具体的な処方箋であったらどうだろうか。相手が誰であっても関係なく、機械的に応用できるマニュアルを示すことにならないだろうか。

時代を超えて残るような文化的所産とは、抽象的なものにならざるをえない。なぜなら、その時代だけに当てはまるような具体的な教訓は、後の時代の人間にとっては教訓としての意味を持たないからである。時代を超え、現代社会にとって批判的含意を持つような教えとは、ある程度の抽象性を持った、生を導く理念であり、実際の自分自身の生を通して学ばれ、その意味を深められ、個々人によって技化されるものである。それを、どの程度の抽象性、どの程度の具体性で言語化するかは、思想家の落としどころと言える。

フロムの言うことは抽象的だという読者は、自分自身を変えるような仕方で年月をかけて教えを学ぶという労を惜しんで、インスタントに適用できるテクニックやマニュアルを求めているのではないか、とフロムから返されるだろう。

フロムが属していたフランクフルト学派と言えば、アドルノ、ベンヤミン、ハーバーマスなど、現代でも評価され、よく言及される思想家が多い。それに対して、彼らと思想の基本的方向性を共有しているのにもかかわらず、フロムは今日ではあまり参照されることがない。

その最大の理由には、これまで述べたような難点があると考えられる。単純で恣意的な二分法的、本質主義的な抽象的理想論と受け取られた結果、いわば時代遅れの思想家として顧みられなくなってしまったのではないか。加えて、そのような難点に対して十分な解明と弁護と再解釈が行われてこなかった。

だが、フロムは単なる理想主義ではなく、理想が偶像化した権威主義を批判する面も強く、理想の肯定と権威主義の否定との間を循環する思想家としてとらえるべきである。そのような循環を無視して、彼の議論を単純化するのはむしろ批判者の側なのかもしれない。

一方で、フロムの著作はほとんどが翻訳され、訳書は現在でも版を重ねており、一般読者の関心は高い。この訳者解説が、後期フロムの思想の解明と、本書をより味わい深く読むための助けとなれば幸いである。

訳出の作業に関して

本書の翻訳には思いのほか長い年月がかかっている。当初は堀江による単独訳となる予定であったが、大学着任と、博士論文の執筆および出版をはさみ、本書の翻訳は思うように進んでいなかった。そこで編集部の提案で前半と後半とに分け、松宮が後半を担当することになった。後半について、堀江は学術的見地からのチェック、訳語の統一に関わる提案を申し出ているが、そのすべてが採用されたわけではない。最終的な責任は、それぞれの訳者がそれぞれの担当範囲について負うことになっている。また、前訳書『よりよく生きるということ』に引き続き、本訳書にも、読者の理解のために、原書にはない節のタイトルが含まれている（堀江による挿入）。学術的研究の目的から本書を引用する際には、原文をも参照することをおすすめする。

二〇一二年七月

訳者あとがき

松宮克昌

一九六〇年代初頭、大学の教養課程での社会学講座でフロムの思想が紹介されたのが私のフロムとの最初の出会いであった。そしてはじめて読んだのが『自由からの逃走』(日高六郎訳、東京創元新社)であった。現代人の状況について、社会経済的条件、イデオロギーに加え、心理学、精神分析手法を通して個人的な欲求や動機を敷衍《ふえん》させて社会的性格という新たな視座からの省察と分析を統合させたフロムの議論には、社会心理学を専攻する一学徒にとって実にまぶしいほどの新鮮さと興奮を感じたことを今でも鮮明に思い出すことができる。以来、最も影響を受け尊敬する一人であるフロムの作品である本書の六章から十一章までの翻訳に、今般縁あって携わることができたことは感謝に堪えない。

本書は、フロムの高弟の一人であり彼の遺稿の指名管理者であるライナー・フンクがフロムの終《つい》の棲家《すみか》となったスイスのロカルノで行ったセミナーの講義録を一冊の本にしたものである。書き下ろしされた本ではないが、精神分析をテーマに理論的俯瞰《ふかん》に加え身近な日常目線での経験をもまじえながら平易な表現で語るこの講義は、多くの読者の興味をひく内容であると同時に深い洞察に富むフロムの考えに接することができる。

本書を読んで感じることは、精神分析、心理学、教育学、社会学、哲学、文学、宗教などの幅広い学識を駆使し、物事の本質や核心、人間の生き方に迫る深い省察、洞察に富むフロムらしさが随所に滲み出ていることである。彼は社会心理学者、新フロイト主義者といった呼称を超越して、幅広い統合的な視座はリベラル・アーツにおける知の巨人であり、単に時代の先行きを予言する者ではなく真実を洞察し語るという意味での「預言者」という呼び名が相応《ふさわ》しい気がする。

この半世紀近くの間に多数のフロムの訳書が出版された。この間に世界は様変わりした。とりわけ科学技術の進展には目を瞠《みは》るものがあり、物質的な指標においては相対的には豊かで利便性ある社会に我々は生きている。その反面、人間の精神性や幸せ感はそれに見合ったものに向上したと言えるであろうか？　とりわけ年間自殺者を三万人以上出す我が国の昨今の現実はこの問いにパラドクシカルなメッセージを突きつけている気がしてならない。

かつてフロムが高らかに呼びかけた「人間が人間を利用することはやめねばならず、経済は人間発達のために召使いとならねばならない。ものは生命に仕えねばならない」という警句に我々の現実は改善に向かっているのか、それとも後退しているのであろうか？　フロムが重ねて指摘したように産業社会、市場、官僚組織に支配されている我々の社会や個人の置かれている状況は本質的に変化していないばかりか、一九五五年に上梓《じょうし》された彼の『正気の社会（The Sane Society）』で示唆されたようにIT化やロボット化の確立とその加速化をはじめ、人間が自らの主人として生きるという意識理念は本当に実現されているのであろうか？　冷戦が終わりソ連型社会主義経済は市場主義経済にとって代わられ、金融のグローバル化が進行するなかでますます勝者と敗者の格差を際だたせているように思える。

すでに半世紀以上も前にフロムは、社会主義体制も西側の市場経済社会のいずれも本質において物質的価値観の偏重であることを批判し、本来の人間の「〜からの自由」にとどまるのではなく自分らしく生産的であり、完全に目覚めた人間であろうとする「〜への自由」の重要性を指摘した。「現代社会はいかに人間らしさのある社会を実現させるべきか」というフロムの視座は、これまでの延長線での対応ではなく個人の意識にも社会の意識にもパラダイム転換が今こそ必要であることを我々に再度思い起こさせる。そこに今一度フロムの警鐘に耳を傾け考える必要性があるのではないだろうか。

フロムの思想の根底に、正統派ラビの家系の出自でユダヤ人としてのアイデンティティを有し、ユダヤ・キリスト教の社会的、文化的環境のなかで育ちながらも人間を人間たらしめることを強調した人間学としてのマルクスの思想の影響（政治的な意味でのマルクス主義者ではない）や非権威主義的なヒューマニズムが強く滲み出ている。さらに本書でも示唆されているように、彼は人間が人間らしく生きるには意識の「覚醒」を必要とすることにも着目するが、彼の青年時代からの仏教思想への共鳴と造詣の深さをはじめとし鈴木大拙との交流を通して多大な関心を示した「禅」の影響を受けていることも看取できる。それは西洋と東洋とを分離区分させるのではなく、二つの世界観の壁を乗り越え融合させようとする視点でもある。

言うまでもなく、現代においても人間の本質的な条件はまったく変わっていないにもかかわらず、物質的なテクノロジーの驚異的な変化や発展に目を奪われている現代人は、自分は何者であり、自分らしく生を十全に生きているのか、という人間存在の本質の問いへの応答力はむしろ弱体化している。その空洞を満たすために「いかにあるか」よりも「いかに所有するか」「いかに時間を消費するか」「いかに社会に受け容れられるべきか」に狂奔し、物事の本質を考える集中心や確信が持てなくなっていることにフロムは警鐘を鳴らしている。

フロムは愛すること、生きること、聴くことの技術を「テクニック」ではなく「アート」と表現する。本書の十一章において両者の違いを簡潔に概説しているが、そこには深い意味が含有されている。テクニックは機械的な方法論であるが、アートは職人芸のように人間のとぎすまされた感覚と経験、見識を魂によって統合させる技である。現代は機械的なテクニック至上主義であり、一つひとつの分析は当を得ても全体を統合する力を欠いた社会的な統合失調症候群とでもいうような時代でもある。アートは精神の集中とバラバラにされた破片をつなぎ合わせるには人間のヴィジョンと包容力を必要とする。時代の潮目《しおめ》の今日にあってこそ、まさに人間の復権、人間らしく生きることの重大さを本書を通しフロムに学ぶ価値はいまだに大きいと信じている。

本書の翻訳のなかの聖書の引用訳文には日本聖書協会の新共同訳聖書（一九八七年）を用いた。本書の翻訳の機会を与えてくださった第三文明社の書籍編集部に重ねて深謝したい。また、拙稿に関し極めて厳密かつ適正な校訂に多大な時間と労を惜しまれなかった同社の編集者に心から感謝申し上げる。拙稿の草稿段階で的確な批評と文体評言に多くの助言を与えてくれた松江伊佐子氏、英文解釈にあたり翻訳上の議論や語学上の貴重な助言をしてくれたフィリップ・アイゼンスタット氏に本稿を借りて厚く御礼申し上げる。

二〇一一年一月

文献

Akeret, R. U. "Reminiscences of Supervision with Erich Fromm," in *Contemporary Psychoanalysis*, New York: Academic Press, Vol.11 (1975),pp.461-463.

Bacciagaluppi, M. (1989) "Erich Fromm's View on Psychoanalytic 'Technique,'" in *Contemporary Psychoanalysis*, New York: Academic Press, Vol.25 (No.2, April 1989), pp.226-243.

——.1991: "More Frommian themes: core-to-core relatedness and 'there is nothing human which is alien to me.'" Paper presented at a Workshop on Frommian Therapeutic Practice, August 30-September 1, 1991, in Verbania-Pallanza, unpublished typescript, p.11.

——.1991a: "The Clinical Fromm: Patient's Change. Introduction," in *Contemporary Psychoanalysis*, New York: William Alanson White Institute, Vol.27 (No.4, October 1991), p.579f.

——.1993: "Ferenczi's Influence on Fromm," in L. Aron and A. Harris, eds., *The Legacy of Sándor Ferenczi*, Hillsdale and London: Analytic Press, 1993, pp.185-198.

——.1993a: "Fromm's Views on Narcissism and the Self," in J. Fiscalini and A. L. Grey, eds., *Narcissism and the Interpersonal Self*, New York: Columbia University Press, 1993, p.91-106.

Bacciagaluppi, M., and Biancoli, R. "Frommian Themes in a Case of Narcissistic Personality Disorder," in *Contemporary Psychoanalysis*, New York: William Alanson White Psychoanalytic Society, Vol.29

(1993), pp.441-452.

Biancoli, R. (1987) "Erich Fromms therapeutische Ann Ñherung oder die Kunst der Psychotherapie," in L. von Werder, ed., *Der unbekannte Fromm: Biographische Studien* (Forschungen zu Erich Fromm,Vol.2), Frankfurt: Haag+Herchen, 1987, pp.101-146.

——.1992: "Radical Humanism in Psychoanalysis," in *Contemporary Psychoanalysis*, New York: William Alanson White Psychoanalytic Society, Vol.28 (1992), pp.695-731.

Burston, D. *The Legacy of Erich Fromm*, Cambridge (Mass.) and London: Harvard University Press,1991. 佐野哲郎・佐野五郎訳『フロムの遺産』（紀伊國屋書店、一九九五年）

Chrzanowski, G. (1977) "Erich Fromm," in G. Chrzanowski, "Das psychoanalytische Werk von Karen Horney, Harry Stack Sullivan und Erich Fromm," in *Kindlers "Psychologie des 20. Jahrhunderts." Tiefenpsychologie*, Vol.3: Die Nachfolger Freuds, ed. by von D. Eicke, Zürich: Kindler Verlag, 1977/Weinheim: Beltz Verlag, 1982, pp.368-376; engl.: "The Work of Erich Fromm. Summing and Evaluation," in *Contemporary Psychoanalysis*, New York: Academic Press, Vol.17 (1981), pp.457-467.

——.1993: "Erich Fromm (1900-1980) Revisited." Reviews of E. Fromm, *The Art of Being and The Revision of Psychoanalysis*, in *Contemporary Psychoanalysis*, New York: William Alanson White Psychoanalytic Society, Vol.29 (1993), pp.541-547.

Cortina, M. "Erich Fromm's Contribution to Relational Perspectives in Psychoanalysis," typescript 1992, p.24.

Crowley, R. M. "Tribute on Erich Fromm," in *Contemporary Psychoanalysis*, New York: Academic Press, Vol.17（1981）, pp.441-445.

Elkin, D. "Erich Fromm," in *Contemporary Psychoanalysis*, New York: Academic Press, Vol.17（1981）, pp.430-434.

Epstein, L. "Reminiscences of Supervision with Erich Fromm," in *Contemporary Psychoanalysis*, New York: Academic Press, Vol.11（1975）, pp.457-461.

Feiner, A. H. "Reminiscences of Supervision with Erich Fromm," in *Contemporary Psychoanalysis*, New York: Academic Press,Vol.11（1975）, p.463f.

Freud, S. *The Standard Edition of the Complete Psychological Works of Sigmund Freud*（S. E.）, Vol.1-24, London: Hogarth Press, 1953-1974.

——.1900a: "Dream Interpretation," S. E. Vols.4 and 5.　高橋義孝訳「夢判断」（『フロイト著作集』第二巻所収、人文書院、一九六八年）、新宮一成訳「夢解釈」（『フロイト全集』第四巻所収、岩波書店、二〇〇七年）

——.1919a: "Lines of Advance in Psycho-Analytic Therapy," S. E. Vol.17, pp.157-168.　本間直樹訳「精神分析療法の道」（『フロイト全集』第十六巻所収、岩波書店、二〇一〇年）

——.1937c: "Analysis Terminable and Interminable," S. E. Vol.23, pp.209-253.　道籏泰三訳「終わりのある分析とない分析」（『フロイト全集』第二十一巻所収、岩波書店、二〇一一年）

Fromm, E. 1947a: *Man for Himself: An Inquiry into the Psychology of Ethics*, New York: Rinehart,

1947. 谷口隆之助・早坂泰次郎訳『人間における自由』（東京創元社、一九五五年）
——.1951a: *The Forgotten Language: Introduction to the Understanding of Dreams, Fairy Tales and Myths*, New York: Rinehart,1951. 外林大作訳『夢の精神分析——忘れられた言語』（東京創元社、一九五二年）
——.1956a: *The Art of Loving*,（World Perspectives, Vol.9, planned and edited by Ruth Nanda Anshen), New York: Harper and Row, 1956. 鈴木晶訳『愛するということ』（紀伊國屋書店、一九九一年）
——.1960a: *Psychoanalysis and Zen Buddhism*,in D. T. Suzuki and E. Fromm *Zen Buddhism and Psychoanalysis*, New York: Harper and Row, 1960, pp.77-141. 小堀宗柏・佐藤幸治・豊村左知・阿部正雄訳『禅と精神分析』（東京創元社、一九六〇年）
——.1964a: *The Heart of Man: Its Genius of Good and Evil*（Religious Perspectives, Vol.12, planned and edited by Ruth Nanda Anshen), New York: Harper and Row, 1964. 鈴木重吉訳『悪について』（紀伊國屋書店、一九六五年）
——.1966f: and Richard I. Evans: *Dialogue with Erich Fromm*, New York: Harper and Row, 1966. 牧康夫訳『フロムとの対話』（みすず書房、一九七〇年）
——.1966k: “El complejo de Edipo: Comentarios al ‘Analisis de la fobia de un niño de cinco años,’” in *Revista de Psicoanálisis, Psiquiatría y Psicologĩa*, México, No.4（1966), pp.26-33; engl.: “The Oedipus Complex: Comments on ‘The Case of Little Hans,’” in E. Fromm, *The Crisis of Psychoanalysis*

(1970a), pp.88-99.

——.1970a: *The Crisis of Psychoanalysis, Essays on Freud, Marx and Social Psychology*, New York: Holt, Rinehart and Winston, 1970. 岡部慶三訳『精神分析の危機——フロイト、マルクス、および社会心理学』（東京創元社、一九七四年）

——.1970c: "The Crisis of Psychoanalysis," in E.Fromm, *The Crisis of Psychoanalysis* (1970a), pp.9-41

——.1973a: *The Anatomy of Human Destructiveness*, New York: Holt, Rinehart and Winston, 1973. 作田啓一・佐野哲郎訳『破壊——人間性の解剖』上下（紀伊國屋書店、一九七五年）

——.1979a: Greatness and Limitations of Freud's Thought, New York: Harper and Row, 1980. 佐野哲郎訳『フロイトを超えて』（紀伊國屋書店、一九八〇年）

——.1989a: *The Art of Being*, New York: Crossroad/Continuum, 1992. 堀江宗正訳『よりよく生きるということ』（第三文明社、二〇〇〇年）

——.1990a: *The Revision of Psychoanalysis*, Boulder: Westview Press, 1992.

——.1991c: "Causes for the Patient's Change in Analytic Treatment," in *Contemporary Psychoanalysis*, New York: William Alanson White Institute, Vol.27 (No.4, October 1991), pp.581-602.

Funk, R. "Fromm's approach to psychoanalytic theory and its relevance for therapeutic work," in Institutio Mexicano de Psicoanalisis, ed., *El caracter social, su estudio,un intercambio de experiencias*, Coyoacán 1972, pp.17-43.

Gourevitch, A. "Tribute on Erich Fromm," in *Contemporary Psychoanalysis*, New York: Academic

Press, 1981, Vol.17, pp.435-436.

Grey, A. (1992) "Society as Destiny: Erich Fromm's Concept of Social Character," in *Contemporary Psychoanalysis*, New York: Academic Press, 1992, Vol.28, pp.344-363.

——.1993: "The Dialectics of Psychoanalysis: A New Synthesis of Fromm's Theory and Practice," in *Contemporary Psychoanalysis*, New York: William Alanson White Psychoanalytic Society, 1993, Vol.29, pp.645-672.

Horney, K. *Self-Analysis*, New York: W. W. Norton, 1942.　霜田静志・国分康孝訳『自己分析』（誠信書房、一九八一年）

Horney Eckardt, M. (1975) L'Chayim. Review of Bernhard Landis and Edward S. Tauber, eds., "In the Name of Life. Essays in Honor of Erich Fromm," in *Contemporary Psychoanalysis*, New York: Academic Press, 1975, Vol.11, pp.465-470.

——.1982: "The Theme of Hope in Erich Fromm's Writing," in *Contemporary Psychoanalysis*, New York: Academic Press, 1982, Vol.18, pp.141-152.

——.1983: "The Core Theme of Erich Fromm's Writings and Its Implications for Therapy," in *Journal of the American Academy of Psychoanalysis*, New York: John Wiley & Sons, 1983, Vol.11, pp.391-399.

——.1992: "Fromm's Concept of Biophilia," in *Journal of the American Academy of Psychoanalysis*, 1992, Vol.20, pp.233-240.

Jung, C. G. *Memories, Dreams, Reflections*, ed. by Aniela Jaffé, New York: Pantheon Books, 1963. 河合隼雄・藤縄昭・出井淑子訳『ユング自伝——思い出・夢・思想』（みすず書房、一九七二年）

Kretschmer, E. *Körperbau und Charakter*, Berlin: Springer Verlag, 1921.

Kwawer, J. S., (1975)"A Case Seminar with Erich Fromm," in *Contemporary Psychoanalysis*, New York: Academic Press, Vol.11 (1975), pp.453-455.

—— .(1991)"Fromm on Clinical Psychoanalysis," in *Contemporary Psychoanalysis*, New York: William Alanson White Institute, 1991, Vol.27, pp.608-623.

Landis, B. (1975)"Fromm's Theory of Biophilia—Necrophilia. Its Implications for Psychoanalytic Practice," in *Contemporary Psychoanalysis*, New York: Academic Press, 1975, Vol.11, pp.418-434.

—— .(1981)"Fromm's Approach to Psychoanalytic Technique," in *Contemporary Psychoanalysis*, New York: Academic Press, 1981, Vol.17, pp.537-551.

—— .(1981a)"Erich Fromm," in *The William Alanson White Institute Newsletter*, New York, No.1, Winter 1981, Vol.15, pp.2-4.

Lesser, R. M. "Frommian Therapeutic Practice," in *Contemporary Psychoanalysis*, New York: William Alanson White Psychoanalytic Society, 1992, Vol.28, pp.483-494.

Luban-Plozza, B., and Egle, U. "Einige Hinweise auf die psychotherapeutische Einstellung und den Interventionsstil von Erich Fromm," in *Patientenbezogene Medizin*, Stuttgart/New York, 1982, Vol.5, pp.81-94.

Marx, K. "Zur Kritik der Hegelschen Rechtsphilosophie. Einleitung," in K. Marx and F. Engels, *Historisch-kritische Gesamtausgabe* (=MEGA). Werke—Schriften—Briefe, im Auftrag des Marx-Engels-Lenin-Instituts Moskau, published by V.Adoratskij, 1. Abteilung: SÑmtliche Werke und Schriften mit Ausnahme des Kapital, zit. I, 1-6, Berlin 1932; MEGA I, 1, 1, pp.607-621.　城塚登訳『ユダヤ人問題によせて　ヘーゲル法哲学批判序説』(岩波書店、一九七四年)

Nietzsche, F. "Sprüche und Pfeile," in F. Nietzche, *Götzendämmerung*.　原佑訳「箴言と矢」(『ニーチェ全集』第十四巻「偶像の黄昏　反キリスト者」所収、筑摩書房、一九九四年)

Norell, M. (1975) "Reminiscences of Supervision with Erich Fromm," in *Contemporary Psychoanalysis*, New York: Academic Press, 1975, Vol.11, p.456f.II

——.(1981) "Wholly Awake and Fully Alive," in *Contemporary Psychoanalysis*, New York: Academic Press, 1981, Vol.17, pp.451-456.

Nyanaponika Mahathera, *The Heart of Buddhist Meditation*, New York: Samuel Weiser, 1973.

Reich, W. *Charakteranalyse: Technik und Grundlagen*, Wien: Verlag für Sexualpolitik, 1933.　小此木啓吾訳『性格分析——その技法と理論』(岩崎学術出版社、一九六六年)

Schecter, D. E. (1971) "Of Human Bonds and Bondage," in B. Landis and E. S. Tauber, eds., *In the Name of Life: Essays in Honor of Erich Fromm*, New York: Holt, Rinehart and Winston, 1971, pp.84-99.

——.(1981) "Tribute on Erich Fromm," in *Contemporary Psychoanalysis*, New York: Academic Press,

1981, Vol.17, pp.445-447.

——.(1981a)"Contributions of Erich Fromm," in *Contemporary Psychoanalysis*, New York: Academic Press, 1981, Vol.17, pp.468-480.

——.(1981b)"On Fromm," in *The William Alanson White Institute Newsletter*, Vol.15 (No.1, Winter 1981), p.10.

Sheldon, W. H. *The Varieties of Temperament*, New York/London: Harper and Brothers, 1942.

Silvia Garcia, J. (1984)"Notes on Psychoanalysis and the Selection of Candidates for Training." Paper presented to the Ⅳ. Conferencia Cientifica de la Federación Internacionales de Sociedades Psico-analísticas, Madrid 1984, p.18.

——.(1990)"Dreams and Transference," in *American Journal of Psychoanalysis*, New York (1990), Vol.50, pp.203-213.

Skinner, B. F. *Beyond Freedom and Dignity*, New York: Knopf, 1971.　波多野進・加藤秀俊訳『自由への挑戦：行動工学入門』（番町書房、一九七二年）

Spengler, O. *Untergang des Abendslandes*, 2 Vols., Munich 1918 and 1922.　村松正俊訳『西洋の没落』（五月書房、一九九六年）

Spiegel, R. (1981)"Tribute on Erich Fromm," in *Contemporary Psychoanalysis*, New York: Academic Press, 1981, Vol.17, pp.436-441.

——.(1983)*Erich Fromm. Humanistic Psychoanalyst 1900-1980. Presentation to the 40th anniversary of the William Alanson White Institute*, New York 1983, p.5.

Tauber, E. S. (1959)“The Role of Immediate Experience for Dynamic Psychiatry. The Sence of Immediacy in Fromm's Conceptions,” in *Handbook of Psychiatry*, New York 1959, pp.1811-1815.

—— .(1979)“Erich Fromm: Clinical and Social Philosopher,” in *Contemporary Psychoanalysis*, New York: Academic Press, 1979, Vol.15, pp.201-213.

—— .(1980) *Fromm—The Man: Presentation in Honor of Erich Fromm at the William Alanson White Institute*, New York, June 18, 1980, p.3

—— .(1981)“Symbiosis, Narcissism, Necrophilia—Disordered Affect in the Obsessional Character,” in *Journal of the American Academy of Psychoanalysis*, New York (1981), Vol.9, pp.33-49.

—— .(1981a)“Tribute on Erich Fromm,” in *Contemporary Psychoanalysis*, New York: Academic Press, 1981, Vol.17, pp.448-449.

—— .*Psychoanalysis*, New York: William Alanson White Psychoanalytic Society, 1982. Vol.18, pp.119-132.

—— .(1988)“Exploring the Therapeutic Use of Counter-transference Data,” in *Essential Papers On Counter-transference*, ed. by B. Wolstein, New York: New York University Press, 1988, pp.111-119.

Tauber, E. S., and Landis, B. “On Erich Fromm,” in B. Landis and E. S. Tauber, eds., *In the Name of Life: Essays in Honor of Erich Fromm*, New York: Holt, Rinehart and Winston, 1971, pp.1-11.

Werder, L. von, *Alltägliche Selbstanalyse: Freud—Fromm—Thomas*, ed. L. von Werder, Weinheim:

Deutscher Studien Verlag, 1990, p.239.

Whitehead, A. N. *The Function of Reason*, Boston: Beacon Press, 1967. 藤川吉美・市井三郎訳『理性の機能』（『ホワイトヘッド著作集』第八巻所収、松籟社、一九八一年）

Witenberg. E. G. "Tribute on Erich Fromm," in *Contemporary Psychoanalysis*, New York: Academic Press, 1981, Vol.17, pp.449-450.

Wolstein, B. "A Historical Note on Erich Fromm: 1955," in *Contemporary Psychoanalysis*, New York: Academic Press, 1981, Vol.17, pp.481-485.

著者略歴

エーリッヒ・フロム（Erich Fromm）

1900年、ドイツのフランクフルトに生まれる。ハイデルベルク、フランクフルトなどの大学で心理学と社会学を学んだ後、ベルリン大学で精神分析を学ぶ。フランクフルト社会研究所を経て、初期フランクフルト学派を代表する業績を残す。1933年、ナチスの手を逃れてアメリカに亡命。その思想の特徴は、フロイトとマルクスの統合にあり、精神分析に社会学的視点を導入して、いわゆる「新フロイト派」の代表的存在と目される。ナチズムに見られるような権威主義を批判すると同時に、ヒューマニズムの立場から独自の宗教論を展開。ユダヤ教の背景を持っていたが、キリスト教や禅仏教にも注目した。政治的実践活動を経たあと、晩年には再び、人間の破壊性へと分析を深めるようになる。イェール、ミシガン、ニューヨークなどの大学で教鞭をとり、メキシコに移住。1980年、スイスで死去。著作には『自由からの逃走』『人間における自由』『精神分析と宗教』（以上、東京創元社）、『愛するということ』『生きるということ』『悪について』『破壊』（以上、紀伊國屋書店）などがあり、その他多数が翻訳されているが、死後出版された遺稿のほとんどは未邦訳。

訳者略歴

堀江宗正（ほりえ・のりちか）

1969年、茨城県生まれ。東京大学大学院人文社会系研究科（宗教学宗教史学）にて博士（文学）。聖心女子大学文学部准教授、東京大学大学院人文社会系研究科准教授を経て、同教授、死生学・応用倫理センター長。著書に『歴史のなかの宗教心理学――その思想形成と布置』『スピリチュアリティのゆくえ（若者の気分）』（以上、岩波書店）、訳書にエーリッヒ・フロム『よりよく生きるということ』（第三文明社）、トニー・ウォルター『いま死の意味とは』（岩波書店）などがある。

松宮克昌（まつみや・かつよし）

1943年、東京生まれ。上智大学文学部卒（心理学専攻）。主に外資系企業に勤務後、2002年より翻訳に専従する。訳書に『ユダヤ人はなぜ迫害されたか』、『言葉で癒す人になる』（以上、ミルトス）、『恐れを超えて生きる』（春秋社）、『私の生きた証はどこにあるのか』（岩波書店）、『ヒトラーの科学者たち』（作品社）、『ホロコーストと外交官』（人文書院）などがある。

聴《き》くということ――精神分析《せいしんぶんせき》に関《かん》する最後《さいご》のセミナー講義録《こうぎろく》

2012年9月30日　初版第1刷発行
2025年5月25日　初版第4刷発行

著　者　エーリッヒ・フロム
訳　者　堀江宗正《ほりえのりちか》・松宮克昌《まつみやかつよし》
発行者　松本義治
発行所　株式会社　第三文明社
東京都新宿区新宿1-23-5　郵便番号　160-0022
電話番号　営業代表03（5269）7144　注文専用03（5269）7145　編集代表03（5269）7154
振替口座　00150-3-117823　URL　https://www.daisanbunmei.co.jp/
印刷所　明和印刷株式会社
製本所　牧製本印刷株式会社

ISBN978-4-476-03316-8

単行本／既刊

よりよく生きるということ
エーリッヒ・フロム／小此木啓吾 監訳
堀江宗正 訳
フロムの思想の新展開を告げる隠された遺稿を邦訳。
定価二七五〇円

自我と無意識
C・G・ユング／松代洋一・渡辺 学 訳
ペルソナ・アニマなど「ユング心理学」の格好の入門書。
定価一一〇〇円

精神のエネルギー
ベルクソン／宇波 彰 訳
「意識と生命」「脳と思考」などをめぐる講演、論文集。
定価九三五円

思考と運動（上）（下）
ベルクソン／宇波 彰 訳
「精神のエネルギー」の続編となる講演、論文集。
各定価八八〇円

LGBTのコモン・センス
——自分らしく生きられる世界へ
池田弘乃
LGBTの言葉を手がかりに、多様な性に関する常識を考察。
定価一八七〇円

育ててわかった 発達障害の子の就学・就労・自立の話
立石美津子
発達障害を理解し、向き合い方を学べる実用的な体験記。
定価一五四〇円

科学と宗教の未来
茂木健一郎・長沼 毅
人類の平和と繁栄に必要な科学と宗教について語り合う。
定価一七六〇円

この社会の歪みと希望
佐藤 優・雨宮処凛
教育、差別、貧困などをめぐり語り合った対談集。
定価一五四〇円

（価格は税込価格）